No coração do mundo

Denilson Lopes

No coração do mundo

Paisagens transculturais

Rocco

EDITORA ROCCO LTDA.
Av. Presidente Wilson, 231 – 8º andar
20030-021 – Rio de Janeiro – RJ
Tel.: (21) 3525-2000 – Fax: (21) 3525-2001
rocco@rocco.com.br
www.rocco.com.br

Printed in Brazil/Impresso no Brasil

preparação de originais
NATALIE ARAÚJO LIMA

CIP-Brasil. Catalogação na fonte.
Sindicato Nacional dos Editores de Livros, RJ.

L851c Lopes, Denilson
No coração do mundo: paisagens transculturais/
Denilson Lopes. – Rio de Janeiro: Rocco, 2012.
14x21 cm

ISBN 978-85-325-2742-4

1. Cinema – História e crítica. 2. Cinema
e transnacionalismo. I. Título.

12-0166 CDD–791.43
CDU–791

Para meus pais, irmãos, tias e primos.

Para a família de amigos.

Para aqueles de quem me perdi no caminho,
mas que continuam presenças indeléveis.

Sumário

Agradecimentos

Este livro começou quando, no ano em que realizei pós-doutoramento na New York University, em 2005, fui recebido, uma vez mais, e generosamente, por George Yúdice. Então, nas aulas de Zheng Zhang pude ter acesso a uma bibliografia atualizada em inglês que ampliou minhas referências sobre cinema chinês contemporâneo. Também o seminário de Néstor García Canclini na New York University contribuiu para a busca de um pensamento intercultural. Esta viagem só foi possível devido ao apoio dos colegas da Faculdade de Comunicação da Universidade de Brasília, onde trabalhava então, bem como à Capes, pela bolsa que me foi concedida. Também foi em Brasília que comecei a discutir em sala de aula esta pesquisa. Sou grato aos estudantes que seguiram meus cursos. Também agradeço aos colegas da Escola de Comunicação da Universidade Federal do Rio de Janeiro, onde comecei a trabalhar a partir de 2007, bem como ao Programa Avançado de Cultura Contemporânea, que acolheu o projeto. Gostaria de mencionar Maurício Lissovsky, que tem uma enorme capacidade não só de entender o projeto do outro, mas de sempre sair com tiradas desnorteantes e estimulantes. Agradeço aos estudantes, em especial os orientandos que tiveram mais proximidade em relação ao presente trabalho: Juliana Cardoso, Mauricio Liesen, Erly Vieira, Luiza Beatriz Alvim, Maíra Gerstner, Pablo Martins, Luciana Dantas, Clarice Goulart, Sebastião Guilherme Albano, Julia Penna, Davi Giordano e Daniel Araújo de Mendonça. O contato com os colegas do curso de Direção Teatral e seus estudantes, bem como o meio teatral carioca, têm me levado por caminhos inesperados, e que imprimiram sua presença neste trabalho. Agradeço, em especial, a Gabriela Lírio, com quem desejo que as discussões e colaborações se estreitem. Também o diálogo com Sandra Fischer, em seu pós-doutoramento na Escola de Comunicação da UFRJ, ecoa neste trabalho.

Agradeço a possibilidade de discutir o que está escrito nos encontros da Sociedade Brasileira de Estudos de Cinema e Audiovisual, no contexto do Seminário Cinema, Transculturalidade, Globalização; e da Associação Nacional de Pós-Graduação em Comunicação, dentro do GT Comunicação e Experiência Estética. Agradeço aos colegas e amigos que participam deste esforço de criar espaços de interlocução, transitando pela UFMG, UFPE, UFSC, UFF e UTP, pelo diálogo com Anelise Corseuil, Ângela Prysthon, César Guimarães, Kati Caetano e Carlos Mendonça. Agradeço as leituras feitas por Ângela Marques e Ilana Feldman de trabalhos apresentados.

A realização do seminário Do Atlântico ao Pacífico me possibilitou não só apresentar meu trabalho, mas também observar a necessidade ainda maior de um esforço comparativo para aproximar a Ásia do contexto cultural brasileiro. As séries de encontros em Princeton, Londres, Buenos Aires e Rio de Janeiro sobre os cinemas brasileiro e argentino contemporâneos, no contexto do debate do real, possibilitaram o início de uma reaproximação com um cinema brasileiro de que tinha me distanciado desde os anos 1980. Agradeço a Jens Andermann, que tornou tudo isto possível, bem como a Gabriela Nouzeiles, Maurício Lissovsky e Alvaro Bravo, coorganizadores. Nestes encontros, reafirmou-se um importante diálogo com colegas argentinos, em especial com Gonzalo Aguilar, David Oubiña e Ana Amado. Essa troca foi fortalecida no primeiro encontro da Associação de Estudos de Cinema e Audiovisual Argentina. Também os seminários, tendo à frente Brad Epps na Universidade Complutense de Madri, na Universidade de Castilla-La

Mancha e na Universidade de Harvard, contribuíram para ampliar a presença latino/ibero-americana neste livro.

A ida à mostra de Tiradentes me ajudou a perceber uma nova geração de cineastas que muito tem me estimulado e que me trouxe de volta a discutir cinema a partir do Brasil. Interesse que se traduziu nos cursos que ofereci, em 2011, no Programa de Estudos Latino-Americanos da Universidade de Leiden, pela cátedra Rui Barbosa de Estudos Brasileiros. Agradeço aos curadores e organizadores da mostra de Tiradentes, bem como aos colegas e estudantes da Universidade de Leiden, pela possibilidade desses encontros. Também agradeço aos curadores e organizadores das mostras retrospectivas de Yasujiro Ozu, Naomi Kawase e Claire Denis.

Agradeço aos organizadores do colóquio Itinerários da Comunidade: Arte, Política, Literatura e Filosofia, realizado na UFRJ; do simpósio Delicate Art, realizado na Universidade de Princeton; do seminário Intersecções Corpo e Olhar, realizado na UFPE; do seminário Crítica e Valor – Homenagem a Silviano Santiago, realizado na Casa de Rui Barbosa; do seminário internacional Experiencia, Cuerpo, Subjetividades e Literatura Brasileña, realizado na Universidade de San Andrés; e da Queer Latin Conference, realizada na Universidade de Texas, em Austin.

Agradeço também às instituições Columbia University, University of Michigan, UFSC, UnB, NYU, UFBA, UFPE, UFF, UERJ, Universidade Federal do Ceará, Vila das Artes, Universidade de Utrecht, Birkbeck College, Universidade de Lisboa e Universidade de Algarve, nas quais pude dar palestras sobre os temas do livro.

A realização do livro *Cinema, globalização e interculturalidade*, em parceria com Andréa França, foi o ponto de partida para este trabalho.

Agradeço o incentivo, as sugestões e/ou os textos de Alessandra Brandão, Diogo Velasco, Rey Chow, Mary Louise Pratt, Bruce Robbins, Yangjhin Zhang, Gabriel Giorgi, Mariana Baltar, João Luiz Vieira, Ismail Xavier, Linda Erlich, Robert Stam, Ella Shohat,

Adalberto Müller, Sabrina Sedlmayer, Gregory Seighworth, Gina Marchetti, Chris Berry, Erick Felinto, Luz Rodrigues, André Zacchi, Fernando Mascarello, Fábio Ramalho e a tantos outros.

Agradeço ao *Journal of Latin American Studies*, à *Harvard Review*, à *Humanidades*, à *Devires*, à *E-Compós*, à *Z*, ao *Caderno de Estudos Culturais*, à *Ícone*, à *Revista Iberoamericana*, à *E-Hemisferica*, à *Contracampo* (UFF), e aos jornais *O Globo* e *O Povo*, pela possibilidade de publicar artigos relacionados a este livro.

As conversas com Silviano Santiago e Ítalo Moriconi sempre me dão sugestões ricas.

Agradeço a primeira revisão realizada por Maria do Rosário A. Pereira.

Por fim, esta pesquisa deve ao CNPq, graças à bolsa de produtividade científica para os projetos Paisagens Transculturais do Cinema Contemporâneo e Encenações do Comum, um fundamental apoio.

Prefácio

> "Rothko: A única coisa que eu temo na vida, meu amigo...
> Um dia o preto engolirá o vermelho."
> *Red*, John Logan

Primeiro que fosse contra a nação. Era contra a nação. A nação como conceito, categoria, identidade, construção, narrativa. Depois pensei. Mais do que ser contra, ao transitar sobretudo pelo cinema contemporâneo, o que me interessava era pensar aquém e além da nação. Aquém ao ver as conexões mais inesperadas até nos locais mais aparentemente distantes de todos os centros. Continuava na cabeça uma frase ouvida de Eneida Maria de Souza. O terceiro mundo não é aqui. Desejo cosmopolita de estar no mundo sem deixar de estar no local. Mas o que seria então este lugar físico, afetivo, material de que se fala, de que falo? Aqui estão algumas possibilidades. Acabou não virando panfleto. Tanto melhor. Procurei, a partir da noção de paisagem transcultural, não perder a dimensão política marcada por novos sujeitos sociais e o desejo comparativista presente na formulação do entre-lugar, no início dos anos 1970, por Silviano Santiago. Também devo à noção de interculturalidade o fato de dar importância cada vez maior aos trânsitos não só geográficos (migrações, diásporas), mas a viagens feitas através dos meios de comunicação de massa, recolocadas na moldura da globalização, após a queda do Muro de Berlim, por Arjun Appadurai. Diferentemente deste, contudo, incorporei à noção de paisagem transcultural toda a tradição que vem da história da arte sobre a paisagem para pensá-las não só como "comunidade de solidariedade transnacional", nos termos de Appadurai, mas também como espaço estético a contemplar. A partir dessa perspectiva, creio que a paisagem transcultural pode ser uma alternativa que dialoga com outras possibilidades nos estudos de cinema, mas que tem um caminho próprio – na defesa de um multiculturalismo crítico ao eurocentrismo (como fazem Robert Stam e Ella Shohat); na busca de um cinema com sotaque, na esteira de Hamid Naficy, feito por artistas que transitam entre culturas, redimensionando as formas de produção e recepção; na identificação de uma memória sensória nos corpos que transitam (como indica Laura Marks); e, por fim, nas experiências que redimensionam novos territórios a partir de novas fronteiras (a partir da proposta de Andréa França).

Trata-se de livro escrito na perspectiva de um crítico transcultural que acha necessário que, também no Brasil, se produza, se escreva, se fale sobre o mundo, sobre o que vem sendo produzido e discutido – incluindo não apenas aqueles da Europa e dos EUA com quem já há diálogo, mas também os que não parecem próximos e podem vir a sê-lo, como os artistas e pensadores da América Latina, da África e da Ásia, entre outros. Assim, fui em busca de algo que em parte estava na minha cabeça, digo, em meu coração, em parte na África subsaariana, em alto-mar, no Taiti, onde as fronteiras são apagadas sem deixarem de existir, nas músicas latinas ouvidas em Hong Kong, no rosto colado a uma parede do templo de Angkor Vat. Estava lá. Lugares a que nunca fui. Lugares em que nunca deixei de estar. Lugares a que os filmes me trouxeram. Meus olhos estavam lá. Nos pampas, em direção a Iguaçu, passeando por ruínas na Armênia. E em tantos outros lugares-imagem que se somam e se perdem, como se eu estivesse percorrendo uma bienal de arte em um só dia. Ao final, ficam fragmentos, gestos, fantasmas do que nem se sabe se existiu. Foi o que queria ver? Foi o que pude ver? Não importa. Talvez importe. Não sei para quem além de mim. Além dele, que não me sai da cabeça, que me acompanha e muda em cada novo sorriso trocado. Sorriso que mal aconteceu e já começou a se dissolver, embaçar, se perder.

> (...) é preciso continuar, isso talvez já tenha sido feito, talvez já me tenham dito isso, talvez me tenham levado até o umbral da minha história, ante a porta que se abre para a minha história, isso me espantaria, se ela se abre, serei eu, será o silêncio, aí onde estou, não sei, não o saberei nunca, no silêncio não se sabe, é preciso continuar, não posso continuar, vou continuar. (*O inominável*, SAMUEL BECKETT)

Continuar. Sim. Talvez. Como pensar o cotidiano e o homem comum, o cotidiano do homem, ou simplesmente o comum como potência estética no quadro contemporâneo, marcado pelos fluxos da globalização e da transculturalidade? Começamos nossa viagem por filmes de Claire Denis, Abderrahmane Sissako, Wong Kar-Wai e pela maneira como os meios de comunicação levaram os processos de trânsito entre culturas bem além dos vocabulários cunhados a partir dos estudos de fluxos migratórios e diásporas. Este movimento me levou mesmo a pensar um cotidiano global, não derivado simplesmente do trânsito de mercadorias e informações, nem mesmo associado à presença de um aparato tecnológico, mas como todos estes elementos (mercadorias, informações, tecnologias) constituem o cotidiano, a experiência no dia a dia. Procurei esta resposta não na teoria (não sou um teórico), mas transitando por outros filmes, a começar por Wim Wenders e Jia Zhangke, e se resgatei no cinema moderno trabalhos de Ozu, Bresson e Antonioni foi para ganhar energia, combustível, para alargar esta constelação de personagens comuns que tomei como ponto de partida: Felicité, de *Um coração singelo*, de Flaubert, e Prima Biela, de *Uma vida em segredo*, de Autran Dourado, em contraponto ao Bartleby, de Melville, como estudado por Deleuze e Agamben. Depois se pode seguir por *Damnation*, de Béla Tarr, *No quarto de Vanda*, de Pedro Costa, *Rosetta*, dos irmãos Dardenne, *A humanidade*, de Bruno Dumont, *O pântano*, de Lucrecia Martel, *La libertad*, de Lisandro Alonso, *Silvia Prieto*, de Martin Rejtman, *Linha de passe*, de Walter Salles e Daniela Thomas, *No meu lugar*, de Eduardo Valente.

Como seria viver a vida? Compartilhar? O que seria este personagem comum, não pensado nem como contraponto à cultura midiática, nem como resistência aos meios de comunicação de massa? Quaisquer que sejam as respostas, eu as pensei de dentro dos filmes, no coração das coisas, objetos e seres para quem as mídias, como já defendi em outro momento, não são só mercadoria, mas afeto e memórias, matéria concreta. Neste quadro é que nos encontramos com personagens comuns (esse é meu posicionamento no mundo), mas também com a busca de uma estética centrada no neutro, como discutiu Roland Barthes – marcada pela rarefação e contenção, ela seria traduzida em uma encenação minimalista, em uma preocupação com o enquadramento, com a luz, com a montagem, com a construção do espaço e do tempo. Personagens, quase fantasmas em sua fragilidade subjetiva e afetiva, perdidos no espaço e no tempo, transitam por *Vive l'Amour* e *Goodbye, Dragon Inn*, de Tsai Ming Liang, *Maborosi*, de Hirokazu Kore-eda, *Eureka*, de Shinji Aoyama, *En la Ciudad de Sylvia* de José Guerín, *Millenium Mambo* de Hou Hsiao-Hsien, *O céu de Suely*, de Karim Aïnouz, e *Os famosos e os duendes da morte*, de Esmir Filho.

Cada vez mais acho que, de fato, não sou um crítico. Não faço panoramas nem avaliações, só me interessa falar do que me provoca. Sou um ensaísta. Não falo do cinema, da literatura, do teatro como linguagens artísticas. Não faço análises exaustivas nem monografias sobre um autor. Só de alguns filmes, romances, poemas e peças dos quais, em breve, sei, me entediarei. Há um profundo desejo de destruir, rasgar, dilacerar essas imagens retiradas, descontextualizadas. Isso quase não é mais crítica. Seria fazer um outro filme, um romance? Não sei. Escrever foi uma luta diária contra o cansaço, contra o tédio, contra a dispersão. Se consegui terminar, foi devido a estes pequenos gestos diários, a algumas imagens que insistiram um pouco mais antes de que eu as esquecesse.

Disciplinas acadêmicas não me interessam mais, apenas busco questões por onde possa seguir. Viver ainda. Tenho cada vez menos interesses, menos coisas a dizer. Não sou um intelectual. Não tenho opiniões (dignas de serem ditas em público). Meu interesse é mais sugerir do que analisar em detalhes, compor diálogos e constelações abertas na esperança de que isso possa tocar, mobilizar alguém. Por ora, neste trabalho, procurei esta experiência, sobretudo no espaço intermediário e frágil de filmes de ficção e em grande medida a partir dos anos 1990. Como disse, caminhei por filmes que vêm do extremo Oriente, do Leste Europeu, do norte da França, da África subsaariana, do norte da Argentina. Fora do conceito de cultura nacional, procurei acolher o homem comum em várias paisagens transculturais. Mas não apenas no feerismo das grandes cidades – ou, se nas grandes cidades, procurei entender o lugar, o pequeno espaço ocupado por nós, pessoas comuns, sem grandes dramas nem grandes gestos, em meio a uma cultura das celebridades instantâneas que demandam o máximo de visibilidade e de exposição. Este pequeno espaço, que pode ser o que antes chamávamos de província, de bairro, de pequena cidade, de comunidade, foi repensado a partir das mesmas variáveis com que pensamos a experiência metropolitana de intelectuais, artistas, boêmios, celebridades e aspirantes a celebridades (estes, claro, sempre mais, infinitamente mais numerosos). Não busco palavras, mas experiências que primeiro encontrei no Jia Zhangke de *Pickpocket* e *Unknown Pleasures*. Seus personagens não são simplesmente pobres (ainda que não sejam aqueles que se beneficiaram da grande transformação econômica na China), não têm o charme dos marginais nem o discurso articulado de intelectuais; eles carregam seus corpos por um dia a dia marcado por pequenos trabalhos que podem estar no frágil limiar entre a lei e o crime, mas não é da norma e da transgressão que se está tratando. Na ausência de grandes utopias e projetos, poderíamos pensar em palavras grandiloquentes como alienação, os homens ocos de T. S. Eliot. Mas a ausência de utopias e grandes projetos não é vivida como perda, luto, nostalgia. A questão é mais simples: sobreviver, viver. Bem sei, isso pode ser abstrato, espero que as narrativas reencenadas neste livro possam dar mais sentido do que o que disse até agora. Talvez não. É o que pude fazer. Apenas no coração do mundo. O mundo naufraga no coração. Retirado do corpo. Jogado aos cães no frio mais frio. Não, meu improvável leitor, mais ainda improvável amigo, não temo o escuro, mas meu único desejo agora é que o vermelho se dissolva no branco mais branco.

> Meu coração vagabundo
> Quer guardar o mundo
> Em mim
> "Coração vagabundo", Caetano Veloso

Meu coração é maior do que o mundo? Meu coração é menor que o mundo? Às vezes, parece que o meu mundo é só o coração.

> Não, meu coração não é maior que o mundo.
> É muito menor.
> Nele não cabem nem as minhas dores.
> Por isso gosto tanto de me contar.
> Por isso me dispo,
> por isso me grito,
> por isso frequento os jornais, me exponho cruamente nas livrarias:
> preciso de todos
>
> Sim, meu coração é muito pequeno.
> Só agora vejo que nele não cabem os homens.
> Os homens estão cá fora, estão na rua.
> A rua é enorme. Maior, muito maior do que eu esperava.
> Mas também a rua não cabe todos os homens.
> A rua é menor que o mundo.
> O mundo é grande.
>
> "Mundo grande", Carlos Drummonnd de Andrade

Há mais de quarenta anos ele tem andado pelo mundo. Perdido. Perdido. Perdido, suas pernas agora doem com mais facilidade. As distâncias percorridas diminuem a cada dia. Às vezes, ele se pergunta se não seria hora de parar. A cada curva, recanto, ele vislumbra uma possibilidade. Antes, ele pensava em amor a cada encontro. Agora, ele só pensa em árvores, pedras, água, vento. Com o que pensa compartilhar seu tempo. Nem pensa mais. Apenas os passos foram ficando curtos. Deseja. Quando não conseguir dar nem mais um passo, que ao menos a terra possa lhe amparar num abraço. Não quer antecipar o encontro. Olha e nada vê. O vazio, a amplitude do espaço se converteu em seu penúltimo amante. Tem a esperança, sempre teve, de que ao menos esse penúltimo abraço não lhe seria negado. E, se for, nem perceberá. Não mais. Os pedaços do coração deixados em tantos lugares, em tantos momentos reclamarão seu corpo. Ele estará em todos estes lugares e em outros que amou em pensamento, em imaginação, que amou, enfim. Antes disso, que o seu coração, estraçalhado em mil pedaços, seja o mundo, e que ele não mais seja ele. Nunca mais.

> Sinto passos dentro de mim, mas quem alcança o meu coração? Quem alcança o meu coração? Quem alcança o meu coração?
>
> *Dentro*, Newton Moreno

Do entre-lugar ao transcultural[1]

Palavras nascem. Palavras morrem. Palavras são esquecidas, se multiplicam, geram outras palavras. Entre tantas, escolho uma para lembrar, sem monumentalizar, mas para gerar um futuro.

Escolho a mais lembrada, palavra-matriz: o entre-lugar. Desejo menos pensar sua genealogia, o que levaria a mapear os impasses da mestiçagem e do sincretismo, do que procurar um diálogo com o presente e com os contemporâneos. O entre-lugar é o ponto de partida do estudo das paisagens transculturais, capaz de propor tanto uma leitura estética quanto cultural de obras artísticas, produtos culturais e processos sociais.

Em 1978, Silviano Santiago publicava sua primeira coletânea de ensaios e *Crescendo numa província ultramarina*, livro de poemas. Nesta publicação simultânea, talvez devido ao acaso, os dilemas do entre-lugar, apresentados no ensaio-manifesto de *Uma literatura nos trópicos*, também se encontram nas memórias em flashes dos anos 1930 e 1940, interligando, de forma indissolúvel e sutil, crítica e ficção. Como lembram Wander Melo Miranda e Ana Gazzola no prefácio de *The Space in Between. Essays on Latin American Culture* (2001, p. 2), as ficções de Silviano Santiago podem ser entendidas como suplementos do que foi deixado aberto pelos ensaios. Como entender sua leitura desconstrutora e singular do cânone da litera-

[1] Uma versão anterior deste texto foi publicada em FRANÇA, Andrea e LOPES, Denilson (orgs.). *Cinema, globalização e interculturalidade*. Chapecó: Argos, 2010.

tura moderna brasileira, de Machado de Assis a Clarice Lispector, passando pelos modernistas, sem levar em consideração o Graciliano Ramos de *Em liberdade*, esta reflexão sobre o intelectual em tempos autoritários? Certamente, sua interpretação da América Latina se enriqueceria ao lermos, em conjunto e em pé de igualdade, o romance *Viagem ao México* e *As raízes e o labirinto da América Latina,* seu estudo sobre Octavio Paz e Sérgio Buarque de Holanda.

O mesmo se dá com o entre-lugar. É importante pôr em diálogo ensaios e ficção. Se Ítalo Moriconi, em palestra, considerou o entre-lugar como uma categoria vazia a ser preenchida pelos discípulos de Silviano Santiago, seria interessante pensar também como o próprio a desdobrou e encorpou.

Mas antes, em tempos em que espectros do neopopulismo nacionalista reaparecem, é importante lembrar que Silviano Santiago se insere num caminho silenciado em uma geração anterior, mais preocupada com a questão do nacional, mas que também indicava outras possibilidades que ela mesmo pouco trilhou:

> Sabemos, pois, que somos parte de uma cultura mais ampla, da qual participamos como variedade cultural. E que, ao contrário de que supunham, por vezes ingenuamente, os nossos avós, é uma ilusão falar em supressão de contatos e influências. Mesmo porque, num momento em que a lei do mundo é a inter-relação e a interação, as utopias da originalidade isolacionista não subsistem mais no sentido de atitude patriótica, compreensível numa fase de formação nacional recente, que condicionava uma posição provinciana e umbilical. (CANDIDO, 1987, p. 154)

Se, em "O entre-lugar do discurso latino-americano", esta categoria emerge de um quadro político dos anos 1960,[2] em que

---

[2] É bom lembrar que o ensaio foi publicado em formato de livro em 1978, mas no fim do texto aparece uma rubrica indicando março de 1971, talvez como data do término de sua escrita.

"falar, escrever significa: falar contra, escrever contra" (SANTIAGO, 1978b, p. 19), em resposta a um silêncio, desejado pelo imperialismo cultural, que nos reduzisse apenas a leitores, comentadores e consumidores passivos, em "Atração do mundo", conferência apresentada em 1995 e publicada em 2004 em *O cosmopolitismo do pobre*, o entre-lugar ganha novos matizes para apresentar os dilemas do intelectual, entre o cosmopolitismo e o nacionalismo, entre Joaquim Nabuco e Mário de Andrade, não considerando o primeiro um deslumbrado nem o segundo um provinciano. Os dois vivem, de forma rica e conflitiva, experiências intervalares, embora distintas, que nos assombram e nos constituem até hoje. Numa sociedade de excessos de informação, imagens e discursos, não é suficiente falar, seja porque nem o local nem o nacional são garantias de um posicionamento crítico, seja porque, em meio à abundância de mercadorias, o problema não seja falar, mas ser ouvido,[3] lido, compreendido mais do que visto ou mencionado.

Portanto, o entre-lugar também não se relaciona apenas a uma experiência de intelectuais; implica uma redefinição do nacional. Diferente da posição de Roberto Schwarz, para quem a discussão do nacional se dá sobretudo e exclusivamente a partir dos "interesses de classe social" (CUNHA, 1997, p. 132), desde os anos 1970 Silviano Santiago tem contribuído para uma ampliação do sentido de nação, incluindo, no caso brasileiro, decisivamente, a questão étnica, sobretudo no que se refere ao índio e ao negro. Mais do que temas menores, como os considerava uma esquerda tradicional, ou identidades estreitas que pudessem interessar só a grupos específicos, estas experiências redimensionam nossa história e nosso presente. "Evitar o bilinguismo significa evitar o pluralismo religioso e significa impor também o poder colonialista" (SANTIAGO,

[3] Na esteira da reflexão de Gayatri Spivak em "Can the subaltern speak?", em que o problema não é que o subalterno não fale. Ele pode até falar, mas não será ouvido seriamente (SPIVAK, 1990, p. 60).

1978, p. 16). Dessa forma, por um lado, Silviano Santiago não pensa a nação nem como totalidade nem como sistema, enfatizando as múltiplas exclusões no seu processo de construção. Por outro, critica a práxis do progresso que "dá subemprego às minorias (...) [mas] não dá conscientização sociopolítica" (idem, 1982, p. 18), em "Apesar de dependente, universal", escrito em 1980 e publicado em *Vale quanto pesa*, de 1982. Como sintetiza neste mesmo ensaio: "Nem cartilha populista, nem folclore curupira – eis as polarizações que devem ser evitadas a bem de um socialismo democrático. Nem o paternalismo, nem o imobilismo." (idem)

A partir do entre-lugar, podemos igualmente entender que a exclusão do índio e do negro, no plano nacional, se traduz também em um eurocêntrico voltar as costas para a África e para a América Hispânica. O entre-lugar desterritorializa o nacional, como os brasileiros em Nova York, de *Stella Manhattan*, e tantos outros personagens em trânsito pelas Américas em contos, de *O banquete* a *Histórias mal contadas*, compondo uma verdadeira genealogia de uma diáspora tupiniquim que se firma na primeira década do século XXI. Reflexão que encontra eco e diálogo no ensaio que dá nome ao livro *O cosmopolitismo do pobre* (2004), enfocando não só os intelectuais, mas as solidariedades transnacionais criadas a partir de migrações de trabalhadores, movimentos sociais e ONGs, para quem a cultura não é só uma mercadoria, mas um recurso para o desenvolvimento econômico integrado à constituição de cidadania, para usar os termos de George Yúdice em *A conveniência da cultura* (2005). Esta redefinição da nação também ocorre por uma percepção estranha e estrangeira do que é viver no Brasil a partir de suas muitas margens e fronteiras.

Também é a partir do entre-lugar que podemos incluir a experiência gay neste redimensionamento da nação (ver POSSO, 2003 e ARENAS, 2003). Sua invisibilidade histórica comparece não só como repressão, mas como ambígua resistência, a partir de uma afetividade entre homens como lugar de fala sobre o mundo. Militância sutil, que descontrói as estratégias de confronto, evitando guetos e buscando o diálogo entre os diversos sujeitos de uma esfera pública mais ampla, como bem discutiu Silviano Santiago em "O homossexual astucioso", ensaio publicado em *O cosmopolitismo do pobre*, que pode ser mais bem entendido quando lido em conjunto com o romance *Stella Manhattan* e os contos de *Keith Jarrett no Blue Note*, na busca de uma alternativa a uma perspectiva norte-americana sem, no entanto, silenciar sobre as questões de gênero.

O entre-lugar, portanto, não é apenas "rompimento conceitual com o primado da origem" sem levar em consideração "relações de subordinação efetiva" dentro de uma "crítica de caráter filosófico abstrato", para usar as palavras de Roberto Schwarz em "Nacional por subtração", publicado em *Que horas são?* (1997). O que está em pauta para entender o entre-lugar, como afirma Eneida Leal Cunha em "Leituras da dependência cultural" (publicado em *Navegar é preciso, viver. Escritos para Silviano Santiago*, livro organizado por Eneida de Souza e Wander Miranda, 1997, p. 132), é a diferença entre a matriz marxista da crítica de Schwarz e a matriz nietzschiana e do pensamento da diferença que marca o olhar de Silviano Santiago.

Portanto, o entre-lugar não é uma abstração, um não lugar, mas uma outra construção de territórios e formas de pertencimento; não simplesmente "uma inversão de posições" no quadro internacional, mas um questionamento desta hierarquia a partir da antropofagia cultural, da traição da memória e da noção de corte radical (SANTIAGO, 1982, pp. 19-20). O entre-lugar está embasado teoricamente no simulacro e na diferença, a fim de propor outra forma de pensar o social e o histórico, diferente das críticas marcadas por uma filosofia da representação.

Também se trata de uma política e de uma compreensão da cultura marcada por uma alegria que enfrenta a realidade como ela é, com seus problemas e potencialidades, ao contrário do mal-estar frente à indústria cultural de linhagem adorniana que Schwarz cultiva, quase como um *a priori* para a atividade crítica. No fundo, essa postura revela uma dificuldade de apreender de forma complexa a sociedade brasileira, marcada pela emergência de uma cultura das mídias e de um processo de trocas transculturais nunca vistos na história da humanidade, para os quais a dialética rarefeita de Paulo Emilio Salles Gomes é insuficiente.[4] No lugar de Adorno, vemos a sombra de Nietzsche, a alegria da contracultura e do tropicalismo,[5] que enfrentam a realidade em todas as suas ambiguidades, atentas a suas descontinuidades e continuidades, na sua pregnância. Isto nada tem de "alívio proporcionado ao amor-próprio" (SCHWARZ, 1997, p. 35), nem da "humilhação da cópia explícita e inevitável" (idem). Como na capa de *As raízes e o labirinto da América Latina*, o homem negro carrega e acaricia o tubarão, mas também o mata.

Os escritos de Silviano Santiago redimensionam a tradição intelectual brasileira a partir de um ecletismo teórico que incorpora o impacto do pensamento de Derrida, mas também de Foucault e Deleuze, passando pelo debate sobre a pós-modernidade até o diálogo fecundo com os estudos culturais. Como estratégia, Silviano Santiago recusa-se a ficar à sombra dos grandes mestres do passado, ser comentador bem comportado, evitando assim a canonização deles. Ele desloca o pensamento destes autores para fora de um cânone moderno e os faz vivos, atuantes, políticos. O entre-lugar, neste sentido, poderia ser entendido em diálogo com o subalterno de Gayatri Spivak e com a poética de relação de Édouard Glissant. As três posições são estratégias marcadas por um entrecruzamento teórico e existencial semelhantes e situadas no cenário pós-colonial[6]

[4] "Não somos europeus nem americanos do norte, mas destituídos de cultura original, nada nos é estrangeiro, pois tudo o é. A penosa construção de nós mesmos se desenvolve na dialética rarefeita entre o não ser e o ser outro." (GOMES, 1996, p. 90)

[5] Creio que um divisor de águas na história da cultura brasileira, para enfatizar a diferença entre os dois críticos e suas tradições intelectuais, poderia ser acentuada numa leitura comparada entre "Cultura e política (1964/9)" em *O pai de família*, de Roberto Schwarz, e o "Caetano Veloso enquanto superastro", de Silviano Santiago, em *Uma literatura nos trópicos*.

[6] Para o debate em torno do pós-colonialismo (MCCLINTOCK, 1992; SHOHAT, 1992; DIRLIK, 1997; RIBEIRO, 2003; HALL, 2003; MIGNOLO, 2003; GRÜNER, 2005).

posterior à Segunda Guerra Mundial. A fecundidade do entre-lugar persiste no quadro oferecido por Antonio Negri e Michael Hardt através do império que "não estabelece um centro territorial de poder, nem se baseia em fronteiras ou barreiras fixas" (2004, pp. 12-13) está em não só contribuir para quebrar as relações unidirecionais entre o que antes chamávamos metrópole/colônia, primeiro mundo/terceiro mundo, centro/periferia, mas também em pensar resistências globais.[7] Não apenas Eça de Queirós pode ser autor de *Madame Bovary*, mas podemos ler Homi Bhabha a partir de Silviano Santiago, identificando não só um entre-lugar, mas um "entre-tempo" (BHABHA, 1998, p. 338) em que narrativas e contranarrativas de nação emergem.

A opção de Silviano Santiago não é a de um mergulho conceitual, de natureza filosófica, mas talvez a de uma atitude mais produtiva, que é menos a de um teórico, como de outro seu contemporâneo, mestre também de muitos de nós, Luiz Costa Lima, e mais de um crítico e leitor que segue os conceitos à medida que os próprios textos os solicitam, fazendo da conversação uma atitude mais do que intelectual; existencial. Entre a universidade e a cena pública, intelectual cult, como o chamou Eneida Maria de Souza (2002), intelectual pop sem temor do mercado e da moda como seu outro herdeiro, Ítalo Moriconi. Cult e pop. Estratégia intelectual anfíbia do crítico cultural e escritor que seduz públicos diversos, ora com a isca-Derrida, ora com a isca-culturalista, para citar apenas duas; embaralhando as referências, as recria, não sendo mais nem derridiano, nem culturalista – mas talvez os leitores derridianos e culturalistas, fiéis a suas posições intelectuais, possam sair felizes se o que procuram narcisicamente é um espelho. Caso se permitam uma

[7] "A resistência da esquerda dos anos 1960 se localizou nas identidades de entidades sociais ou grupos nacionais e regionais ancorados na localização das lutas contra o espaço homogêneo e indiferenciado das redes globais. O que antes era mecanismo primário de defesa contra a dominação do capital estrangeiro e/ou global tornou-se reativo." (NEGRI e HARDT, 2004, p. 63)

outra aventura, verão o que pode haver de singular neste posicionamento, que não se coloca na postura ressentida do intelectual periférico isolado, provinciano e autorreferente, nem na posição de divulgador de novidades de além-mar, disciplinado e insípido comentador, epígono sem força própria.

Silviano Santiago pula de uma posição a outra, quebrando expectativas. Como se dissesse onde queres Derrida sou Minas Gerais, onde queres cultura, sou literatura, onde queres Mário de Andrade, sou pós-modernidade, onde queres Borges, sou Puig, onde queres o professor, sou Lou Reed, Clara Nunes, Antony & the Johnsons. Ou tudo ao contrário e ao mesmo tempo. Trânsito entre saberes, linguagens, conceitos e perspectivas teóricas. Trajetória errática e múltipla entre o desejo de estar no seu tempo e abrir, refazer tradições. O entre-lugar é espaço concreto e material, político e existencial, local, midiático e transnacional de afetos e memórias.

Em *O cosmpolitismo do pobre*, o autor reafirma o movimento iniciado em seu clássico e já citado "O entre-lugar do discurso latino-americano" ao pensar alternativas aos grandes sistemas totalizantes, homogeneizados e excludentes, tenham estes os nomes de capitalismo ou nação. Tudo isso sem perder posicionamento e engajamento, em um mundo já então pós-utópico, nem cair no desespero da dualidade "revolução ou barbárie". Walter Benjamin defendia uma barbárie necessária ao falar que

> o novo bárbaro não vê nada permanente. Mas, justamente por isso, vê caminhos por toda parte. Onde outros encontram muros ou montanhas, ali também, ele vê um caminho. Mas porque vê um caminho em toda parte, ele tem de limpar esse caminho em toda parte... Porque vê caminhos em toda parte, ele sempre se coloca em encruzilhadas" (Benjamin apud HARDT; NEGRI, 2004, p. 235).

E estas disposições bárbaras podemos reconhecê-las com Negri e Hardt, ou pelo menos apostar que elas ainda possam estar "antes e acima de tudo nas relações corporais e nas configurações de gênero e sexualidade" (2004, p. 235). Talvez esta nova barbárie necessária seja marcada não mais pelo confronto, pela destruição e pela invasão, mas pelo desaparecimento, entendido não como gesto de desistência, extinção, mas afirmação frágil e sutil de uma vontade, de um desejo. Desaparecer para pertencer mais a uma última paisagem:

> Desde que a paisagem é paisagem, deixa de ser um estado de alma (...) Que os Deuses todos me conservem, até a hora em que cesse este meu aspecto de mim, a noção clara e solar da realidade externa, o instincto da minha inimportância, o conforto de ser pequeno e de poder pensar em ser feliz (SOARES, 1992, pp. 36-37).

O sim nietzschiano evocado antes como afirmação, mas também pergunta, nos conduziu agora à dissolução na multidão. Não precisamos esperar pelos bárbaros, como no conhecido poema de Konstantinos Kaváfis. Os bárbaros estão entre nós e, sim, eles são uma solução.

Em tempos difíceis como o nosso, sem revolução, mas não sem esperanças, em que cinismo e ceticismo aparecem como estratégias imobilizadoras disfarçadas de atitudes críticas, ler Silviano Santiago continua sendo uma referência para realizar uma política do fragmento e da diversidade. Não ler com (por dentro ou em companhia), nem ler contra; ler entre – o que possibilita movimentos, deslocamentos, infidelidades, aproximações e afastamentos.

Em meio a esta viagem por textos e lembranças, gostaria de privilegiar nos escritos de Silviano Santiago, a partir do entre-lugar, não tanto o crítico de cultura e literatura brasileiras, mas uma reflexão que contribui na criação de objetos transnacionais.

O entre-lugar é a resposta teórica e política à construção de nação como sistema orgânico dentro de uma história linear ou de uma formação. Espaço de trânsitos entre tempos, culturas e linguagens. O entre-lugar constitui importante passo na implosão da dialética e/ou dualidade entre arte e sociedade,[8] bem como vai além dos estudos de representações[9] sociais, radicalizando as aberturas realizadas pelo debate sobre articulações,[10] mediações[11] e circuitos[12] num fluxo de discursos e imagens que transitem social e temporalmente. As paisagens transculturais são ainda uma alternativa historiográfica e crítica à naturalização de histórias nacionais, estabelecendo um espaço ampliado, multimidiático, para além das "entre-imagens" (BELLOUR, 1997) ou do audiovisual – dois esforços conceituais louváveis, mas insuficientes – e que transita por diferentes linguagens artísticas, produções culturais e processos sociais.

O entre-lugar é uma estratégia de resistência que incorpora o global e o local, que busca solidariedades transnacionais através do comparativismo para apreender nosso hibridismo (SANTIAGO, 1982, p. 19), fruto de quebras de fronteiras culturais. A aposta de Silviano Santiago também pode se dar no sentido de um "multiculturalismo crítico" (HALL, 2003, p. 53) e não apenas de inclusão numa sociedade de consumo. Nesse sentido, o entre-lugar não encena apenas o privilégio social de ricos e intelectuais, mas as migrações e diásporas de massas de pachucos e sapos barbudos.

O debate sobre globalização e multiculturalismo tem aberto diversas possibilidades a partir de termos como pós-colonialismo,

---

[8] Aqui me refiro à necessidade de ir além de uma perspectiva marxista, e, em particular, no contexto brasileiro dos estudos literários, à importância de arejar e não monumentalizar a herança de Antonio Candido.

[9] Obviamente não estamos nos referindo a obras sofisticadas e centradas na discussão da mímesis como as de Auerbach e Costa Lima.

[10] "Formas de pensar as estruturas como jogo de correspondências, não correspondências e contradições; fragmentos ao invés de unidades." (SLACK, 1996, p. 112)

[11] "Lugares dos quais provêm as construções que delimitam e configuram a materialidade social e a expressividade cultural de um meio." (BARBERO, 1997, p. 292)

[12] "O circuito é a estrutura de circulação dos textos. Trata-se de uma noção panorâmica, visando demarcar terrenos no plano histórico-situacional. Os circuitos determinam as molduras, os *frames* discursivos a partir dos quais se pode analisar mais de perto cada obra ou trajetória autoral em particular." (MORICONI, 2006).

subalternidade, fronteiras, hibridismo, império, *giro decolonial* etc. Minha busca é a de pensar alternativas à nação como categoria de análise da cultura sem aderir à celebração puramente mercadológica e tecnocrática de uma globalização anódina. Argumentarei em favor do termo paisagem transcultural para problematizar não só a ideia de nação como narrativa (BHABHA, 1998) que, mesmo quando considerada heterogênea (CORNEJO POLAR, 2000), contraditória e fragmentada, ainda aparece como uma totalidade. Essas posições, entre outras, sem dúvida, fizeram a discussão avançar de forma sensata, mas, por vezes, é mais frutífero ser insensato se quisermos ir mais longe.

Para a delimitação do que seriam paisagens transculturais, além do diálogo preferencial que farei com Arjun Appadurai e Néstor García Canclini, seria importante lembrar que o campo semântico deste termo tem uma genealogia latino-americana[13] que remonta a temas recorrentes como os da mestiçagem e do sincretismo, já mencionados. Minha proposta pode ser compreendida como um adensamento, mas também uma descontinuidade em relação a estes debates com larga tradição, respectivamente e sobretudo nas questões raciais e religiosas. Mesmo correndo o risco de simplificação, seria importante precisar não só as diferenças, mas uma linhagem que poderia ser assim visualizada: **Mestiçagem/sincretismo + política dos anos 1960 > entre-lugar + mídia > hibridismo + globalização = paisagens transculturais.** Como vimos, o entre-lugar é uma resposta política, no fim dos anos 1960, aos limites dos discursos da mestiçagem e do sincretismo, questões alçadas para além dos limites do conceito de cultura nacional. Talvez a grande contribuição de Canclini esteja em colocar os entre-lugares, as interculturalidades indissociadas da constituição de uma cultura das mídias, como horizonte de nossas experiências, práticas sociais e políticas,

---

[13] Para um diálogo entre a tradição hispano-americana de reflexão sobre a transculturação e o pensamento de Homi Bhabha ver KRANIAUSKAS, 2001.

sem contudo, penso eu, mitificar o mercado, questão polêmica e percebida de forma diferente por vários críticos (ver, por exemplo, MORAÑA, 1997, p. 48). E Appadurai encena a exacerbação dos fluxos interculturais no quadro da globalização dos anos 1990 depois da queda do Muro de Berlim.

O termo transculturação, implícito na discussão de Appadurai, em si também não é novo – remete a *Contrapunteo cubano del tabaco y el azucar*, trabalho clássico de Fernando Ortiz (1940), retomado para uma análise literária, embora seu alcance a ela não se restrinja, por Angel Rama em *Transculturación narrativa en América Latina* (1982). O termo se articula, sobretudo, com a noção de entre-lugar, desenvolvida por Silviano Santiago e recuperada por Mary Louise Pratt (1999, p. 30) na expressão zona de contato. Pode ainda ser associado a uma estética bilíngue (SOMMER, 2004) e a uma gnose ou "pensamento liminar", compreendido como um conhecimento para além do acadêmico, alternativo à epistemologia (domínio do conhecimento e da verdade) e à hermenêutica (domínio do sentido e da compreensão humana). Trata-se de um tipo de saber formado em quadro pós-iluminista (MIGNOLO, 2003, p. 30) num esforço de descolonização do conhecimento, algo concebido "das margens externas do sistema mundial colonial/moderno" (ibidem, p. 33). Ainda assim, a transculturação está em diálogo com a epistemologia a partir de saberes que foram subalternizados nos processos imperiais (ibidem, p. 34). E, ao invés de uma hermenêutica monotópica, centrada na perspectiva de um sujeito cognoscitivo situado numa terra de ninguém universal (ibidem, p. 42), relaciona-se com uma hermenêutica pluritópica que acontece no entre-lugar de conflitos de saberes e estruturas de poder (ibidem, p. 40).

Ao pensarmos uma paisagem transcultural, não estamos mais nos colocando no espaço engajado do terceiro-mundismo, como desenvolvido notadamente nos anos 1960, mas procurando transversalidades que transitem por diferentes países e culturas, sem ignorar as desigualdades nas relações de poder, mas procurando responder ao contexto desenvolvido a partir dos anos 1970. "A paisagem não é apenas o invólucro passivo da todo-poderosa Narrativa, mas a dimensão mutante e perdurável de toda mudança e de toda troca." (GLISSANT, 2005, p. 30)

O desafio está não só em ir além de marcas nacionais, mas de marcas continentais. Apesar do interesse e da rentabilidade que o conceito de diáspora tem trazido a este debate, fundamentado pela migração massiva de trabalhadores, normalmente o que é encenado é um drama intercultural. O risco seria uma constante referência a uma origem cada vez mais remota, à medida que as gerações se sucedem e são relocalizadas (como no caso da cultura "latina" nos Estados Unidos). É importante resgatar que mesmo a interculturalidade se produz mais a partir dos meios de comunicação de massa do que por movimentos migratórios, para retomarmos uma provocação feita por Canclini (2000, p. 79), mas ainda pouco desenvolvida, sem esquecer que as diásporas e os trânsitos feitos pelos meios de comunicação de massa são complementares (APPADURAI, 1996, p. 4). No entanto, são as transculturalidades midiáticas que me interessam e explicitam mais a perda de uma origem, multiplicando as mediações e leituras, numa história, às vezes, difícil de perceber, e criando frutos, por vezes, inesperados.

A paisagem[14] se transformou em rica categoria, como defende Arjun Appadurai, para compreendermos as disjunções entre economia, cultura e política na contemporaneidade a partir de paisagens étnicas (*ethnoscapes*), midiáticas (*mediascapes*), tecnológicas (*technoscapes*), financeiras (*financescapes*), ideológicas (*ideoscapes*). Isso indica "que não se trata de relações objetivamente dadas que têm a mesma aparência a partir de cada ângulo de visão, mas, antes, são interpretações profundamente perspectivas, modeladas pelo posicionamento histórico, linguístico e político das diferentes espé-

[14] Já desenvolvi mais esta categoria (LOPES, 2007).

cies de agentes" (APPADURAI, 1999, p. 312). Estas paisagens são "formas fluidas e irregulares" (ibidem, p. 313). Ao contrário das comunidades idealizadas, são lugares onde se vive, ainda que não sejam lugares necessariamente geográficos. Não se trata de negar as relações tradicionais de proximidade e vizinhança, mas de pensar a nossa sociabilidade como constituída também por "comunidades de sentimento transnacional" (APPADURAI, 1996, p. 8). A esta perspectiva culturalista pretendemos somar a tradição da história da arte, para conceber a paisagem não só como espaço de relações sociais, mas como imagem, "artifício", e até "construção retórica" (CAUQUELIN, 1989, pp. 20, 22, 27 e 30).

Unindo essas duas perspectivas originárias da história da arte e dos estudos culturais, retomo o desafio que Appadurai lança no início de *Modernity at Large* sem, contudo, desenvolvê-lo. Nosso objetivo aqui seria procurar tornar mais rentável sua proposta não só para etnografias, mas também para a análise de produtos culturais e obras artísticas. Atrás da proposta de uma paisagem transcultural está uma compreensão cada vez mais recorrente de que "a globalização não é só a estória da homogeneização cultural" (ibidem, p. 11) reduzida a uma hegemonia norte-americana. Também não se trata de aderir a uma fuga em localismos isolacionistas.

> Qualquer proposta de comunidade particular isolada, definida em termos raciais, religiosos ou regionais, "desvinculada" do Império, protegida de seus poderes por fronteiras fixas, está destinada a acabar como uma espécie de gueto. Não se pode resistir ao Império com um projeto que visa a autonomia limitada e local. (HARDT; NEGRI, 2004, p. 226)

Ao evitar dualismos, o culturalismo aqui defendido é a mobilização consciente de diferenças culturais a serviço de uma política transnacional mais ampla. Estas paisagens transculturais que estamos procurando delinear são entre-lugares. Seu mapeamento radicaliza as propostas sobre o hibridismo – processos socioculturais de interseção e transação constituidores de interculturalidades –, evitando que o multiculturalismo se torne um processo de segregação (CANCLINI, 2001, pp. 14 e 20), ou, como prefiro, afirma uma cultura pop transnacional para além das oposições entre tradicional/moderno, quebrando as distinções e hierarquias entre o culto, o popular e o massivo (CANCLINI, 1997, p. 283) bem como cria uma moldura para diferenças não necessariamente decorrentes de especificidades nacionais,[15] opondo-se "a qualquer discurso essencialista de identidade, autenticidade e pureza culturais" (CANCLINI, 2001, p. 16). Não se trata de mitificar o mercado, mas de compreendê-lo como parte indissociável não só das condições de produção e circulação de bens culturais, mas também da experiência, parte de nossa vida cotidiana, de nossos afetos e memórias, bem como dado estético fundamental.

É importante frisar que esta proposta se insere num quadro mais amplo de uma estética da comunicação que temos desenvolvido nos últimos anos. Não se trata aqui de resumir este debate, mas apenas de lembrar que, apesar de considerarmos os filmes como materialidades e não como linguagens específicas, apontamos um diálogo importante a ser desenvolvido com a área de estudos do cinema. Embora haja grande quantidade de análises fílmicas que exploram temas correlatos à inter e à transculturalidade, tive dificuldades em encontrar trabalhos que fossem contribuições conceituais. Destaco quatro livros que colocam esta questão a partir do cinema e que têm sido estímulos importantes para o meu trabalho: *Unthinking Eurocentrism*, de Robert Stam e Ella Shohat (1994), *The Skin of the Film*, de Laura Marks (2000), *Accented Cinema*, de

[15] Alberto Moreiras (2001) se pergunta se os estudos culturais podem desenvolver um estilo de pensamento que não esteja mais associado com postulados estético-historicistas destinados à construção e ao fortalecimento do Estado nacional-popular. Aposto nesta possibilidade neste livro.

Hamid Naficy (2001), e *Terras e fronteiras no cinema político contemporâneo,* de Andréa França (2003).

Antes de dialogar com esses autores, há um ponto de partida neste recorte que gostaria de compartilhar. Trata-se de uma impressão de que a crítica cinematográfica brasileira na universidade tem se concentrado, majoritariamente, em estudar o cinema brasileiro, ainda que não lhe falte conhecimento atualizado da produção internacional. Nos poucos estudos feitos entre nós sobre filmes não brasileiros, como também de resto nos estudos feitos sobre o cinema brasileiro, o crítico não problematiza seu lugar de fala, sua condição intervalar, colocando-se no espaço puro da teoria mesclado com uma cinefilia voraz.

Em um país ainda muito carente de boas bibliotecas, cinematecas e arquivos públicos atualizados para realizar pesquisas de grande envergadura para além dos horizontes nacionais, o crítico brasileiro, quando faz pesquisas de maior fôlego fora de um foco no cinema nacional, ainda se centra na produção norte-americana e da Europa ocidental, não levando em consideração as cinematografias africana, asiática[16] e até mesmo de outros países latino-americanos, apesar da crescente diversificação do acervo disponível na internet. O nacional[17] pode ser aquilo que nos fala mais, mas também pode ser uma armadilha, uma forma de silenciamento, sobretudo ao sermos convidados, isto é, quando somos convidados em eventos fora do Brasil para falar sobre um cinema menor no cenário internacional e em grande parte desconhecido, forma de não questionar teórica ou analiticamente os debates dos centros hegemônicos do saber, co-

---

[16] Neste caso, para uma perspectiva dialógica relativa ao cinema contemporâneo, me interessei em particular por *Caminhos de Kiarostami,* de Jean Claude Bernadet (2004), e o artigo de "Towards a Positive Definition of World Cinema", de Lúcia Nagib, em *Remapping the World Cinema* (2006).

[17] Para uma visão que busca atualizar o debate do cinema nacional de forma renovada, MASCARELLO, 2008, 25/54. Para perspectivas realizadoras do nacional a partir dos estudos literários no Brasil remeto a CUNHA, 2006; MIRANDA, 2010; ANTELO, 2010.

locando-nos como servis comentadores, divulgadores e epígonos. Enquanto aos críticos dos países centrais é franqueado o mundo, nosso trabalho interessaria só na medida em que representássemos e falássemos sobre nossa cultura nacional, como espaço concedido de fala para bem poucos ouvirem, migalhas a que alguns se atiram avidamente. Como nos provoca Mitsuhiro Yoshimoto, em vez de naturalizarmos a cultura nacional como possuidora de uma dimensão crítica no cenário contemporâneo, "nós precisamos cuidadosamente reexaminar se, por nos engajarmos nos estudos de cinemas nacionais, não estamos mecanicamente reproduzindo, em vez de analisando, o quadro ideológico pós-colonial construído pelas nações pós-industrias ocidentais" (1991, p. 257). Por outro lado, para constituirmos consistentemente uma crítica transcultural, em vez de querermos ser reconhecidos no campo da teoria ou como especialistas em pé de igualdade com os estudiosos nativos de outras cinematografias, a estratégia comparatista pode ser mais rica e eficiente. A ideia é não reificar a origem e continuar a produzir conceitos fora dos guetos de estudos de uma cultura nacional ou mesmo dos limites geopolíticos dos estudos de um continente. Compreendendo as formas desiguais com que o conhecimento é produzido em diferentes lugares do mundo, sempre levando em consideração George Yúdice em "We are not the World", publicado na *Social Text*, verifica-se que

> ao selecionarmos qualquer texto para representações culturais, deve-se estar atento às redes de disseminação que tornaram aquele texto disponível. Depois de tudo que foi dito, não devemos tratar os textos como se eles estivessem inocentemente lá, prontos para serem apanhados. (1992, p. 212)

Nesse sentido, a leitura de *Unthinking Eurocentrism*, de Robert Stam e Ella Shohat (1994), traduzido para o português como *Crítica da imagem eurocêntrica* (2006), é importante referência. Em primeiro lugar, por supor o hibridismo como traço epistemológico e analítico, desarticulando hierarquias entre cinema de autor e comercial, analisando tanto produtos culturais massivos como obras experimentais em um contínuo. Em segundo, por uma busca de categorias de trânsito entre culturas. Os autores atacam não as culturas europeias, mas criticam o eurocentrismo como "um discurso que coloca como única fonte de saber a Europa", impondo seus valores e padrões como universais (1994, pp. 2-3). O eurocentrismo se constitui mais como um posicionamento implícito do que um posicionamento político consciente (ibidem, p. 4). Tem consequências não só do ponto de vista historiográfico: ao se considerar a arte e a teoria dos países centrais como as únicas matrizes possíveis, cabendo aos outros países uma posição marginal, meros apêndices na história mundial, suas culturas reduzidas a fatos sociais sem validade estética ou lembradas por alguns momentos de fulguração, quando não simplesmente exotizados. O multiculturalismo, preconizado por Stam e Shohat, descoloniza a representação não só em termos de artefatos culturais (como seria no caso de políticas de representações a partir de identidades estreitas), mas também de relações de poder entre comunidades (ibidem, p. 4). Posição atenta à identificação de quem produz e distribui os produtos audiovisuais (ibidem, pp. 47 e 103).

Meu foco, contudo, se dará sobretudo não no sentido de entender as estratégias de comunidades nacionais, étnicas e locais de criarem e distribuírem suas próprias imagens, mas na leitura de constelações de filmes que encenem, a partir dos anos 1990, diferentes facetas da relação interdependente entre o global e o local. Filmes que seriam lidos, por se posicionarem menos numa tradição experimental[18] e mais entre o cinema clássico e o cinema moderno, como

[18] Nesse sentido, diferente do projeto de Laura Marks, que privilegia preferencialmente uma tradição experimental, ou mesmo de Hamid Naficy, que privilegia uma espécie de cinema transnacional independente através de sua rubrica de um *accented cinema*.

obras artísticas e produtos culturais. Isso inclui alguns elementos do que Hamid Naficy chamou de *accented cinema*: filmes produzidos num modo capitalista mesmo que alternativo, não sendo necessariamente oposicionistas, no sentido de se definirem primordialmente contra um cinema dominante *unaccented*, nem necessariamente radicais, por agirem não só como agentes de expressão e desafio, mas também de assimilação e legitimação de cineastas e suas audiências (2001, p. 26). Diferente do cinema do terceiro mundo, em que o que mais importava era a defesa da luta armada ou da luta de classes, em uma perspectiva marxista, trata-se de um cinema feito por pessoas deslocadas, (ou) comunidades diaspóricas, engajado menos com o povo ou as massas do que marcado por experiências de desterritorialização (ibidem, pp. 30-31).

Por fim, ainda que partindo de referenciais e objetos distintos, minha proposta encontra-se com a de Andréa França pelo desejo de pensar para além das cinematografias nacionais (2003, p. 24). O que desenvolvi a partir do entre-lugar até as paisagens transculturais dialoga e ganha uma espessura cinematográfica na noção de fronteira que não só separa e demarca, mas gera outros espaços: "O cinema inventa espaços de solidariedade transnacionais, espaços que ensejam uma espécie de adesão silenciosa. O cinema tem a potência de acentuar a singularidade de uma comunidade de diferentes" (ibidem, p. 25).

O debate sobre paisagens transculturais é a porta de entrada para o estudo das relações entre cinema e globalização a partir da década de 1990 e o fio condutor desse livro.

Começamos com os filmes de Wong Kar-Wai, cuja trilha sonora[19] transita da música erudita ao pop norte-americano, da ópera

[19] O estudo de trilhas sonoras já possui uma boa bibliografia, desde *Unheard Melodies*, clássico livro de Claudia Gorbman, passando pela obra de Michel Chion e chegando a trabalhos mais recentes como o de Anahid Kassabian; no entanto, a relação entre interculturalidade e trilha sonora é ainda pouco mencionada. Como exceção, ver o trabalho de Jill Leeper (2001) sobre *Touch of Evil*, de Orson Welles.

chinesa à música latino-americana – de qualquer forma, a música é uma chave para entrar em seus filmes (ver YUEH-YU, 1999, p. 1). A repetição com que certas músicas, temas ou motivos aparecem no decorrer de um mesmo filme faz pensar no uso que a publicidade massiva utiliza para fixar slogans, vender produtos, e mais além, na valorização da redundância em detrimento da densidade como elemento estético no cenário pós-moderno. É o próprio diretor que afirma que gostaria que as pessoas lembrassem do filme quando ouvissem a música, indo numa direção inversa à dos videoclipes em que a imagem vende a canção (apud BORDWELL, 2000, pp. 278-279).

Para pensar este trânsito transcultural, fundindo som e imagem, é que a ideia de audiotopia vem nos ajudar. Se a utopia não está em nenhum lugar, o termo foucaultiano de uma heterotopia representa "um tipo de utopia efetivamente encarnada, caracterizada pela justaposição em um único lugar de vários espaços que são incompatíveis entre si" (KUN, 1997, p. 289). As audiotopias seriam instantes específicos das heterotopias, "espaços sônicos de desejos utópicos efetivos onde vários lugares normalmente incompatíveis são reunidos não somente no espaço de uma peça particular de música, mas na produção de espaço social e mapeamento de espaço geográfico que a música faz possível" (ibidem, p. 289). A função de ouvir audiotopias é focar no próprio espaço da música, "espaços sociais, geografias e paisagens que a música possibilita, reflete e profetiza" (ibidem, pp. 289-290). Em última instância, as audiotopias são "zonas de contato entre espaços sônicos e sociais" (idem), como no início de *Felizes juntos* (1997), de Wong Kar-Wai, onde podemos ver na tomada aérea das Cataratas do Iguaçu, na fronteira entre Brasil, Argentina e Paraguai, a imagem do desencontro entre os amantes, mas que traduz todo um encantamento, apesar de toda dor, ao som de Caetano Veloso cantando em espanhol "Cucurrucucu Paloma", um clássico da música popular mexicana composto por Tomás Méndez. Temos aqui um interessante encontro entre

Ásia e América Latina através da circulação da música latino-americana desde a primeira metade do século passado, seja via filmes hollywoodianos ou pela presença de cantores filipinos em Xangai, o mais importante centro cultural na China dos anos 1930 e 1940, como também podemos ver na obra de Stanley Kwan, por exemplo, em *Center Stage* (1992). Ou, para dar outro exemplo, "Perfidia", um outro clássico da música popular latino-americana, tanto pode aparecer nos filmes de Wong Kar-Wai quanto reciclada pelo grupo de rock Café Tacuba, ou ainda em *Alexandria... Why?* (1978), de Youssef Chahine, que se passa nos anos 1940. Os filmes de Wong Kar-Wai teriam uma visão muito limitada se os compreendêssemos apenas situados na história de Hong Kong ou da China, como depreendemos de uma recorrência quase obsessiva das canções cantadas por Nat King Cole, cantor favorito de sua mãe, entre outras canções clássicas hispano-americanas, com frequência interpretadas por cantores norte-americanos que fizeram a circulacão da música latino-americana passar pelos Estados Unidos. Seria interessante lembrar que também músicas pop inglesas aparecem em seus filmes, mas cantadas em chinês. Por fim, as constantes referências a Manuel Puig não são gratuitas, por encarnar como nenhum outro uma erudição calcada na cultura de massa (ver SANTIAGO, 2006a). De qualquer forma, estes trânsitos, especialmente entre América Latina e Ásia, representam a gênese de um interessante caso de transculturalidade, desconstrutor de purismos nacionais, definido mais pelos processos midiáticos do que por grandes fluxos migratórios, diásporas (ver CANCLINI, 2000, p. 79), que exigem, certamente, um melhor estudo.

Voltando a *Felizes juntos*, a tomada inicial nas Cataratas do Iguaçu abre uma outra possibilidade de leitura, talvez, mais do que pela música, pela constituição de uma paisagem transcultural. Os jovens amantes de Hong Kong que vivem em condições precárias em Buenos Aires, com vidas marcadas inicialmente pela solidão e pelo isolamento, veem na viagem às Cataratas do Iguaçu uma possibilidade de renovação do seu relacionamento. O que acontece é, exatamente, o contrário: a separação, sem que nenhum dos dois acabe indo às Cataratas, restando apenas sua imagem num souvenir que fica no apartamento onde moram. No entanto, sua imagem grandiosa aparece na tela, interrompendo a estrutura narrativa, marcada pelas idas e vindas da relação. A suspensão narrativa, diferente da discrição que as trilhas sonoras têm comumente no cinema clássico hollywoodiano (GORBMAN, 1987, pp. 71-73), aqui nos leva a ouvir as imagens e a ver o som. Este espaço de fronteira cultural, de desencontro amoroso, traduz tudo que não pode ser falado em palavras; como o abismo sugando a água do rio, assim também os amantes são cada vez mais tragados na complexidade de seus afetos.

No fim, só Fai (Tony Leung) vai às Cataratas, que aparecem, então, ao som de um tango de Astor Piazolla. Molhado pela água do rio, são a mágoa e a dor que a água parece levar, num ato de renascimento. É neste lugar estrangeiro que Fai se encontra, antes da volta para Hong Kong.

Na segunda parte do filme, Chang (Chang Chen) trabalha no mesmo restaurante chinês que Fai. Por possuir um ouvido extremamente aguçado, a questão da importância dos sons mais banais na composição do filme é realçada. É pelo som da voz de Fai ao telefone que Chang se aproxima dele. E é também Chang que leva a gravação dos soluços e lágrimas de Fai – cena equivalente ao renascimento sob as Cataratas do Iguaçu – até o "fim do mundo", Ushuaia, na Terra do Fogo, outra região marcada pela magnitude, dessa vez na fronteira entre Argentina e Chile, no extremo sul da América.

Por fim, quando Fai passa por Taipei, onde a família de Chang mora, ouvimos "Happy Together", música dos Turtles, mais uma leitura do amor romântico heterossexual para uma chave gay, como no caso do uso do tango (ver GATTI, 2005). Leitura contemporânea, marcada pelas fragilidade e rapidez também dos afetos, apontando para uma possibilidade de encontro e felicidade, mesmo que na distância geográfica. É na transitividade da música entre culturas que encontramos uma das paisagens mais ricas para pensar o pertencimento de forma pós-identitária e translocal.

Palavras nascem. Palavras morrem. Palavras são esquecidas, se multiplicam, geram outras palavras, outras paisagens. Paisagens para contemplar. Paisagens em que possamos viver mais, ainda muito mais.

REFERÊNCIAS

ANTELO, Raul. *Algaravia:* Discurso de nação. 2ª ed. Florianópolis: EdUFSC, 2010.

APPADURAI, Arjun. *Modernity at Large.* Cultural Dimensions of Globalization. Minneapolis: University of Minnesotta Press, 1996.

______. "Disjunção e diferença na economia cultural global". In: FEATHERSTONE, Mike (org.). *Cultura global.* 3ª ed. Petrópolis: Vozes, 1999.

ARENAS, Fernando. *Utopias of Otherness.* Minneapolis: University of Minnesotta Press, 2003.

BARBERO, Jesús Martín. *Dos meios às mediações.* Comunicação, cultura e hegemonia. Rio de Janeiro: Ed. UFRJ, 1997.

BELLOUR, Raymond. *Entre-imagens.* Campinas: Papirus, 1997.

BHABHA, Homi. *O local da cultura.* Belo Horizonte: Editora UFMG, 1998.

BORDWELL, David. *Hong Kong Planet.* Cambridge: Harvard UP, 2000.

CANCLINI, Néstor García. *Culturas híbridas.* São Paulo: Edusp, 1997.

______. *La globalización imaginada.* Buenos Aires: Paidós, 2000.

______. Prefácio. In: *Culturas híbridas.* Barcelona: Paidós, 2001.

CANDIDO, Antonio. "Literatura e subdesenvolvimento". In: *A educação pela noite e outros ensaios.* São Paulo: Ática, 1987.

CAUQUELIN, Anne. *L'invention du paysage.* Paris: Plon, 1989.

CHION, Michel. *Un art sonore, le cinéma.* Histoire, esthéique, poéique. Paris: Cahiers du Cinéma, 2003.

CHOW, Rey. "Nostalgia of the New Wave: Romance, Domesticity, and the Longing for Oneness in *Happy Together.*" In: *Sentimental Fabulations, Contemporary Chinese Films.* Nova York: Columbia University Press, 2007.

CORNEJO POLAR, Antonio. *O condor voa.* Literatura e cultura latino-americanas. Belo Horizonte: Editora UFMG, 2000.

CUNHA, Eneida Leal. "Leituras da dependência cultural." In: SOUZA, Eneida Maria de; MIRANDA, Wander Melo (orgs.). *Navegar é preciso, viver.* Escritos para

Silviano Santiago. Belo Horizonte: Editora UFMG; Niterói: EdUFF; Salvador: EdUFBA, 1997.

______. *Estampas do imaginário:* Literatura, história e identidade cultural. Belo Horizonte: Editora UFMG, 2006.

______ (org.). *Leituras críticas sobre Silviano Santiago.* Belo Horizonte: Editora UFMG; São Paulo: Fundação Perseu Abramo, 2008.

DIRLIK, Arif. *The Postcolonial Aura.* Boulder: Westview, 1997.

FRANÇA, Andréa. "Terras e fronteiras." In: *Terras e fronteiras no cinema político contemporâneo.* Rio de Janeiro: 7Letras, 2003.

GLISSANT, Édouard. *Introdução a uma poética da diversidade.* Juiz de Fora: EdUFJF, 2005.

GOMES, Paulo Emilio Sales. "Cinema: trajetória no subdesenvolvimento." In: *Cinema*: Trajetória no subdesenvolvimento. Rio de Janeiro: Paz e Terra, 1996.

GÓMEZ, Santiago Castro; GROSFOGUEL, Ramón (orgs.). *El giro decolonial.* Reflexiones para una diversidad epistémica más allá del capitalismo global. Bogotá: Universidad Central/Instituto de Estudíos Sociales Contemporáneos/Pontifícia Universidad Javeriana/Instituto Pensar, 2007.

GORBMAN, Claudia. *Unheard Melodies.* Bloomington: Indiana UP, 1987.

GRIMSON, Alejandro. *Interculturalidad y comunicación.* Buenos Aires: Norma, 2000.

GRÜNER, Eduardo. "La globalización, o la lógica (no solo) cultural del colonialismo tardio." In: *El fin de las pequeñas historias.* Barcelona: Paidós, 2005.

HALL, Stuart. *Da diáspora.* Belo Horizonte: Editora UFMG, 2003.

KASSABIAN, Anahid. *Hearing Film.* Nova York: Routledge, 2001.

KRANIAUSKAS, John. "Translation and the Work of Transculturation." *Traces,* 1, pp. 95-108, 2001.

KUN, Josh. "Against Easy Listening. Audiotopic Readings and Transnational Soundings." In: DELGADO, Celeste; MUÑOZ, José (org.). *Everynight Life.* Culture and Dance in Latin America. Durhan: Duke University Press, 1997.

LEEPER, Jill. "Crossing Musical Borders: The Soundtrack for Touch of Evil." In: WOJCIK, Pamela Robertson; KNIGHT, Arthur (orgs.). *Soundtrack Available.* Durham e Londres: Duke University Press, 2001.

LOPES, Denilson. *A delicadeza: Estética, experiência e paisagens.* Brasília: Editora da Universidade de Brasília, 2007.

MARKS, Laura. *The Skin of the Film.* Durham: Duke University Press, 2000.

MASCARELLO, Fernando. "Reinventando o conceito de cinema nacional." In: BAPTISTA, Mauro; MASCARELLO, Fernando (org.). *Cinema mundial contemporâneo.* Campinas: Papirus, 2008.

MCCLINTOCK, Anne. "Pitifalls of the Term 'Post-Colonialism'." *Social Text,* pp. 31-32, 1992.

MIGNOLO, Walter. *Histórias locais/projetos globais.* Belo Horizonte: Editora UFMG, 2003.

MIRANDA, Wander Melo; GAZZOLA, Ana. Introduction. In: SANTIAGO, Silviano. *The Space in Between.* Durham: Duke University Press, 2001.

______. *Nações Literárias.* São Paulo: Ateliê, 2010.

MORAÑA, Mabel. "El Boom del Subalterno." *Revista de Crítica Cultural,* 15, pp. 8-13, nov. 1997.

MOREIRAS, Alberto. *A exaustão da diferença.* Belo Horizonte: Editora UFMG, 2001.

MORICONI, Ítalo. "Circuitos contemporâneos do literário." Niterói: Gragoatá (UFF), 20, pp. 147-163, 2006.

NAFICY, Hamid. *An Accented Cinema.* Princeton: Princeton University Press, 2001.

NEGRI, Toni; HARDT, Michael. *Império.* 6ª ed. Rio de Janeiro: Record, 2004.

ORTIZ, Fernando. *Contrapunteo Cubano del Tabaco e y el Azucar.* Caracas: Biblioteca Ayacucho, 1987.

POSSO, Karl. *Artful Seduction.* Homosexuality and the Problematics of Exile. Oxford: Oxford University Press, 2003.

PRATT, Mary Louise. "Pós-colonialidade: projeto incompleto ou irrelevante?" In: VÉSCIO, Luiz Eugênio; SANTOS, Pedro Brum (orgs.). *Literatura & história.* Bauru: Edusc, 1999.

RAMA, Angel. *Transculturación narrativa en América Latina.* Montevidéu: Fundación Angel Rama, s/d.

RESENDE, Beatriz. "O professor, por Silviano Santiago." In: *Contemporâneos*: Expressões da literatura brasileira no século XXI. Rio de Janeiro: Casa da Palavra, 2008.

RIBEIRO, Gustavo Lins. *Postimperialismo.* Barcelona: Gedisa, 2003.

RODRIGUEZ, Ileana. *Transatlantic Topographies*: Islands, Highlands, Jungles. Minneapolis: University of Minnesotta Press, 2004.

SANTIAGO, Silviano. *As raízes e o labirinto da América Latina.* Rio de Janeiro: Rocco, 2006b.

______. *Crescendo durante a guerra numa província ultramarina.* Rio de Janeiro: Francisco Alves, 1978a.

______. *Em liberdade.* 3ª ed. Rio de Janeiro: Paz e Terra, 1985.

______. *Histórias mal contadas.* Rio de Janeiro: Rocco, 2005.

______. *Keith Jarrett no Blue Note.* Rio de Janeiro: Rocco, 1996.

______. *Nas malhas da letra.* São Paulo: Companhia das Letras, 1989.

______. *O banquete.* 2ª ed. São Paulo: Ática, 1977.

______. *O cosmopolitismo do pobre.* Belo Horizonte: Editora UFMG, 2004.

______. *Ora (direis) puxar conversa!* Belo Horizonte: Editora UFMG, 2006a.

______. *Stella Manhattan.* Rio de Janeiro: Nova Fornteira, 1985.

______. *Uma literatura nos trópicos*. São Paulo: Perspectiva, 1978b.
______. *Vale quanto pesa*. Rio de Janeiro: Paz e Terra, 1982.
______. *Viagem ao México*. Rio de Janeiro: Rocco, 1995.
______. *The Space in Between*. Durham: Duke University Press, 2001.
SCHWARZ, Roberto. *Que horas são?* São Paulo: Companhia das Letras, 1987.
SHOHAT, Ella. "Notes on the 'Post-Colonial'." *Social Text*, pp. 31-32, 1992.
SLACK, Jennifer Daryl. "The Theory and Method of Articulation in Cultural Studies." In: MORLEY, David; CHIEN, Kuan-Hsing (orgs.). *Stuart Hall. Critical Dialogues in Cultural Studies*. Nova York: Routledge, 1996.
SOARES, Bernardo. *Livro do desassossego*. Lisboa: Ática, 1992, v. I.
SOMMER, Doris. *Bilingual Aesthetics*. Durham: Duke University Press, 2004.
SOUZA, Eneida Maria de. *Crítica Cult*. Belo Horizonte: Editora UFMG, 2002.
SPIVAK, Gayatri. "Questions of Multiculturalism." In: *The Postcolonial Critic*. Nova York/Londres: Routledge, 1990.
STAM, Robert; SHOHAT, Ella (org.). *Unthinking Eurocentrism*. Nova York: Routledge, 1994.
YEH, Yueh-yu. "A Life of its Own: Musical Discourses in Wong Kar-Wai's Films." *Post-Script – Essays in Film and the Humanities*. v. 19, nº 1 (outono de 1999), pp. 120-136.
YOSHIMOTO, Mitsuhiro. "The Difficult of Being Radical: The Discipline of Film Studies and the Postcolonial World Order." *Boundary 2*, v. 18, nº 3 (Japan in the World), outono de 1991.
YÚDICE, George. "We are not the World." *Social Text*, nº 31/32, 1992.
______. *A conveniência da cultura*. Belo Horizonte: Ed. UFMG, 2005.
ZHANG, Yongjin. "Space of Scholarship: Trans/National and Comparative Studies." In: *Cinema, Space, and Polylocality in a Globalizing Cinema*. Honolulu: University of Hawaii Press, 2010.

O olhar intruso

Perdido. Perdido. Perdido. Como começar? A mesma pergunta, novamente. Não é a primeira vez. Mas o que é, então, esta sensação de ter tanto, tudo pela frente e tão pouco tempo, tão pouca energia, tantas limitações intelectuais? Por que não ficar em campo seguro? Por que partir com esta sensação de insegurança, este tremor na pele quando o avião decola e não se sabe se será, mais uma vez, uma viagem da qual retornará logo ou algo perturbador, inesperado, sem volta?

Ele se depara com Claire Denis.[20] Seus filmes se estendem desde o fim dos anos 1980 e abrem um leque variado de questões no cinema contemporâneo. Os caminhos são vários. Ele pega uma sugestão de *L'Intrus* (2005). "Seus filmes não são sobre ou para comunidades específicas. Sobretudo, ela parece interessada nas maneiras com que fazer ou assisti-los pode criar conexões ou solidariedades imprevistas." (MORLORCK, 2004, p. 7) Em vez da busca de um cinema nacional ou terceiro-mundista, revolucionário, esta procura é, assumidamente, mais pelos espaços do que pelo aprofundamento do diálogo entre os personagens,[21] por paisagens (apud MAYNE,

---

[20] Não serão apresentados ou analisados os filmes de Claire Denis como um conjunto ou obra, o que, aliás, já foi feito por Martine Beugnet (2004) e Judith Mayne (2005). Ver também ARROBA, 2005.

[21] Como Claire Denis diz: "O cinema francês é tão cheio de falas – Eu não podia me importar menos sobre estas pessoas falando sobre suas vidas." (apud MAULE, 2006, p. 70).

2005, p. 15) que se expressam até nos corpos. Como Claire Denis bem sintetiza: "Nunca me senti como alguém que invadiu, mas me senti como Conrad: alguém que entra em terras para quase desaparecer, que entra em algo que talvez entenderá" (apud RENOUARD; WAJEMAN, 2004, p. 15). Intrusa. Intruso. Sem populismo fácil que quer dar voz ao outro periférico, subalterno, nem repetir simplificações eurocêntricas, ou melhor, ocidentocêntricas.[22]

Desde seu acerto de contas com o passado colonial francês em *Chocolat* (1988), Claire Denis assume explicitamente um olhar intruso, que pensa o que vê como opacidade, distante da praga naturalista que inocula o vírus de documentar a realidade que uma vez mais assola as *terras brasilis*. "Não necessito mais compreender o outro, ou seja, reduzi-lo ao modelo de minha própria transparência, para viver com esse outro ou construir com ele." (GLISSANT, 2005, p. 86) Ao focar no presente e num passado anterior à independência, longe de ocultar o choque, o conflito nas suas formas mais visíveis, temos uma política redimensionada pelos afetos e pela vida cotidiana.

Chocolat começa com o mar. Não a paisagem que encantou desde os pintores românticos até os músicos da bossa nova. Nem mesmo o Atlântico da diáspora negra. Nosso porto de chegada parece uma imagem em preto e branco de uma praia. Lentamente vemos o que parecem ser um adulto e uma criança brincando. Depois, apenas seus dois corpos negros deitados, largados na praia deserta. Ou quase. Uma mulher branca olha. O verde da vegetação explode enquanto a terra barrenta (chocolate?[23]) parece envolver e separar os corpos negros na praia e o corpo branco da mulher. Não sabemos exatamente onde estamos. Algum lugar na África. Depois,

[22] Para uma defesa de um pós-ocidentalismo crítico a partir da América Latina, ver MIGNOLO, 2003, pp. 133-180.

[23] O título do filme também significa "não seja pego" (KAPLAN, 1997, p. 170).

saberemos, trata-se dos Camarões, na África subsaariana. Quando? O filme é de 1988. Anos 1980? Só os corpos, a água e a terra nos dão alguma pista.

Algo mudaria se a trama se passasse em território francês, em vez de nos Camarões? Estas paisagens teriam outras marcas, seriam menos poéticas? Ele não foi convidado a esta história, a não ser pelo filme que se inicia. Não recusa o convite. Quase se desculpa dizendo que vinha de um outro continente, de uma outra encruzilhada do Ocidente. Seria uma posição fácil a recusa ao dizer que aquilo que vê não lhe pertence. Mas seria também uma limitação. Há outras histórias que não passam por dentro de culturais nacionais. O estrangeiro também tem o direito a olhar e ser parte deste território inventado pelas imagens. Não se desculpa.

Os portugueses andaram pelos Camarões, mas foram os franceses, os ingleses e os alemães que o ocuparam. Seus descendentes estão presentes no longo flashback que constitui a maior parte do filme. Teriam africanos desta região vindo para o Brasil como escravos? De toda forma, ele não vem de novo para conquistar, mas seria o amante de imagens apenas um substituto do turista, do colecionador de objetos exóticos? Tanto tempo vivendo entre elas, para elas, que se transformaram em seu continente, algumas mesmo em sua casa. Essas imagens parecem, aos poucos, fazer parte de sua terra. Reconhece algo que para a protagonista foi até agora silenciado. Por que continuar? Ir mais longe?

Ao olhar o homem e o menino pelos olhos de Claire Denis, talvez pelos olhos enviesados de France (Mireille Perrier), a protagonista, há uma experiência que resiste e chama. Seria algo do seu corpo, do seu desejo que é visto, que aflora sem que se consiga perceber direito o que é. "Vejo? Sou visto?" Este olhar que inicia o filme também é tátil, háptico (MARKS, 2000, p. xvi), fazendo não só da visão, mas das memórias dos outros sentidos, elementos importantes para representar a experiência das pessoas vivendo na diáspora (ibidem, p. xii). Não se trata de um corpo universal, abstrato, filosófico, mas de corpos que trazem uma memória singular, como será explorado ainda mais por Claire Denis em *Beau travail* (1998).

Dois corpos negros lançados na praia. Quem os vê, além de nós, espectadores? Logo veremos uma mulher branca na praia. Este olhar, não traduzido por palavras, mistura fascínio, atração, mas também uma dificuldade que se manterá até o fim, quando a protagonista, talvez deixando o país e suas memórias de uma infância colonial, se perde numa outra imagem: carregadores negros no aeroporto. Não é uma afirmação da impossibilidade de diálogo, de negação da tradução, mas de uma perplexidade, de uma marca retida no próprio corpo, cicatrizada na superfície, mas ainda presente.

Voltamos, uma vez mais, ao início: Mungo Park (Emmet Judson Williamson) e seu filho oferecem carona. Ele está em viagem de encontro com sua africanidade, com suas raízes imaginadas. Nada garante o pertencimento. Tanto Mungo, homem negro norte-americano, quanto France, mulher branca francesa, são intrusos, mais do que estrangeiros. Existe uma espessura que resiste não como a mais um mistério exótico, mas que se nutre no presente dos processos de exclusão da África do nosso imaginário ocidental, do imaginário latino-americano dele.

Pouco sabemos do passado dos viajantes. Também é como se tivéssemos acabado de encontrá-los, estranhos em viagem, nós também. Mas é em France, é nela que a história se detém. Não sabemos nada da protagonista a não ser suas lembranças de infância, pouco a pouco reveladas, não tanto de forma nostálgica, mas como uma "redescoberta" (PORTUGES, 1996, p. 94). Não sabemos de onde veio, nem para onde vai. O país França é uma presença ausente, importa pelas marcas trazidas.

A mulher pega carona com o homem que viu na praia momentos atrás. Quanto tempo se passou não sabemos. Vamos pela estrada. Quem é ela? Turista? Responde de forma ambígua. Conforme a paisagem avança, voltamos ao passado. Vemos uma menina branca e um jovem negro na boleia de uma caminhonete chegando em uma casa. A família é de administradores franceses. Pulamos de um vago presente para um passado colonial, antes da independência, em que as tensões entre colonizadores e colonizados se dão no espaço da casa, na intimidade, nas pequenas humilhações e subversões, nos balbucios e na dificuldade de cruzar as fronteiras dos corpos, das línguas, das culturas, de posições preestabelecidas.

A violência parece a qualquer hora emergir, mas nunca explode na tela como em *Código desconhecido* (2000) e *Caché* (2005), de Michael Haneke, dramas que encenam de forma perturbadora e fascinante a relação dos franceses com os estrangeiros, sobretudo os do norte da África, em seu território. No entanto, a presença sutil e tensa da violência em *Chocolat* evita a romantização do passado, bem como a redução do drama colonial a um caso amoroso (ver STRAND, 2000, p. 231). O flashback, longe de uma nostalgia imperialista, nos traz algo não resolvido no presente. Os franceses estão hoje distantes, quase perto da posição dos alemães, os antigos senhores, sepultados no cemitério que Aimé (Giulia Boschi), a mãe da pequena France (Cécile Ducasse), gostava de visitar.

Sem pretender falar pelo outro, o olhar intruso se assume como problemático, como limitação e possibilidade, nem superior nem inferior, mas tenso. Protée (Isaach de Bankolé), o empregado, se recusa, por fim, a tocar em Aimé, e quando a pequena France o procura, ele a deixa queimar as mãos num cano quente. É a ruptura brusca entre os dois e o fim do flashback. Na volta ao presente, France ainda guarda as cicatrizes na sua mão. Cicatrizes que embaralharam e apagaram as linhas. Sem passado, nem futuro – é o que seu acompanhante diz ao recusar o convite de France para tomar uma cerveja. Ele mesmo se encontra num lugar tenso, de um negro e norte-americano que se muda para a África como se fosse uma volta para o lar. Ele também se decepciona. Não consegue ser aceito como um igual, um "real native", um irmão.

Os dois parecem fantasmas, espectros de um passado redivivo, de um impasse para o qual não há respostas fáceis. Mungo sugere a France que parta antes que a comam. Ele fica, mesmo sem ser percebido. A última imagem no aeroporto que France vê, não sabemos se indo embora ou em direção ao norte, em busca da casa de sua infância, é uma longa cena de jovens carregadores no aeroporto, distanciada, apesar da trilha sonora. Subitamente chove e a imagem parece ficar um pouco embaçada, fosca. Do mar à chuva, a terra flutua, se dissolve.

Dez anos depois, Claire Denis retorna à África, desta vez na costa oriental, para realizar *Beau travail* (1998), releitura de *Billy Budd* (1924), de Melville, anunciado como o primeiro filme realizado em Djibouti. Aqui se reafirma o que estamos chamando de olhar intruso: uma mulher mergulha num mundo essencialmente masculino,[24] formado por homens de diversas nacionalidades, sem passado, sem vínculos com o lugar onde estão. Ao escolher um grupo de soldados da Legião Estrangeira, nossa primeira reação e dúvida seria pensar quando exatamente acontece a história. A Legião Estrangeira ainda existiria? Se o passado colonial em *Chocolat* emerge a partir de uma viagem afetiva da protagonista, aqui o foco está basicamente num grupo de homens que parecem carregar ecos de um colonialismo envelhecido, embora sem terem muita consciência disso. A começar com o hino da Legião Estrangeira, que, ao falar do império francês em sua magnitude, parece cair num certo vazio contemporâneo. Os homens realizam atividades físicas repetitivas, treinos para combate, mas sem nunca haver propriamente uma guerra ou conflito. O ato mais concreto é o de construir uma estrada na região do golfo de Goubeth, sem sabermos que lugares ela liga ou qual sua utilidade.

Os legionários constituem um grupo à parte, com seus próprios códigos, sendo vistos pelos habitantes de Djibouti com uma certa indiferença. As poucas conexões com os habitantes locais parecem ser as mulheres com quem os soldados dançam numa boate, cenas

[24] Para um belo estudo sobre esta problemática em Claire Denis, ver WILLIAMS, 2004.

que de vez em quando irrompem como flashes. Mas a única que ganha um nome e se destaca é Rahel (Marta Tafesse Kassa), namorada do sargento Galloup (Denis Lavant), narrador do filme. Há, ainda, a aparição breve de Ali, motorista de táxi e amigo do comandante Bruno Forestier (Michel Subor). Aqui também temos um relato memorialista. É o ex-sargento em Marselha, na França, que escreve suas lembranças. A distância física parece evocar uma distância temporal maior do que de fato existe. Tanto as cenas na África como na França evocam uma época recente, os anos 1990.

A dimensão anacrônica da Legião Estrangeira, sobrevivente de um passado imperial, não se traduz em um exercício de "nostalgia imperialista" (ver ROSALDO, 1989), tão comum em superproduções históricas, mas nos fala de um impasse cristalizado na boate, paisagem transcultural recuperada no estranho final. Em vez da música pop africana dançada por soldados e mulheres, a boate aparece vazia, ocupada apenas por Galloup, agora sem uniforme, que dança "The Rhythm of The Night",[25] sucesso do grupo eletrônico Corona, poucos minutos depois de vermos o protagonista deitado com uma arma sobre o peito onde se lê tatuado: "Servir a boa causa e depois morrer." Solitário na França, inapto à vida civil, inapto à vida, como ele mesmo diz, parece se encontrar nos fragmentos de memória; na narrativa, feita em voz *over*, como se lesse o que escreve ou ao escrever. A narrativa é um gesto de abertura no seu passado de "legionário de mente estreita", nas suas próprias palavras, e talvez uma possibilidade de uma outra vida. No entanto, a sombra da morte, do suicídio, dá um caráter um tanto irreal à cena em que Galloup dança sozinho. A possibilidade de liberdade carrega uma ambiguidade, pode ser entendida como impossível, restrita ao espaço fechado da boate ou, espécie de superação do passado, depois de uma difícil sobrevivência, equivalente ao que vive o soldado Gilles Sentain (Grégoire Colin). Encontra-

[25] Para uma análise detalhada da trilha sonora em *Beau Travail*, ver LAING, 2006.

do numa planície desértica e branca, como se fosse um antigo lago salgado, levado quase morto dentro de um ônibus, Gilles apenas repete duas vezes a palavra perdido. Ele era o bem-amado da tropa e do comandante, herói por ter salvo um colega de um acidente e vítima dos ciúmes de Galloup. Este é expulso da Legião após entregar a Gilles, deixado num lugar ermo para cumprir a punição por ter lhe dado um soco, uma bússola que não funciona.

O fascínio pelo corpo masculino apresentado por Claire Denis é diferente do fetiche do homem forte,[26] explorado por vários artistas gays, de Genet a Fassbinder, por tantos filmes comerciais e difundido pela popularidade do fisiculturismo e da musculação nas academias de ginástica, bem como do adolescente andrógino, cujo interesse remonta à Grécia clássica.[27] Trata-se mais de revelar as ambiguidades afetivas e eróticas expressas nos exercícios e atividades do grupo, sem contudo cair no lugar-comum fácil, da explosão da homossexualidade em um ambiente homossocial, mas homofóbico. Apesar da pouca presença feminina, também não se trata de falar tanto em misoginia. O fundamental está no fato de os corpos trazerem marcas de uma história colonial a que a solidão existencial se mescla. Ao focar nestes homens de diversas nacionalidades (italianos, russos, africanos e, claro, franceses), cujo passado pode e deve ser apagado ao ingressarem na Legião, suas relações encontram um equivalente na paisagem desértica, que acaba por terminar nas águas azuladas do Mar Vermelho.

O deserto,[28] longe do cenário de um esplendor artificial como fotografado por Vittorio Storaro para *O céu que nos protege* (1990), de Bertolucci, aparece na sua concretude mineral, cena de uma

---

[26] A própria diretora é consciente disso (DENIS apud CASTANET, 2004, p. 7).

[27] Para uma leitura de *Beau Travail* a partir de uma perspectiva marcada pelo debate da teoria *queer*, ver WILSON, 2004.

[28] Para uma vasta discussão sobre o deserto, incluindo comentários sobre os filmes de Wim Wenders, Pasolini, Bill Viola e Claire Denis, ver JASPER, 2004.

ópera fake, enfatizada pelo uso de trechos de *Billy Budd*, de Benjamin Britten,[29] onde os homens são apresentados como estátuas. Não se trata do espaço do exótico nem do mistério que existe na paisagem como no fascínio romântico de Herzog (*Fata Morgana*, 1971), ou ainda, do espaço místico de Bill Viola (*Chot el Djerid*, 1979). Com frequência, cineastas ocidentais usam o deserto do Saara como espaço de um drama em que os africanos aparecem como figurantes ou participantes de experiências que, por mais intensas que sejam, são sempre lugares de passagem, não de morada.

Portanto, aqui cumpre pensar o deserto como paisagem transcultural e, ao mesmo tempo, como imagem e comunidade de solidariedade transnacional, diferenciando-se da tradição em que o "deserto simboliza o lugar da emancipação individual e crítica na modernidade euro-norte-americana", vinculado a tradições coloniais (KAPLAN, 1998, p. 66). Talvez esse vínculo tenha uma de suas últimas encarnações no pensamento pós-estruturalista, quando o deserto é considerado como espaço liso, em que deixa de ser terra para ser "solo ou suporte" (DELEUZE; GUATTARI, 1997, p. 53). Mas, na busca de materialidades pós-metafísicas, sem a necessária historicização do termo, o nômade acaba por configurar uma "posição subjetiva que oferece um modelo idealizado do movimento baseado no deslocamento perpétuo" (KAPLAN, 1998, p. 66).

Como em *Chocolat*, em *Beau travail*, no mundo mineral do deserto, não há personagens privilegiados, intelectuais, artistas, apenas personagens comuns, pouco heroicos. Os homens parecem ser destinados a serem estranhos, figuras deslocadas, mas de alguma forma acolhidos. A paisagem pontua um roteiro com poucos diálogos e atuações contidas. O comandante Bruno Forestier parece ter tido um problema na guerra da Argélia,[30] mas nenhum ideal nem

---

[29] Para as relações intertexuais com a ópera de Britten, bem como com a novela de Herman Melville, ver GRANT, 2002.

[30] Para a interpretação que desenvolve a associação do personagem com seu homônimo no filme *Le Petit Soldat* (1960), de Jean-Luc Godard, que se passa na Guerra da Argélia, ver LACK, 2004.

ambição ele parece ter mais, apenas a rotina de um dia após o outro. O soldado de origem russa, o único a justificar sua solicitação de entrada, apenas fala da situação difícil na Rússia, da falta de emprego, numa vaga referência à perda de grandes utopias depois da queda do Muro de Berlim e dos regimes socialistas no Leste Europeu.

Por fim, a construção de uma paisagem transcultural, para além da diáspora, atinge um novo patamar em *L'Intrus* (2005), em que o olhar que chamamos intruso ultrapassa o drama do choque de culturas e constrói paisagens inesperadas, novas etnias, novas comunidades. Paisagens como lugares para se perder e se encontrar. O próprio título se desdobra em vários sentidos, desde o coração transplantado para o corpo de Louis Trebor (Michel Subor) até uma situação existencial mais ampla, passando pela própria posição da diretora. A narrativa é pontuada por clandestinos que parecem cruzar a fronteira entre França e Suíça, assaltantes que rondam a casa, emergem da floresta, espaço que se espraia entre as fronteiras. São uma ameaça constante, na fronteira também do animal e do humano, matilhas, bandos, hordas, aparições repentinas na estrada e na tela, traduzidas sonoramente por um *loop* obssessivo e tiros que soam aqui e acolá. O som é físico, concreto, encenando um enigma que nunca se explicita e nunca se resolve, como em *O pântano* (2001), de Lucrécia Martel. Mas, diferente do afundar presente na atmosfera sufocante do filme de Martel, aqui a aposta é a viagem, seguir um pouco mais. A repetição sonora vira uma espécie de mantra, que se abre para o labirinto do mundo, como um falso fio de Ariadne ou como as canções em certas culturas polinésias que mapeiam e são guias para andar no mar (ver DIRLIK, 1997, p. 125).

Claire Denis nos coloca na posição de seu olhar intruso, cruza fronteiras, línguas sem tradução nas legendas, lugares que temos dificuldades em reconhecer. Genebra? Coreia? Taiti? Podemos ser um espectador intruso sem replicar o discurso colonial?

Neste filme, as elipses aumentam, a narrativa se rarefaz e ganha em ambiguidades pelos poucos diálogos e pela fragmentação, não mais associada a um único espaço físico nem à relação neocolonial. O transplante de coração feito pelo protagonista não é mostrado, recusando tanto uma narrativa naturalista quanto o melodrama, formas comuns de tratar este tema. Apesar de o coração ter sido comprado supostamente de forma irregular, seu significado é mais forte do que uma simples mercadoria ou uma prótese impessoal. Numa cena violenta, quase um pesadelo, vemos, na neve, um jovem ensanguentado, que se parece com o filho de Trebor (Grégoire Colin), com o coração retirado e exposto. O transplante encarna o desejo brutal de viver, de um novo início, apesar da sombra da morte encarnada na aparição de Katrina Golubeva, que fala em russo, ao mesmo tempo traficante de órgãos e anjo exterminador. O protagonista fecha sua casa, solta seus cães, larga sua família, da qual não parece ser muito próximo, e parte para uma viagem ao Taiti, onde vivera há muitos anos e tivera um filho com que não mantivera contato. Do isolamento na Suíça, recupera a possibilidade, não de ser simplesmente estrangeiro, mas de reconstruir a casa que habitara numa ilha. Mesmo quando o apontam como estrangeiro, dizendo que ele não pertence àquele lugar, trata-se de uma luta para uma autorreinvenção, não de nostalgia nem de busca de uma inocência perdida, de um éden que as ilhas do Pacífico encarnaram aos olhos europeus por mais tempo e mais completamente que a América (ver DIRLIK, 1997, pp. 131-132).

O filme termina numa aposta. Quando, numa cena estranha, o filho que ficara na Suíça aparece em um necrotério, como se reafirmasse o rompimento do protagonista com sua vida passada, na Europa, só então ele aceita Tony no lugar de Tikki, um filho (Jean-Marc Teriipaia) reconhecidamente falso que o acompanha numa viagem de barco, mesmo que ainda convalescendo. Contra a morte, esta última intrusa, afirmada é a potência da viagem, da procura representada na cena em que a vizinha de Trebor (Béatrice Dalle) anda com um trenó puxado por vários cães nas montanhas suíças. Enquanto o sol se põe, é o tempo que nos resta, como no filme de

François Ozon (2006), em que o corpo do protagonista (Melvil Poupaud) se funde com a areia da praia. Com a paisagem, também Trebor se confunde. Com a imensidão do Pacífico em um longo crepúsculo.

Este é o começo da viagem. Ele não tinha nada a ver com os lugares por onde passava, com aquelas terras. Digo, nem pai nem mãe vinham de lá, nem amigo, nem ninguém, a não ser os que fosse eventualmente conhecer. Difícil de qualificar este lá. Escolha o nome que quiser. Eu recomeço. Ele ia pela primeira vez à Ásia. Do avião, num dia de céu claro, uma planície cheia de lagos se estendia sem fim. Nenhuma cidade há muito tempo. Deveria ser o Canadá. Ficou com vontade de perguntar. Não perguntou. Aquela vastidão inumana tinha de ser, era. O Canadá. Depois de tanto ver fascinado o cansaço dos estudos, dos congressos, das inúmeras reuniões. Aquela paisagem era o contrário do excesso de imagens, falas, pensamentos. Deve ter cochilado. Subitamente, parecia que a terra chegava ao fim. A água invadia a parte de baixo e a parte de cima da janela. A terra ficava pequena, um fiapo, península. Em alguns momentos, não haveria mais. Surpreso. Seria o Estreito de Bering? Era o fim da América e começo da Ásia? Emocionava-se sem saber por quê. Tantas coisas lhe vinham à cabeça. Um povo antigo passava por aqueles ermos. Algo parecido a quando vira o Atlântico a seus pés do alto de um forte em Fernando de Noronha. No entardecer, sozinho naquela terra, uma das primeiras vistas por portugueses, parecia ver o Atlântico como talvez aqueles que cruzaram o Estreito de Bering muito tempo atrás, sem saber o que encontrariam. Aquela imensidão não era o limite. Mergulhava inteiro no Pacífico. Sim, era o começo. Aquele mundo, aquela história não eram seus. Mas poderiam vir a ser. Não sabia também como e se voltaria. Naquele momento, só queria desaparecer. Ele era o intruso, "traidor do seu próprio reino/(...) traidor do seu próprio/SEXO/de sua classe/DE SUA MAIORIA" (Lobão, "Mais uma vez"). Sem casa nem pouso/ estranho/sem pertencer a lugar algum/No coração do mundo.

REFERÊNCIAS

ARROBA, Álvaro (org.). *Claire Denis*: Fusión fria. Gijón: Festival Internacional de Cine de Gijón, 2005.

BEUGNET, Martine. *Claire Denis.* Manchester: Manchester University Press, 2004.

CASTANET, Didier. "Interview with Claire Denis 2000." *Journal of European Studies*, v. 34, nº 1/2, 2004.

DELEUZE, Gilles; GUATTARI, Félix. "Tratado de Nomadologia". In: *Mil platôs*. São Paulo: 34, 1997, v. 5.

DIRLIK, Arif. "There is More in the Rim than Meets the Eye: Thoughts on the 'Pacific Idea'." In: *The Postcolonial Aura.* Boulder: Westview, 1997.

FILM-PHILOSOPHY. v. 12, nº 1, 2008. Dossiê Claire Denis e Jean-Luc Nancy.

GLISSANT, Édouard. *Introdução a uma poética da diversidade.* Juiz de Fora: EdUFJF, 2005.

GRANT, Catherine. Recognizing *Billy Budd* in *Beau Travail*: Epistemology and Hermeneutics of an Auterist 'Free' Adaptation. *Screen*, v. 43, nº 1, primavera de 2002.

JASPER, David. *The Sacred Desert*: *Religion, Art, and Culture*. Victoria: Blackwell, 2004.

KAPLAN, E. Ann. "'Can one know the other?': The Ambivalence of Postcolonialism in *Chocolat, Warrior Marks* and *Missisipi Masala*." In: *Looking for the Other.* Nova York/Londres: Routledge, 1997.

KAPLAN, Caren. "Becoming Nomad." In: *Questions of Travel.* 2ª ed. Durham/Londres: Duke University Press, 1998.

LACK, Roland-François. "Good Work, Little Soldier: Text and Pretext." *Journal of European Studies*, v. 34, nº 1/2, 2004.

LAING, Heather. "'The Rhythm of the Night': refraiming silence, music and masculinity in *Beau Travail*." In: MERA, Miguel; BURNAND, David (org.). *European Film Music.* Hamphsire: Ashgate, 2006.

MARKS, Laura. *The Skin of the Film.* Durham: Duke University Press, 2000.

MAULE, Rosanna. "The Dialectics of Transnational Identity and Female Desire in Four Films of Claire Denis." In: DENNISON, Stephanie; LIM, Song Hwee (org.). *Remapping World Cinema.* Londres: Wallflower, 2006.

MAYNE, Judith. *Claire Denis.* Urbana: University of Illinois Press, 2005.

MIGNOLO, Walter. *Histórias locais/projetos globais.* Belo Horizonte: Editora UFMG, 2003.

MORLORCK, Forbes. "Solid Cinema: Claire Denis's Strange Solidarities." *Journal of European Studies*, v. 34, nº 1/2, 2004.

NANCY, Jean-Luc. "L'Areligion (*Beau Travail* de Claire Denis)." *Vacarme,* 14, inverno de 2001 (ou *Journal of European Studies*, v. 34, nº 1/2).

______. *L'Intrus*. Paris: Galilée, 2001.

______. "L'Intrus selon Claire Denis." *Remue*, 2005. Disponível em: <www.remue.net>. Acessado em 1º de junho de 2007.

PORTUGES, Catherine. "Le Colonial Féminin: Women Directors Interrogate French Cinema." In: SHERZER, Dina (org.). *Cinema, Colonialism, Postcolonialism:* Perspectives from the French and Francophone World. Austin: University of Texas Press, 1996.

RENOUARD, Jean-Philippe; WAJEMAN, Lise. "The Weigth of Here and Now. A Conversation with Claire Denis, 2001." *Journal of European Studies*, v. 34, nº 1/2, 2004.

ROSALDO, Renato. *Culture and Truth*: The Remaking of Social Analysis. Boston: Beacon, 1989.

STRAND, Dana. "'Dark Continents' Collide: Race and Gender in Claire Denis's Chocolat." In: LE HIR, Marie Pierre; STRAND, Dana (org). *French Cultural Studies*. Albany: State of New York University Press, 2000.

WILLIAMS, James. "'O heave! O heave away, heave! O heave.' Working through the author with in *Beau Travail*." *Journal of European Studies*, v. 34, nº 1/2, 2004.

WILSON, Rob. "Forms of Beauty: Moving beyond desire in Bersani/Dotoit and Beau Travail." *Journal of European Studies*, v. 34, nº 1/2, 2004.

Para além da diáspora[31]

Nos últimos anos, a noção de diáspora emergiu, nas ciências sociais e na história, como uma chave de leitura para o processo massivo de migração de pessoas para além dos limites de uma cultura ou nação. Quais seriam suas possibilidades e limitações no campo da arte? Ela seria rica apenas para lidar com a relação entre duas culturas? Há alguma possibilidade para além da nostalgia de uma pátria original? A diáspora é rica para sujeitos e obras que multiplicam as viagens e o cruzamento de fronteiras culturais?

Para discutir estas questões, vamos fazer um diálogo entre os filmes de Claire Denis e os de Abderrahmane Sissako, que têm como cenário privilegiado a relação entre a África subsaariana e a França. Em seu filme *La Vie sur Terre* (1998), a narrativa se articula pelo retorno ao vilarejo de Sokolo, no Mali. A primeira cena é um *travelling* que passa por um supermercado, uma loja que vende roupas, provavelmente na França. Quando o personagem, que podemos identificar como o narrador, sobe pela escada rolante, o movimento continua até que vemos uma árvore enorme e solitária. Voltamos, junto com o narrador, a Sokolo, através de seu desejo e da carta que escreve ao pai, na qual fala da vontade de filmá-la. O narrador, com sua voz *over*, voltará a aparecer no meio e no fim do filme. Em conjunto com o irmão que responde à carta, falando para a câmera, estas vozes emolduram a construção do espaço

[31] Uma versão anterior deste texto foi publicada em Antonio de Pádua Dias da Silva. (org.) *Identidades de gênero e práticas discursivas*. Campina Grande: EDUEP, 2008.

a partir do desejo de voltar e, ao mesmo tempo, a necessidade, até para ajudar a família, de ficar na Europa.

Não se trata mais da relação entre metrópole/colônia, como se estabeleceu na África desde o século XVI, e com mais força a partir do século XIX. O filme trata do intelectual, do artista que, fora de seu país, teme esquecer de onde veio e se constitui pela experiência da diáspora contemporânea. Como diáspora é uma palavra muito utilizada, sofrendo de uma amplitude quando alçada a "comunidades exemplares do momento transnacional" (TÖLÖLIAN apud CLIFFORD, 1999, p. 245), seria importante precisar o uso que faço dela, distinguindo-a primeiro de migração do campo para cidade, de uma região a outra dentro do mesmo país, exemplificado no Brasil pelos nordestinos que foram para o Sul e Sudeste em busca de melhores condições de vida. A diáspora é a dispersão de um povo de sua pátria original (BUTLER, 2001, p. 189) caracterizada pela: 1) presença em dois ou mais lugares; 2) mitologia coletiva de uma pátria; 3) alienação no país de origem; 4) idealização de retorno à pátria; 5) contínua relação com o país de origem (SAFRAN apud BUTLER, 2001, p. 191).

Apesar de *La Vie sur Terre* enfatizar muito o vínculo ainda presente com a França, há a construção de uma pertença africana com o risco de idealização nostálgica do lugar de origem. Isso acontece por uma tensão decorrente de um distanciamento, mais do que do país, do pequeno vilarejo natal, com o qual, no entanto, os vínculos não são completamente quebrados. Tampouco há uma integração total na França. Poderíamos então entendê-lo dentro de uma estética diaspórica, não como a realização de um espaço definido, como o de cultura híbrida, mas um espaço mais precário, social, econômica e existencialmente, anterior a qualquer diálogo, síntese ou mistura.

Neste sentido, *La Vie sur Terre*, apesar da referência a Aimé Césaire, encena o que Hamid Naficy chamou de *accented cinema*, literalmente um cinema com sotaque (2001, p. 26) feito por pessoas deslocadas (ou) comunidades diaspóricas, menos engajado com o povo ou com as massas do que marcado por experiências de desterritorialização (ibidem, p. 30-31). Em vez da revolução como macronarrativa (Lenin), uma multiplicidade descentrada de lutas localizadas, como resistências à hegemonia (Gramsci) (STAM; SHOHAT, 1994, p. 338).

Diferente de *Chocolat* e *Beau Travail*, de Claire Denis, em que a experiência se dá da Europa para, sobretudo, diversos países africanos, o movimento em Sissako ocorre no sentido contrário, definido pelo movimento da África para fora. Mas, tanto em Sissako quanto em Denis, o trabalho parece ser a motivação maior dos personagens para mudarem, prevalecendo sobre questões étnicas, religiosas ou políticas. A sobrevivência econômica está sempre subordinada a um drama existencial, mesmo íntimo, particular, socialmente inserido, sem contudo configurar uma alegoria, situando os personagens num quadro mais amplo em que cada vez mais é difícil viver e morrer onde se nasceu (BUTLER, 2001, p. 214). O tom destes filmes encontra diálogos na cinematografia brasileira não só em *Terra estrangeira* (1995), de Walter Salles e Daniela Thomaz, e *Passaporte húngaro* (2001), de Sandra Kogut, mas também em *O céu de Suely* (2006), de Karim Aïnouz, apesar de este reencenar, no fundo, a questão da migração do Nordeste para o Sudeste/Sul do Brasil. Longe das situações desesperadas da seca culminando em morte ou em impossibilidade de volta, ruptura radical com a origem, em *O céu de Suely*, a experiência migratória, sem pretensão alegórica, é tradução afetiva do trânsito entre culturas, em que a vivência íntima é central.

De toda forma, talvez por este desejo de retorno *La Vie sur Terre* seja, num primeiro momento, uma evocação nostálgica da terra natal. No entanto, pouco a pouco, emerge uma consciência dilacerada, apesar da apresentação lírica sem grandes dramas sobre pessoas comuns, com atuações que não parecem de profissionais, numa tradição que remonta pelo menos até o neorrealismo de De Sica e Zavattini. O uso do recurso da carta, muito corrente no que

Naficy chamou de *accented cinema*, não coloca a experiência autobiográfica como algo apenas pessoal, narcisista, nem como um filme-ensaio em que a autobiografia pode ser inserida dentro de um debate filosófico mais abstrato, ou sobretudo nos limites do continente europeu, como em *JLG por JLG* (1994), de Godard, mas como intimamente conectada a uma situação coletiva de uma experiência intercultural e de desigualdade colonial. Em contraponto ao risco do saudosismo idealizante devido à distância, esta carta-filme de Sissako é, por um lado, explícita, ao não transformar a vida em simples espetáculo e não fazer do narrador (e do público) um simples espectador passivo. Por outro lado, o encanto com os pequenos fatos de Sokolo é inegável, sendo traduzido pela beleza de Nana (Nana Baby). Ela acaba por encerrar o filme, andando de bicicleta como se estivesse deixando Sokolo, em contraponto à primeira imagem, que é a do homem que chega à cidade.

O último dia de 1999 é apresentado pelo cotidiano de Sokolo, com uma trilha sonora eclética que mistura Schubert, Salif Keita, suaves sons do cotidiano e as notícias de programas franceses e da programação local. A conexão da cidade com o exterior, além da carta, é marcada por uma cultura midiática presente desde as ligações telefônicas precárias a diversas imagens, como o retrato da família real inglesa, o anúncio do lançamento de um carro discutido por dois personagens, pôsteres de modelos, mas também pela presença recriadora dos escritos de Aimé Césaire, lido pela rádio comunitária e usado como epígrafe no meio do filme. As diferenças são explicitadas, às vezes, mais sutilmente do que na referência a Césaire, como na presença do sol que aparece como benfazejo no inverno europeu e como um mal para a região de Sokolo. Lentamente, vemos os pequenos atos acontecerem: o menino com sua bola de futebol, a menina dançando, um homem se lavando. Uma rede de fatos e pequenos acontecimentos faz com que alguns personagens desapareçam e reapareçam, sem que haja um eixo narrativo principal, nem mesmo o da voz *over* do narrador. Como o sol que muda de posição e os homens na frente de uma casa que mudam a disposição de suas cadeiras para ficararem na sombra. Trata-se de outro tempo, menos rápido e saturado de informação, embora ecoando e traduzindo o mundo contemporâneo. A poeira que se levanta quando as pessoas passam faz um quadro difuso e enevoado em meio ao sol inclemente. Sem precisar recorrer ao recurso narrativo de mostrar vários episódios em diferentes partes do mundo como em *Uma noite sobre a terra* (1991), de Jim Jarmusch, ou *Babel* (2006), de Alejandro Gonzalez Iñarritu, o uso das transmissões de rádio de celebração do ano-novo pelo mundo é um contraponto a mais ao dia comum que acontece no filme de Sissako. Curiosamente, é na fala de uma repórter japonesa transmitida pela rádio que se encontra a melhor tradução do dia de Sokolo: "A vida não muda. Só o século muda."

O balbucio da carta e das falas de telefone, ouvidas com dificuldade, redimensionam a nostalgia e o otimismo recorrentes em todo fim de ano. Este balbucio "não é uma carência, mas uma afirmação" (ACHUGAR, 2006, p. 24) de um lugar de fala, por mais frágil que seja. Sem perder o tom afetivo, o filme se coloca ainda como um modesto apelo, uma "oração viril", nas palavras do narrador, pela mudança, por tempos melhores, na virada do milênio. Não sendo mais o tempo da revolução socialista, nem das lutas pela independência, o que resta? Um poema de Aimé Césaire citado como epígrafe parece ecoar a resposta poética, conectando não só o local com o mundo, mas embaralhando os tempos, afirmando possibilidades: "Meu ouvido no chão/Ouvi o amanhã passar."

Se *La Vie sur Terre*, filme-carta ao pai, possui um tom nostálgico, *Heremakono – A espera da felicidade* (2000), dedicado à mãe do diretor, parece ser mais áspero na sua encenação. Talvez por se centrar na volta, de fato, do protagonista, e na sua recusa de integração, acentua o distanciamento do diretor de qualquer visão de caráter mitopoético, arcaizante ou exótico. *A espera da felicidade* encena uma pluralidade de destinos frente à dificuldade de ficar, de se sentir estrangeiro no seu próprio país e da necessidade de migrar em busca de melhores condições de vida. Filmado no litoral norte da Mauritânia, país natal de Sissako, numa cidade entre o deserto e o mar, diferente do filme anterior, aqui não há mais quase nenhuma vegetação, a não ser um ou outro arbusto, como o que parece ser levado pelo vento no início e no fim. Nesta nossa viagem que vai cada vez mais ao norte, também a sombra da Europa fica mais presente. As conversas sobre deixar o país são frequentes e representadas visualmente pelas constantes aparições dos barcos em movimento no mar e traduzidas mais concreta e tragicamente por um corpo que o mar devolveu. Cronotopo central na diáspora negra (GILROY, 1993, p. 4), o barco não fala do tráfico negreiro do passado, mas das novas viagens para as antigas metrópoles em busca de emprego e sobrevivência. Se em *La Vie sur Terre* a narrativa se dissolvia em vários personagens, aqui basicamente o enredo se concentra na experiência de volta do jovem Abdullah (Mohamed Mahmoud Ould Mohamed) à casa de sua mãe (Fatimetou Mint Ahmeda), na sua dificuldade de falar a versão do árabe da região, no seu isolamento desde sua forma de vestir a sua dificuldade de socializar. Não sabemos por que voltou, mas uma fala de sua mãe menciona problemas com passaporte, o que poderia ser associado a uma eventual deportação.

A experiência de ocidentalização de Abdullah constitui uma solidão na casa de sua própria mãe, em seu próprio país. Seu isolamento cultural, linguístico e existencial é reiterado pelo seu confinamento no quarto, onde passa o tempo lendo, de onde só se afasta por momentos, quando conversa com uma vizinha que teve uma filha, já falecida, com um europeu, ou quando dança sozinho uma música que parece ouvir ou lembrar que ouve, ou pelo contato com o menino Khatra (Khatra Ould Abdel Kader), auxiliar do velho eletricista Maata (Maata Ould Mohamed Abeid). Maata e Khatra compõem o outro núcleo central da narrativa, que culmina na morte do eletricista e no desejo frustrado do menino de pegar um trem e deixar a cidade, fazendo assim um contraponto com a menina que está aprendendo a cantar as músicas da região. Tudo parece pequeno, em trânsito e frágil em meio à imensidão do mar e do deserto.

Curiosamente, o personagem que mais se sente em casa, para quem a saída não é partir, é o camelô chinês (Santha Leng), que canta num videokê enquanto namora uma moça do lugar e dá presentes para os seus fregueses que planejam partir.

Para nos encaminharmos ao fim de nossa viagem, passemos a dois filmes de Claire Denis que encenam a experiência de africanos na França: *S'en fout la mort* (1990) e *Pas de sommeil* (1994). Ao contrário dos filmes de *banlieu*, retratos de jovens pobres, com nítida inspiração na linguagem da MTV ou de uma releitura do neorrealismo nos anos 1990 (BEUGNET, 2004, p. 14), aqui o registro é mais sutil. Se a paisagem do deserto e do mar fala de opressão, da repetição de um outro cotidiano, a opção de Claire Denis será por um registro noturno, soturno, devedor da tradição do policial *noir* para falar da experiência na metrópole. *S'en fout la mort*, à primeira vista, chamou menos a atenção da crítica do que *Chocolat*, mas coloca a experiência negra, assumida desde o início pela voz em *off* do narrador-protagonista, a partir de uma situação diaspórica e não nacional. Os dois protagonistas – Jocelyn (Alex Descas) veio da Martinica, e Dah (Isaach de Bankolé), de Benin – vivem no submundo do tráfico, da noite e da rinha de galos. O deslocamento gera uma imagem da Martinica, bem como da mãe de Jocelyn, de forma paradisíaca e idealizada, contraponto ao mundo de restrições e fechamentos na França, ao cubículo onde Jocelyn e Dah se encerram para treinar galos, enfim, à vida um pouco à parte que vivem. A fraternidade entre os dois acaba por não resistir, assim como o tratamento filial que o patrão Ardennes (Jean Claude Brialy), apaixonado no passado pela mãe de Jocelyn, tem por ele. Dah quer fazer apenas negócio, enquanto Jocelyn vê nos galos toda uma conexão com seu passado, com um outro mundo que o leva ao isolamento, à bebida, e, por fim, a ser assassinado pelo verdadeiro filho de Ardennes, no mesmo dia em que o galo, que leva o título do filme, é morto no ringue. A incompatibilidade com outra cultura, com outra experiência ou o preço do deslocamento solitário e constante é o preço que pagam os dois protagonistas.

A epígrafe inicial do filme de Chester Himes, repetida por Dah, encena uma situação de limiar: "Todo homem é capaz de tudo ou de qualquer coisa." A vida de homens negros aparece com poucas aberturas, brechas, como a representada pelo reggae, na música de Bob Marley, ouvida no filme. *S'en fout la mort* fala de uma certa impossibilidade, da dificuldade de convivência num mundo diaspórico, de solidões existenciais e culturais. Não há um certo mistério, uma certa espessura que resista a qualquer interpretação como em *Chocolat*. Parecem personagens que em breve vão desaparecer ou morrer; não há diálogo, não há paz. Um carro parte na noite. Foda-se a morte. Foda-se a vida. Fazer tudo ou quase tudo parece não um grito libertário, mas estratégia de sobrevivência.

Já em *Pas de sommeil* (1994), Claire Denis trabalha o contraste entre a claridade de Paris, o fascínio pela cidade a que irá voltar em *Vendredi soir* (2002) e as relações de seus personagens apresentados num quebra-cabeça semelhante a filmes como *Short Curts* (1993), de Robert Altman, a que foi comparado (BEUGNET, 2004, p. 23), e *Magnólia* (1999), de Paul Thomas Anderson, pela forma como a narrativa perde um eixo ou o dilui. Aqui, a procura do *serial killer*, assassino de idosas, é algo que remeteria a um filme policial, mas não há o suspense da revelação. O que interessa não é descobrir o assassino ou saber se ele vai ser preso. A partir de certo momento, o próprio filme nos revela quem são. A cena final do seu reconhecimento pela polícia e posterior confissão nada tem de climática ou reveladora. Não se trata de descobrir as razões pelas quais Camille (Richard Corcet), o jovem migrante martinicano, e seu amante Raphaël (Vincent Dupont) assaltam e matam idosas. Não existe uma correlação direta nem fácil entre a condição de Camille como migrante, homossexual e negro, e sua vida de tráfico e roubos. Trata-se de mais um personagem das sombras de nós mesmos.[32]

[32] O mesmo tipo de construção evita que *Madame Satã* (2005), de Karim Aïnouz, se torne um clichê multicuralista de celebração da exclusão identitária.

Sua condição encontra paralelo em Daiga (Katherina Golubeva), jovem atriz lituana que chega em Paris à procura de emprego ou para talvez reatar um eventual caso com um diretor de teatro que conhecera, mas que acaba vivendo de fazer limpeza em um hotel. A ausência de voz *over* aqui acentua ainda mais as ambiguidades dos personagens, suas identidades. Estão todos em trânsito, não só os estrangeiros. Curiosamente, é importante notar que, neste filme, Denis dá ênfase a uma cidade formada pelos que migraram há muito tempo: os amigos russos da tia-avó de Daiga, a família de Camille e seu irmão Théo (Alex Descas). Diferente da fraternidade masculina, apresentada por Dah e Jocelyn em *S'en fout la mort*, Camille e Théo têm certo distanciamento, são estranhos um ao outro. Théo, violinista que vive de montar móveis, encena seu não pertencimento pelo desejo de voltar à Martinica com o filho que teve com uma francesa (Béatrice Dalle). Ao recusar uma imagem paradisíaca do seu país, não diz o porquê da volta ou o que deseja encontrar. Camille acaba na prisão, e Théo parece fugir da tela, de Paris, da França, assim como Daiga, que rouba o dinheiro de Camille e também abandona Paris. Provavelmente mais bem-sucedida do que o amante de Camille, que acaba recapturado pela polícia.

A incerteza acompanha os personagens negros e brancos, franceses, russos e martinicanos, que vagam incertos. Para além de serem marcados pela diáspora, eles são nômades, e não é à toa que o hotel-pensão se transforma num espaço central em que vários dos personagens se esbarram – não simplesmente um lugar de trânsito, um não lugar, mas uma casa, ainda que provisória e precária. Há um certo mal-estar, mas nada dilacerante. Há frases trocadas rapidamente que estranhos falam quando se encontram em *clubs*, cafés, na rua. Em geral, nada mais do que isso. O que pode ser pouco, pode ser muito, ou somente o suficiente. Neste contexto, o sexo não representa intimidade. O encontro, quando acontece, é fugaz, como quando a dona do hotel conta histórias em francês para Daiga, que pouco entende a língua. As duas ficam bêbadas. É apenas isso, tudo isso. Não se trata de um alívio provisório, de um desencanto romântico em meio à solidão humana permanente.

Como no final de *Chocolat* ou na boate em *Beau travail*, também a cena em que Camille dubla o cantor Jean-Louis Murat, corpo transcultural, metade homem, metade mulher, andando descalço no bar, sintetiza uma mesma impenetrabilidade que a África representava aos olhos de France em *Chocolat* – um outro cada vez menos exótico, mas distante e estranho, por mais geográfica e fisicamente perto que possa estar.

REFERÊNCIAS

ACHUGAR, Hugo. *Planetas sem boca.* Belo Horizonte: Editora UFMG, 2006.

BEUGNET, Martine. *Claire Denis.* Manchester: Manchester University Press, 2004.

BUTLER, Kim. "Defining Diáspora, Refining a Discourse." *Diaspora*, v. X, nº 2, 2001.

CLIFFORD, James. "Diásporas." In: *Routes.* Travel and Translation in the Late Twentieth Century. 2ª ed. Cambridge: Harvard University Press, 1999.

DIRLIK, Arif. "There is More in the Rim than Meets the Eye: Thoughts on the 'Pacific Idea'." In: *The Postcolonial Aura.* Boulder: Westview, 1997.

GILROY, Paul. *The Black Atlantic.* Cambridge: Harvard University Press, 1993.

HALL, Stuart. "Pensando a diáspora." In: *Da diáspora.* Belo Horizonte: Editora UFMG, 2003.

MARKS, Laura. *The Skin of the Film.* Durham: Duke University Press, 2000. pp. 1-126.

NAFICY, Hamid. *An Accented Cinema.* Princeton: Princeton University, 2001.

RENOUARD, Jean-Philippe; WAJEMAN, Lise. "The Weitgth of Here and Now. A Conversation with Claire Denis, 2001." *Journal of European Studies*, v. 34, nº 1/2, 2004.

STAM, Robert; SHOHAT, Ella (orgs.) *Unthinking Eurocentrism.* Nova York: Routledge, 1994.

STRAND, Dana. "'Dark Continents' Collide: Race and Gender in Claire Denis's Chocolat." In: LE HIR, Marie Pierre; STRAND, Dana (orgs.). *French Cultural Studies.* Albany: State of New York University Press, 2000.

De volta ao mundo[33]

A cultura global é cotidiano.
Feeling Global, Bruce Robbins

Ao mesmo tempo que surgiu, no século XIX, o conceito de uma literatura nacional, nasceu também seu contraponto: a proposta de uma literatura mundial (*Weltliteratur*) cunhada por Goethe. Mais recentemente, sobretudo a partir dos anos 1970, a indústria fonográfica passou a utilizar a expressão *world music*. Bem menos conhecida, mais recente e com menos impacto, ao menos até o momento, no debate crítico é a expressão *world cinema*. Gostaria não tanto de buscar um conceito preciso para a delimitação do que poderia ser, hoje, uma arte global ou mundial, mas apontar um caminho, em continuidade à busca de paisagens transculturais no cinema contemporâneo e em diálogo com expressões equivalentes na literatura e na música. Não pretendemos fazer um levantamento exaustivo desses conceitos e da particularidade de seus debates, apenas retirar elementos que possam ajudar nossa reflexão sobre o cinema contemporâneo.

O primeiro aspecto que gostaria de reter, já presente na defesa que Goethe[34] faz de uma literatura mundial, é a busca de alter-

[33] Uma versão desse texto foi publicada anteriomente em FABRIS, Mariarosaria et al. (org.). *Estudos de cinema.* São Paulo: Socine, 2010.

[34] "Estou mais e mais convencido que a poesia é única propriedade universal da humanidade, revelando-se em todos lugares e em todos os tempos em centenas e centenas de homens... Portanto gosto de me ver em nações estrangeiras, e aconselho a todos fazer o mesmo. Literatura nacional é agora um termo insignificante; a época da literatura mundial está próxima e todos devem dar lugar para que ela se aconteça mais rapidamente", Goethe fala a Peter Eckermann em 1827 (apud DAMSROCH, 2003, p. 1).

nativas à emergência de um discurso que privilegia as especificidades das culturas nacionais. Contudo, diferente da posição de Goethe, após as diversas críticas a categorias universais e totalizantes, feitas tanto por pós-estruturalistas como por intelectuais vinculados aos estudos culturais, é, no mínimo, incômodo recorrer a um vago discurso humanista, sustentado apenas pela possibilidade de públicos de diferentes culturas se sentirem próximos, contemplados ou enriquecidos por obras feitas por artistas de outras culturas que não a sua.

Se os povos viajam, nada mais natural que as ideias e obras viagem também, que sejam traduzidas, interpretadas e lidas nos mais diferentes lugares. E, nesse sentido, Goethe,[35] embora ainda se mantenha dentro de um quadro de referência essencialmente eurocêntrico,[36] nada tem de purista, ao defender que a tradução faz com que o texto original ganhe novos sentidos. Ele chega a considerar os comentários de críticos estrangeiros sobre seu *Fausto*, feitos a partir de traduções, como mais interessantes do que os de seus conterrâneos. O que podemos guardar da defesa de Goethe de uma literatura mundial é que arte global, e, em nosso caso, cinema global, certamente não diz respeito a uma escola ou movimento, nem apenas é um conjunto de obras, "uma soma de todas as literaturas nacionais" (GUILLÉN, 1993, p. 38), nem "um objeto"; "é um problema, e um problema que demanda um novo método crítico" (MORETTI, 2004, p. 149), uma outra forma de olhar.

Por sua vez, a discussão sobre *world music* pode contribuir para avançarmos um pouco mais, ao chamar a atenção para uma pe-

---

[35] "Eu não gosto mais de ler meu *Fausto* em alemão, [Goethe] nota em um momento, mas na nova tradução francesa ele acha sua obra-prima 'novamente forte, nova, viva' , mesmo que a tradução seja, grande parte, em prosa (...) Goethe lê os comentários em inglês e francês com grande avidez, considerando a perspectiva estrangeira mais aguda do que a crítica alemã pode ser" (DAMSROCH, 2003, p. 7).

[36] Para o conceito de eurocentrismo e sua ampliação como ocidentocentrismo, ver STAM; SHOHAT, 2006; e MIGNOLO, 2003.

culiaridade também presente no conceito de *world cinema*. Se o rótulo de *world music*, num primeiro momento, dentro da indústria fonográfica norte-americana, significou um reconhecimento de um mercado para músicas não faladas em inglês e uma abertura para outros estilos não vinculados à cultura pop norte-americana, o risco da expressão parecia o de configurar um gueto que aglutinava estilos muito diversos sob um vago sinal de alteridade exótica.

Também a expressão *world cinema*, utilizada em escolas de cinema no mundo anglo-saxão, parece criar, sem maior consistência conceitual, um saco de gatos para todas as cinematografias que não sejam euro-norte-americanas e/ou não faladas em inglês, assim como *world literature* tem sido utilizada da mesma forma dentro dos departamentos de estudos literários (ver DAMSROCH, 2003, p. 282). A expressão *world cinema* seria "análoga a *world music* e a *world literature*" na medida em que todas são "categorias criadas no mundo ocidental para se referir a produtos culturais e práticas que são sobretudo não ocidentais" (DENNISON; LIM, 2006, p. 1).

Uma primeira discussão sobre um cinema global parece nos levar a pontos que não contemplamos até agora: os circuitos de produção e distribuição de produtos culturais e obras artísticas. Como nas polêmicas que envolvem a *world music*, sobretudo nas colaborações de pop stars anglófonos com músicos do mundo inteiro, como nos conhecidos e debatidos casos de Paul Simon, Peter Gabriel, David Byrne e Sting, para mencionar apenas alguns, seria pobre se referir a um cinema global como mera decorrência da realização de um filme com equipe técnica e elenco de vários países, visto que Hollywood, já nos anos 1920, atraía profissionais dos mais diferentes países desde que se integrassem aos seus modos de produção.[37]

---

[37] Claro, a contribuição para a estética do filme *noir* por parte de fotógrafos e cenógrafos alemães fugindo do nazismo nos anos 1930 é apenas um exemplo entre talvez muitos outros que merecem e têm sido estudados para dar mais nuances a esta história. Mas as relações de poder, baseadas no *star system* e nos grandes estúdios, e hoje nos grandes conglomerados internacionais, aparentemente, têm se mantido.

Pensar uma arte global como "modo de circulação e leitura, um modo que é tanto aplicável a trabalhos individuais como a conjuntos de materiais disponíveis para a leitura de clássicos estabelecidos como novas descobertas" (DAMSROCH, 2003, p. 5), é certamente um avanço, mas precisamos ir mais longe para utilizar o conceito de arte global. Vivemos na singularidade histórica que emerge no contexto do capitalismo tardio e diz respeito não só a "trabalhos artísticos que circulem para além de sua cultura original, seja em tradução ou em sua língua original" (ver DAMSROCH, 2003, p. 4), mas também a autores que podem ter seus livros, poucos anos depois de sua publicação, traduzidos em outras línguas, e encontrar um público que pode até ser superior ao de sua cultura nacional original (ibidem, p. 18).

No caso do cinema, ainda que seja importante reconhecer as condições de distribuição e, acrescentaria, mesmo de produção, que possam viabilizar filmes com equipes de vários países e que atinjam, eventualmente, milhões de espectadores mundo afora, sem deixar de criar uma nova tensão em artistas ao desejarem atingir um público internacional, mesmo com os riscos de autoexotização para conseguir reconhecimento global (ver LIM; DENNISON, 2006, p. 3), isto também não nos parece suficiente para construir a ideia de um cinema global.

Para pensar um cinema global, me distanciei do mero exotismo ou de fenômenos estritamente culturais, que fazem da arte apenas um produto de acesso fácil e rápido a outras realidades e lugares, o que os aproxima da lógica do turismo, como algo a ser consumido antes de e durante viagens ou para se viajar sem sair do conforto de nossas casas, na esteira de feiras universais que tiveram tanta popularidade desde o fim do século XIX até a construção de parques temáticos em que ícones e imagens de culturas são sintetizados em seus aspectos mais conhecidos. Procurei trabalhos mais singulares de um ponto de vista estético, em que a experiência da globalização se configurasse como cotidiano, memória, afeto, sendo traduzida e interpretada não só como tema, mas como questão indissociável à sua fatura. Sob a égide do Império, eles estão dentro de uma rede multidirecional (próxima às discussões trazidas por Negri e Hardt) que descontrói categorias como primeiro/terceiro mundo e, por extensão, a teoria dos três cinemas ou dicotomias como *mainstream*/independente. O cinema global seria, portanto, mais uma estrutura rizomática, se quisermos seguir uma abordagem deleuziana, aliás fundamental para a noção de império como rede, em contraponto a estruturas axiais que configurariam os cinemas nacionais, com seus próprios e específicos passados, presentes e futuros. Enquanto estrutura rizomática, o cinema global estaria mais perto de um "atlas", um "mapa" (ver ANDREW, 2006), ou ainda de constelações de múltiplas possibilidades de configuração, constituindo-se em "um método, uma maneira de atravessar a história do cinema de acordo com ondas de filmes relevantes e movimentos, criando geografias flexíveis" (NAGIB, 2006, p. 35).

Seria importante, contudo, não esquecermos a dimensão política e anti-homogeneizante das discussões em torno de um terceiro cinema, ainda que não necessariamente para repetirmos seu conteúdo revolucionário, nos termos dos anos 1960, mas para evitarmos usar a expressão cinema global apenas como uma categoria no universo do consumo e da indústria de entretenimento, ou como um instrumento neoliberal que sufocaria especificidades ao desqualificar qualquer construto nacional, notadamente dos países com economias mais frágeis. Esta constatação também não é suficiente para construir o cinema global como instrumento de abertura a práticas e objetos de outras culturas. Encontro esta preocupação traduzida, de forma mais complexa e rica, menos no debate crítico e teórico, mas, sobretudo, em alguns filmes, como veremos mais adiante, enfatizando em especial a encenação do espaço e os personagens.

De início, poderíamos pensar em duas alternativas para um filme global, que, não podendo naturalmente acontecer no mundo inteiro, ocorreria em uma diversidade de lugares, feito por uma equipe que transitasse por vários continentes e países, ou que reconstituísse em estúdio esta experiência de viagem. Ou ainda, uma produção que, mesmo filmada em um mesmo local, enfatizasse como este lugar é marcado pela presença de referências de outras culturas, seja pela migração, seja pelos meios de comunicação de massa. No interior destas possibilidades, gostaríamos de discutir não simplesmente miscigenações, hibridismos, interculturalidades, mas como o mundo aparece não apenas como sinônimo do distante, do outro, da alteridade, mas como uma construção inclusiva, não dicotômica. Enfim, o que quer que o cinema global ou mundial seja, gostaríamos de discutir como o mundo pode ser encenado, quem pode falar sobre ele e como ele se configura como um desafio estético.

Um ponto de partida pode ser as três categorias que Martin Roberts identifica como um imaginário global no cinema euro-norte-americano. Primeiro, ele aponta os filmes de exploração global ("global exploitation film"), como *Mondo Cane* (1963), marcados por uma perspectiva carnavalesca, exotizante, colonialista, à medida que apresenta um mundo caótico relacionado com a retirada da civilização construída pelos europeus (ROBERTS, 1998, pp. 66-67). Em seguida, o autor chama de globalismo de "coffee-table" (ibidem, p. 66) filmes como *Koyaanisqatsi* (1982) e *Powaqqatsi* (1988), ambos de Godfrey Reggio, ou *Baraka* (1992), de Ron Fricke, e é neste último que Martin Roberts vai se deter em seu artigo. Estes filmes compartilham uma certa perspectiva humanista, com ecos holísticos e ecológicos, feitos sem falas nem diálogos, com uma trilha sonora predominantemente instrumental e onipresente, justapondo imagens de diferentes culturas e países, enfocando paisagens monumentais e espetaculares da natureza e dos espaços urbanos, privilegiando rituais religiosos, multidões nas ruas, pessoas trabalhando, sem se deter em um personagem individual a não ser em rápidos closes, encenando uma espécie de cotidiano global.

Por fim, Roberts aponta para um terceiro imaginário que ele chama de "cosmopolitismo conspícuo de uma vanguarda internacional" (ibidem, p. 66), destacando filmes como *Até o fim do mundo* (1991), de Wim Wenders, *Uma noite sobre a terra* (1991), de Jim Jarmusch (ver SUÁREZ, 2007, pp. 72-86), e *Sans soleil* (1982), de Chris Marker (ver ALTER, 2006, pp. 103-110). Roberts também menciona Werner Herzog, Ottinger, Aki e Mika Kaurismäki, que realizariam "uma observação sardônica e distanciada da ordem mundial crescentemente transnacional e da cultura a ela associada", constituindo-se – eles e seus personagens – de forma autoconsciente em "nômades" e "descendentes pós-modernos do *flâneur* de Baudelaire, cosmopolitas desenraizados fazendo seu caminho pelo globo à procura do sempre novo e diferente", para quem "o turismo, lugares turísticos e mesmo os turistas são tipicamente alvos de desdém ou sátira, mesmo que os cineastas e protagonistas não sejam menos turistas do que quaisquer outros. "O que é talvez mais memorável sobre filmes deste tipo é o seu culto do cosmopolitismo, acompanhado de um desprezo pelo paroquialismo do nacional" (ibidem, p. 67). É este imaginário, que Roberts não desenvolve em seu artigo, que gostaríamos de explorar, mencionando também outros filmes, feitos depois da publicação do artigo, como *Flerte* (1995), de Hal Hartley, *L'Intrus* (2004), de Claire Denis, ou feitos por cineastas que não são originários da Europa Ocidental ou dos Estados Unidos, como *Nós que aqui estamos por vós esperamos* (1998), de Marcelo Marzagão, *The world* (Shijie, 2004), de Jia Zhangke, e *Babel* (2006), de Alejandro González Iñarritu, que talvez ampliem ou modifiquem este quadro apresentado por Roberts.

Tenho apenas duas mãos
e o sentimento do mundo

"Sentimento do Mundo",
CARLOS DRUMMOND DE ANDRADE

Contudo, antes de nos determos nos filmes que desejam encenar o mundo, talvez seja importante se referir ao retorno do cosmopolitismo, termo usado por Roberts para falar destas produções. O debate sobre o cosmopolitismo é um tema recorrente, seja na história das ideias, nas ciências sociais, políticas, jurídicas, econômicas, seja nos estudos das elites culturais e intelectuais, ou ainda daqueles que eram usualmente excluídos das benessses da globalização – digamos, os pobres e trabalhadores não qualificados. Não pretendemos mapear este debate, mas apenas mencionar algumas questões que talvez nos ajudem a compreender melhor os filmes que escolhemos nesse percurso.

Paralelamente à emergência dos discursos sobre a globalização e o multiculturalismo, nos últimos vinte anos, o cosmopolitismo, apesar de sua longa história, mais antiga do que a dos discursos nacionalistas, reaparece a partir de diversos seminários, publicações e perspectivas. Não se trata tanto de pensar o cosmopolitismo na tradição dos filósofos franceses do século XVIII que, sobretudo, designam "uma ética intelectual, um humanismo universal que transcende particularismos regionais" (CHEAH, 1998a, p. 22).[38] Mais do que um conceito rigoroso, o cosmopolitismo seria um projeto em aberto (BHABHA et al., 2002, p. 1), uma "atitude" (MALCOMSON, 1998, p. 233), porque seus desafios não são teóricos, mas práticos (ibidem, p. 238). Talvez uma discussão abstrata seja menos interessante do que pensar o cosmopolitismo como uma "barganha estratégica com o universalismo; em que o interesse pela humanidade ocorre sem ignorar a diferença (ibidem, p. 234). Dessa forma,

> o termo não seria tão ambicioso como a palavra *universalismo*, embora ela faça o mesmo trabalho. (...) Nem é tão politicamente ambicioso como a palavra *internacionalismo* (...), mas pode evitar ser confun-

[38] Para uma diferente leitura da categoria do "cosmos", num diálogo entre as cuturas chinesa e norte-americana, ver TUAN, 1996.

dido com o desejo de reavivar um terceiro mundismo *naif* dos anos 60 e oferecer uma melhor descrição da sensibilidade de nosso momento (ROBBINS, 1998b, p. 260).

Há, claramente, vários riscos, entre eles o de se colocar na posição de "quem tenha poder para definir quem é provinciano" (MALCOMSON, 1998, p. 238). Estabelecer uma dicotomia rígida entre cosmopolitismo e provincianismo, localismo ou nacionalismo, pode não ser rentável, devido às claras e complexas conexões entre o global e o local que levaram, entre outras coisas, à formulação do neologismo *glocal*. Embora não seja o caso de conceber um cosmopolita como quem não pertence a lugar algum, bem como seja difícil "a fantasia paranoica de ubiquidade e onisciência", ou seja, de pertencer a todos os lugares, de estar em todos os lugares (ROBBINS, 1998b, p. 260), também não interessa resgatar a figura do cosmopolita como criticada, sobretudo pela esquerda, como alguém marcado por um "distanciamento irresponsável e privilegiado" (ROBBINS, 1998a, p. 4). Cada vez mais se pensa na importância de uma resistência global e de uma cidadania mundial, bem como em formas de ir além da diáspora como modo privilegiado de construção social e política de hibridismos e interculturalidades (ver CHEAH, 1998b), incorporando a necessidade de entender o cosmopolitismo como uma das "formas culturais do mundo contemporâneo sem lógica ou cronologicamente pressupor a autoridade da experiência ocidental ou os modelos derivados dessa experiência" (APPADURAI, 1991, p. 192). Isso é o mesmo que assumir formas como a de um cosmopolitismo pós-colonial (PARRY, 1991, p. 41), vernacular (BHABHA, 1996, pp. 191-207), periférico (PRYSTHON, 2002), do pobre (SANTIAGO, 2004, pp. 45-63) ou mesmo patriota[39] (APPIAH, 1998,

[39] "Tenho argumentado, fundamentalmente, que se pode ser cosmopolita – celebrando a variedade das culturas humanas; enraizado – leal a uma sociedade local (ou a várias) que se pode considerar como lar; liberal – convencido do valor do individual; e patriota – celebrando as instituições do estado (ou dos estados) em que se vive" (APPIAH, 1998, p. 106).

p. 91). Apesar da diversidade de termos e posições, poderíamos sintetizar que o cosmopolitismo "pressupõe uma atitude positiva em relação à diferença, um desejo de construir alianças amplas e comunidades globais pacíficas e igualitárias, com cidadãos que seriam capazes de comunicar através de fronteiras culturais e sociais, formando uma solidariedade universal" (RIBEIRO, 2003, p. 17). E, ainda mais, se entendemos o pós-colonialismo como uma cosmopolítica de intelectuais de países que foram colonizados pela Inglaterra e cujo processo começou depois da Segunda Guerra Mundial, no desejo de provincializar a Europa, a tarefa de um pós-imperialismo,[40] que inclua a América Latina, seria uma importante tarefa de provincializar os Estados Unidos (ibidem, p. 30).

Outro fato a enfatizar é que o uso da expressão cosmopolita alargou-se para além das elites culturais e econômicas,[41] privilegiadas historicamente tanto na possibilidade de viajar quanto de acesso a uma informação ampla. O cosmopolitismo passou a incluir tanto as experiências trazidas pelos meios de comunicação de massa quanto aquelas decorrentes dos fluxos migratórios massivos de trabalhadores entre continentes. Esses novos cosmopolitas pobres, para usar a expressão de Silviano Santiago, têm seus precursores, como bem lembra James Clifford (1997, pp. 33-34), não só nos viajantes cavalheiros, mas também em seus empregados, que viajavam com eles.

Portanto, o cosmopolitismo é uma espécie de reação tanto aos excessos do pronvincianismo local, regional e nacional quanto à experiência de desterramento, de desenraizamento, de ser estrangeiro

---

[40] Para o autor, o pós-imperialismo pressupõe a hegemonia do capitalismo flexível, pós-fordista, transnacional, com as redefinições das dependências ou o estabelecimento de novas interdependências no sistema capitalista mundial, permitidas pela existência do espaço produtivo fragmentário global, bem como a hegemonia dos Estados Unidos (RIBEIRO, 2003, p.53). Esta proposta se diferencia das proposta de Negri e Hardt, criticados por exagerarem a decadência do poder do Estado-nação; valorizarem em demasia a condição descentralizada e desterritorializada do Império; atribuírem a capacidade de transformação a um sujeito demasiado amorfo como a multidão; e uma consideração demasiado totalizadora do poder (ibidem, p. 29).

[41] Para um bom estudo sobre cosmopolitismo em elites empresariais, ver ONG, 1998.

onde quer que se esteja, de não pertencer a nenhum lugar. O cosmopolitismo, ao contrário, é uma outra forma de pertencimento que faz do mundo uma casa, um lar, concretamente construída a partir de múltiplos vínculos.

> Uma imagem apagada, um tabu
> Que um leve tremor pode destruir
> Para então não haver mais nada em que pensar
> Antes de dormir, antes de acordar
> Não é um milagre ainda estarmos vivos?
>
> "Tabu", FELLINI

Para vermos com mais detalhes esta possibilidade, vamos tentar entender como o mundo é pensado pelo cinema. Alguns filmes contam histórias simultâneas em várias partes do globo, como o recente *Babel*, cuja narrativa, a partir da circulação de uma espingarda nas mãos de vários personagens, transita pelos Estados Unidos, México, Marrocos e Japão, ou em *Uma noite sobre a terra*, que conta histórias passadas dentro de um táxi, numa mesma noite, em cinco cidades diferentes. De certa forma, estes filmes são herdeiros dos trabalhos que, pelo menos desde os anos 1920, tentam apresentar o cotidiano da cidade por uma justaposição de histórias paralelas. Minha escolha, contudo, foi para dois filmes que usam outros recursos narrativos: um *road movie* global e outro em que se viaja pelo mundo sem sair do lugar. Nossa primeira parada será *Até o fim do mundo*, de Wim Wenders (1991).[42]

Desde o início de sua carreira, Wim Wenders tem uma obsessão por personagens em trânsito, em busca de uma casa, de uma pessoa ou, simplesmente, à deriva. *Até o fim do mundo* é seu filme mais

[42] Para visões de conjunto sobre a obra de Wim Wenders, ver BUCHKA, 1987; BROMLEY, 2001; GRAF, 2002.

ambicioso em termos de produção e custos, gravado em 12 países, e que leva o nomadismo de seus personagens a atravessarem Europa, Ásia, Estados Unidos até chegarem ao interior da Austrália. Não se trata mais de transitar por uma cidade, um país ou continente, mas pelo mundo todo. Este, mais do que um cenário, é um espaço que não encarna mais um mal-estar diante do passado alemão nazista – nem as relações ambíguas com a cultura norte-americana. Este novo sentimento, esta nova posição é definida pelo próprio Wim Wenders como "cosmopolita" (WENDERS, 2001, p. 292).

Na primeira parte do filme, é o dinheiro de um assalto e o uso de cartões de crédito que possibilitam a vários dos seus personagens se moverem numa viagem em que as grandes cidades parecem umas vizinhas às outras, bairros de uma mesma megalópole global, sem fronteiras. A viagem parece ser tão instantânea quanto as conexões pelos meios de comunicação. O assalto reúne estilhaços de um enredo de filmes policiais, incluindo um personagem-detetive (Rüdiger Vogler), mas a intenção é menos criar suspense do que uma conexão entre os vários espaços percorridos. As cidades, em grande maioria europeias, aparecem sob o signo do excesso de movimento, de informação e de imagem. Pouco a pouco percebemos que é disso que se trata, uma discussão sobre a relação entre olhar e imagem, questão recorrente nos filmes de Wenders. Sam Farber (William Hurt) é um cientista que viaja para gravar imagens de sua família, espalhada pelo mundo, para que Edith (Jeanne Moreau), sua mãe cega, a partir de uma máquina criada por Henry Farber, seu pai (Max von Sydow), possa ver. Só que o aparelho, uma espécie de câmera cinematográfica, cansa os olhos e retira a visão de quem o grava. O filme retoma um posicionamento ético de Wenders de que o excesso de imagens, o excesso do desejo de ver leva à cegueira real ou metafórica. Não é à toa que Sam Farber se restabelece num pequeno povoado do Japão, onde ervas medicinais são utilizadas sobre seus olhos. Como se a cura para o excesso de imagens, o excesso de mundo, estivesse na pausa, no recolhimento, no local isolado ou até mesmo na escrita.

A reaparição do local se coloca de forma ambígua. Se a pequena cidade japonesa é o lugar da cura para Sam Farber, o fim da viagem é no interior da Austrália, em meio ao deserto, onde o laboratório de Henry Farber desenvolveu as pesquisas para criar a máquina que possibilita que os cegos vejam. O pai, cientista famoso, fugiu dos Estados Unidos com a família para evitar que seu aparelho fosse usado para fins militares e por grandes corporações. Para ele, o local é apenas o lugar que possibilita isolamento, desde que tenha condições de trabalho. Assim, pouco reflete sobre os custos que tal empreitada tem para sua própria família ou o impacto sobre a comunidade local de aborígenes. Ele encarna, através da figura do cientista, um saber que não vê os outros, cego para outras formas de conhecimento.

O fim do mundo é, para além de algo com sentido pejorativo, um espaço perdido, distante de tudo, cada vez mais difícil de ser encontrado devido ao impacto dos meios de comunicação de massa e de transporte, bem como às tecnologias a eles associados; o fim do mundo aparece, de uma outra forma, quando, já pela metade do filme, devido à queda de um satélite, anunciada desde o início, todas as máquinas param de funcionar devido à falta de eletricidade. Carros parados, computadores e telefones desligados pelo mundo todo. Seria o fim do mundo, já que os personagens só sabem do que está próximo física e geograficamente a eles? Ou fim de um mundo tecnológico, tal como foi se configurando a partir da segunda metade do século XIX?

As comunicações são restabelecidas, mas as pesquisas de Henry Farber caminham para uma outra direção, não só para fazer os cegos verem, mas para tornar visíveis os sonhos, traduzidos em imagens digitalizadas, revelando o que poderia ser o mais privado, oculto. É neste momento que os assistentes aborígenes de Henry Farber abandonam o laboratório, contrários ao vasculhamento do mundo interior, enquanto os personagens que restaram ficam cada vez mais obcecados em verem seus próprios sonhos,[43] fechados no seu próprio mundo, cegos para O Mundo.

Tempos depois, num dos finais mais redentores e afirmativos nos filmes de Wim Wenders, Claire (Solveig Dommartin), a namorada de Sam Farber, aparece envolvida em uma quase aura de luz. Militante ecológica, viajando ao redor da Terra, cuidando do planeta, em claro contraponto com sua situação no início, perdida, acordando em lugares que não reconhecia, como numa sucessão de pesadelos e desencontros. É o aniversário dela, quando recebe parabéns de vários personagens, a partir de telas na nave que circula ao redor da Terra. Não se trata de um final feliz para o casal de protagonistas, mas a celebração das possibilidades de encontros e afetos via tecnologia. Uma aposta.

> Eu amo olhar para utopias positivas. Mesmo se elas são algumas vezes terrivelmente ingênuas eu ainda acho que elas são mais produtivas do que distopias. Não tenho nenhum interesse em visões sombrias do futuro. O fim do mundo é um lugar-comum hoje em dia. Não se pode fazer nada com isso. Toda esta conversa de "no future" me entedia enormemente (WENDERS, 2001, p. 295).

Esta aposta, não é desnecessário frisar, passa pelo cosmopolitismo, claramente definido como uma atitude existencial e ética, mas distante de um distanciamento irresponsável, privilegiado e prorrogativo de elites culturais.

Talvez a questão mais marcante do filme seja a possibilidade de se falar de um cotidiano global, fora desta perspectiva utópica apontada por Wenders, um cotidiano não marcado pelo tom grandiloquente, pela *tour de force* (e pela produção) que faz com que os personagens de *Até o fim do mundo* atravessem o globo, ao

[43] Para uma análise do papel do sonho neste filme, ver LINS, 1993, pp. 217-237.

mesmo tempo que um satélite, este olhar que transita no espaço, em enorme velocidade, está caindo para este mundo concreto e material. Se em *Asas do desejo* (1987), um filme anterior de Wim Wenders, os anjos ainda creem neste mundo material e concreto como possibilidade poética e por ele abdicam de sua condição eterna, em *Até o fim do mundo* os personagens parecem ficar suspensos nos fluxos comunicacionais, ou neles e por eles, encontrando seu espaço de encontro, seu lugar de pertencimento, talvez sua comunidade. Em *Até o fim do mundo*, Wenders parece apostar nas potências de um cosmopolitismo redefinido pela tecnologia, mas não submetido a seus excessos.

> All over the world
> It's the same
> It's the same
> It's the same
>
> "As tears go by", ROLLING STONES,
> na voz de Marianne Faithfull

Para pensarmos esta descida à terra, ou para olharmos uma outra visão menos luminosa do que a de Wenders, um outro cosmopolitismo, falado de um outro lugar, talvez tenhamos que aceitar um pouco o desafio de Ernst Bloch e seguirmos para *The World* (2004), de Jia Zhangke:

> As coisas à margem estão começando a desempenhar crescentemente um papel importante. Devemos prestar atenção às pequenas coisas, olhá-las mais de perto. O curioso e o estranho frequentemente nos falam mais. Certas coisas só podem ser expressas em tais histórias, e não em estilo épico, grandioso (apud GROB, 1997, p. 191).

O mundo no filme de Jia Zhangke é o nome de parque temático situado em Pequim onde monumentos dos mais conhecidos aparecem ali em escala reduzida. A Torre Eiffel, as pirâmides do Egito, o sul de Manhattan, contando ainda com as torres gêmeas do World Trade Center, nas palavras orgulhosas de um guia, e, ainda, o Big Ben, a torre inclinada de Pisa, o Taj Mahal, o Vaticano e o Parthenon. Novamente, as imagens representativas do mundo vêm sobretudo de uma tradição ocidental, catapultadas pelo turismo de massa como lugares de desejo. O parque é atravessado por uma espécie de trem que "passa pelos mais diferentes países" em quinze minutos. Os próprios personagens usam mais de uma vez a expressão de ir para Índia, ir para o Japão, ao cruzar os monumentos do parque. Tudo isso já aparece traduzido nos slogans: "Veja o mundo sem precisar sair de Pequim" ou "Dê-nos um dia e mostraremos o mundo".

Mas que mundo é esse que nos será apresentado? Diferente do *road movie* de Wenders, que transita por continentes e países, no filme de Jia Zhangke não são sequer os visitantes que são enfocados, mas os que trabalham no parque, em especial as moças que realizam uma espécie de show musical celebratório de várias culturas do mundo e os vigias locais, trabalhadores não especializados, originários de pequenas cidades,[44] para quem sua maior viagem até então parece ter sido a que fizeram de suas cidades de origem para Pequim. Trabalhadores que têm mesmo severas restrições para sair de seu país, como aparece retratado por uma das personagens que consegue o visto vários anos depois de seu marido ter saído de forma ilegal. Parece mais fácil para o estrangeiro entrar em Pequim, como vemos pelas mulheres russas trazidas para trabalhar no parque temático, numa ambígua situação que parece sugerir o tráfico de mulheres.

---

[44] Espaço que Jia Zhangke explorou preferencialmente em seus filmes anteriores (ver LIN, 2005; McGRATH, 2007) para encenar o processo de rápido crescimento econômico pelo qual a China está passando a partir dos anos 1980. Para uma outra leitura de *The World*, ver McGRATH, 2008, pp. 221-226.

No filme, o mundo não é o alvo de uma crítica social limitada. O mundo é o não mostrado pelo caráter ascético, grandioso e pasteurizado dos monumentos transformados em cenários e imagens. Sem ser a apoteose festiva do mundo do simulacro encenada numa Las Vegas repleta de neon em plena comemoração de 4 de julho por Coppola, em *O fundo do coração* (1982), o parque é também uma possibilidade de uma vida melhor para os seus empregados, é espaço de encontro e de sociabilidade, uma paisagem transcultural bem particular, em que as imagens midiáticas do mundo ganham três dimensões e viram lugares por onde se caminha, trabalha e habita. A ênfase, longe do tom aventureiro de Wim Wenders, muda para o dia a dia, para o dinheiro contado, economizado, para os pequenos problemas amorosos e familiares – nada de muito épico, nem nos fatos nem nos personagens. O tom é melancólico, em modo menor, mas ainda há uma aposta, no final, quando supostamente o casal protagonista, formado pela dançarina Tao (Tao Zhao) e pelo vigia Taisheng (Taisheng Chen), morre devido a um vazamento de gás enquanto dormia. Uma amarga aposta metafísica de um cotidiano empobrecido? Certamente, não se trata mais do tom bressoniano de seus outros filmes, fascinado por jovens deixados um pouco à margem do desenvolvimento econômico chinês, com dificuldade de se integrarem no mundo do trabalho, como em *Xiao Wu* (ou *Pickpocket*) (1998) e *Unknown Pleasures* (*Ren xiao yao*, 2002).

Com *The World*, Jia Zhangeke fez talvez o seu filme mais ambicioso. Pela primeira vez, ele contou com o apoio de uma produtora estatal, que possibilitaria sua melhor exibição na China, bem como contou com recursos japoneses (da companhia de Takeshi Kitano) e franceses. Mas também há modificações formais. Os cortes diminuem a duração dos planos, em que se alternam os poucos espaços íntimos empobrecidos e os planos gerais de Pequim e do parque. A bela fotografia de Yu Lik-Wai contrapõe a grandiosidade dos espaços, dos canteiros de obras, das vastas highways vazias de noite à precariedade e insegurança da vida de seus personagens, contraposição que Jia Zhangke continuará explorando no filme *Em busca da vida* (*Still Life*, 2006).[45] O uso de uma trilha sonora (que aparece pela primeira vez em seus filmes) com marcas eletrônicas feitas por Lim Giong acentua o distanciamento de uma certa secura e aspereza de suas criações anteriores, marcadas por longos planos, pouco estetizadas, apenas com som diegético, procedimentos explorados ao máximo em *Plataforma* (2000), antiépico histórico que acompanha um grupo de jovens pertencentes a um grupo teatral transitando por pequenas cidades da China.

Em *The World*, também o uso de elementos de animação, em particular quando os personagens falam pelo celular, acentua a rapidez dos meios de comunicação associada aos meios de transportes, encenando a rapidez do contato por personagens que flutuam, voam, a um passo de se perderem, em meio ao mundo de cenários que habitam – como bem fala Tao (Tao Zhao), encerrada por todo um dia dentro de um avião que faz voos simulados, quando diz temer virar um "fantasma". Esta expressão não aparece à toa. Os personagens buscam conquistar um espaço, um lugar na sociedade, mas se misturam na massa anônima de trabalhadores não qualificados, pressionados para enviarem dinheiro a suas famílias e, ao mesmo tempo, procurando construir suas novas vidas, na fronteira da ilegalidade, em que os salários são compensados pelo mercado negro, por roubo e prostituição. Os próprios afetos aparecem marcados sob esta sombra fantasmal, caracterizada por incerteza e fugacidade, encenadas tanto pela amizade entre Tao e a russa Anna (Alla Shcherbakova), que se desenvolve mesmo sem falarem uma mesma língua em comum, quanto pelo encontro que Tao tem com o ex-namorado (Jin Dong Liang) quando este a visita a caminho de Ulan Bator, na Mongólia, onde parece só resistir uma vaga lembrança do passado. Ou ainda na personagem da estilista Qun (Yiqun Wang),

---

[45] Seria interessante dialogar estas paisagens monumentais encenadas por Jia Zhangke com as visões de Edward Burtynsky (2005) e Wang Bing em *West of the Tracks* (2003).

com quem Taisheng começa a se envolver, mas cuja relação é interrompida pela concessão de visto para que ela possa ir ao encontro do marido, imigrante ilegal em Paris, após dez anos sem vê-lo. Em meio aos personagens que passam, Tao, em determinado momento, diz não conhecer ninguém que tenha andado de avião, nem parece conhecer um passaporte quando o pega. Sua sensação de instabilidade se dá sem precisar viajar fisicamente. São as imagens e pessoas que passam por ela.

Agora, talvez o final assuma um outro sentido. Quando Tao e seu namorado Taisheng, vítimas de um vazamento de gás, são encontrados possivelmente mortos, a tela escurece e vemos duas vozes falando, as últimas. Ele pergunta: "Estamos mortos?" Ela responde: "Isto é apenas o começo." Sem pretensões a alegorias fáceis, parece que tudo o que foi apresentado se intensifica, sem sabermos exatamente para onde, com que consequências.

Também no cinema brasileiro estamos só começando a falar do mundo, como em *Nós que aqui estamos por vós esperamos* (1998), de Marcelo Marzagão. História do século XX, delicada colagem, viagem por imagens que sintetizam em alguns momentos e algumas palavras escritas sobre a tela, como é expresso no próprio filme, grandes estórias de pessoas comuns, pequenas estórias de grandes homens, guiadas pela melancólica trilha sonora de Wim Mertens que termina num cemitério, em algum lugar do Brasil, em cuja entrada está o belo título do filme, resposta do cineasta aos versos de Maiakovski citados – "Dizem que em algum lugar, parece que no Brasil, existe um homem feliz" –, ao mesmo tempo que vemos na tela Buster Keaton sério, sereno, sendo levado por um trem pelo lado de fora, para onde? Para que caminhos?

Não se trata de representar o mundo, mas de buscar formas de habitá-lo. Estamos, de fato, só começando. Nem periferia, nem centro. O mundo. Nós que aqui estamos por vós esperamos.

REFERÊNCIAS

ACHUGAR, Hugo. "Weltliteratur ou cosmopolitismo, globalização, 'literatura mundial' e outras metáforas problemáticas." In: *Planetas sem boca.* Belo Horizonte: Editora UFMG, 2006.

ALTER, Nora. *Chris Marker.* Chicago: University of Illinois Press, 2006.

ANDREW, Dudley. "An Atlas of World Cinema." In: DENNISON, Stephanie; LIM, Song Hwee (orgs.). *Remapping World Cinema.* Londres: Wallflower, 2006.

APPADURAI, Arjun. "Global Ethnoscapes: Notes and Queries for a Transnational Anthropology." In: FOX, Richard (org.). *Recapturing Anthropology.* Santa Fé: School of American Research Press, 1991.

APPIAH, Kwame Anthony. "Cosmopolitan Patriots." In: ROBBINS, Bruce; CHEAH, Pheng (orgs.). *Cosmopolitics.* Minneapolis: University of Minnesotta Press, 1998.

______. *Cosmopolitanism.* Ehtics in a World of Strangers. Nova York: W. W. Norton, 2006.

BADLEY, Linda et al. (org.). *Traditions in World Cinema.* Edimburgo: Edinburgh University Press, 2006.

BHABHA, Homi. "Unsatisfied Notes on Vernacular Cosmpolitanism." In: PFEIFFER, Peter; MORENO, Laura (orgs.). *Text and Narration.* Columbia: Camden, 1996.

______ et al. "Cosmopolitanisms." In: *Cosmopolitanism.* Durham: Duke University Press, 2002.

BRENNAN, Timothy. *At Home in the World.* Cosmopolitanism Now. Cambridge: Harvard University Press, 1997.

BROMLEY, Roger. *From Alice to Buena Vista.* The Films of Wim Wenders. Londres: Praeger, 2001.

BUCHKA, Peter. *Olhos não se compram.* Wim Wenders e seus filmes. São Paulo: Companhia das Letras, 1987.

BURTYNSKY, Edward. *China.* Göttingen: Steidl, 2005.

CHEAH, Pheng. "The Cosmopolitical – Today." In: ROBBINS, Bruce; CHEAH, Pheng (orgs.). *Cosmopolitics.* Minneapolis: University of Minnesotta Press, 1998a.

______. "Rethinking Cosmopolitical Freedom in Transnationalism." In: ROBBINS, Bruce; CHEAH, Pheng (orgs.). *Cosmopolitics.* Minneapolis: University of Minnesotta Press, 1998b.

CHOW, Rey. *The Age of the World Target.* Durham: Duke University Press, 2006.

CLIFFORD, James. "Travelling Cultures." In: *Routes.* Cambridge: Harvard University Press, 1997.

DAMSROCH, David. *What is World Literature?* Princeton: Princeton University Press, 2003.

DENNISON, Stephanie; LIM, Song Hwee. "Situating World Cinema as a Theoretical Problem." In: DENNISON, Stephanie; LIM, Song Hwee (orgs.). *Remapping World Cinema*. Londres: Wallflower, 2006.

FELD, Steven. "A Sweet Lullaby for World Music." In: *Globalization*. Durham & Londres: Duke University Press, 2003.

GOETHE, Johann von. *Conversações com Eckermann*. Lisboa: Vega, s/d.

GRAF, Alexander. *The Cinema of Wim Wenders*. The Celluloid Highway. Londres/Nova York: Wallflower, 2002.

GROB, Norbert. "'Life Sneaks out of Stories': Until the End of the World." In: COOK, Roger; GEMÜNDEN, Gerd (orgs.). *The Cinema of Wim Wenders*. Detroit: Wayne State University Press, 1997.

GUILLÉN, Claudio. *The Challenge of Comparative Literature*. Cambridge: Harvard University Press, 1993.

HARDT, Michael; NEGRI, Toni. *Império*. 6ª ed. Rio de Janeiro: Record, 2004.

KAPLAN, Caren. "A World Without Boundaries: The Body Shop's Trans/national Geographics." *Social Text*, 43, outono de 1995.

KUHN, Annette; GRANT, Catherine (org.). *Screening World Cinema*. Nova York: Routledge, 2006.

LIN, Xaoping. "Ja Zhang-Ke's Cinematic Trilogy." In: LU, Sheldon; YEH, Emilie (orgs.). *Chinese Language Film*. Honolulu: University of Hawaii Press, 2005, pp. 186-209.

LINS, Ronaldo Lima. "O itinerante: a máquina do sonho." In: *Nossa amiga feroz*: breve história da felicidade na expressão contemporânea. Rio de Janeiro: Rocco, 1993.

MALCOMSON, Scott. "The Varieties of Cosmopolitan Experience." In: ROBBINS, Bruce; CHEAH, Pheng (orgs.). *Cosmopolitics*. Minneapolis: University of Minnesotta Press, 1998.

McGRATH, Jason. "The Independent Cinema of Ja Zhang-Ke: From Postsocialist Realist Cinema to a Transnational Aesthetic." In: ZHEN, Zhang (org.). *The Urban Chinese Generation*. Durham: Duke University Press, 2007, pp. 81-114.

______. *Postsocialist Modernity*. Chinese Cinema, Literature, and Criticism in the Market Age. Stanford: Stanford University Press, 2008.

MIGNOLO, Walter. "A razão pós-ocidental." In: *Histórias locais/projetos globais*. Belo Horizonte: Editora UFMG, 2003, pp. 133-180.

MORETTI, Franco. "Conjectures on World Literature." In: PRENDERGAST, Christopher (org.). *Debating World Literature*. Londres/Nova York: Verso, 2004.

NAGIB, Lúcia. "Towards a Positive Definition of World Cinema." In: DENNISON, Stephanie; LIM, Song Hwee (orgs.). *Remapping World Cinema*. Londres: Wallflower, 2006.

OCHOA, Ana María. *Músicas locales en tiempos de globalización.* Bogotá: Norma, 2003.

ONG, Aihwa. "Flexibe Citzenship among Chinese Cosmopolitans." In: ROBBINS, Bruce; CHEAH, Pheng (orgs.). *Cosmopolitics.* Minneapolis: University of Minnesotta Press, 1998.

PARRY, Benita. "The Contradictions of Cultural Studies." *Transition*, 53, 1991.

PRYSTHON, Ângela. *Cosmopolitismos periféricos.* Recife: Bagaço, 2002.

RIBEIRO, Gustavo Lins. "'Cosmopolíticas' e 'Postimperialismo'." In: *Postimperialismo.* Barcelona: Gedisa, 2003.

ROBBINS, Bruce. "Actually Existing Cosmopolitanism." In: ROBBINS, Bruce; CHEAH, Pheng (orgs.). *Cosmopolitics.* Minneapolis: University of Minnesotta Press, 1998a.

______. "Comparative Cosmopolitanisms." In: ROBBINS, Bruce; CHEAH, Pheng (orgs.). *Cosmopolitics.* Minneapolis: University of Minnesotta Press, 1998b.

______. *Feeling Global*: Internacionalis in Distress. Nova York: New York University Press, 1999.

ROBERTS, Martin. "Baraka: the World Cinema and Global Culture Industry." *Cinema Journal*, v. 37, nº 3, primavera de 1998.

SANTIAGO, Silviano. "O cosmopolitismo do pobre." In: *O cosmopolitismo do pobre.* Belo Horizonte, Editora UFMG, 2004, pp. 45-63.

______. "Destino: globalização. Atalho: nacionalismo. Recurso: cordialidade." *Caderno de Estudos Culturais*, v. 1, nº 1, abril de 2009.

SOUZA, Eneida Maria de. "Babel multiculturalista." *Caderno de Estudos Culturais*, v. 1, nº 1, abril de 2009.

STAM, Robert; SHOHAT, Ella. *Crítica da imagem eurocêntrica.* São Paulo: Cosac & Naify, 2006, pp. 37-88.

SUÁREZ, Juan. *Jim Jarmusch.* Chicago: University of Illinois, 2007.

TAYLOR, Timothy. *Global Pop*: World Music, World Market. Nova York: Routledge, 1997.

TUAN, Yi-Fu. *Cosmos and Hearth*: A Cosmpolite's Vision. Minneapolis: University of Minnesota Press, 1996.

WENDERS, Wim. *On Film*: Essays and Conversations. Londres: Faber & Faber, 2001.

YÚDICE, George. "We are not the World." *Social Text*, 1992, pp. 31-32.

ZHANG, Yingjin. *Cinema, Space, and Polilocality in a Globalizing Cinema.* Honolulu: University of Hawaii Press, 2010.

O efeito Ozu

"O que falta ao cinema moderno é a beleza, a beleza do vento passando pelas árvores, o pequeno movimento nas floradas das árvores. Eles esqueceram completamente... Na minha crença arrogante, nós perdemos a beleza."
D. W. GRIFFITH em sua última entrevista

Partindo da proposta de um cinema-mundo, não se trata de discutir apenas os efeitos da globalização no cinema ou de pensar como o mundo é representado no cinema, mas de como este cria, reinventa um mundo, como pode criar uma comunidade de imagens, de pessoas dispersas em vários lugares. É assim que a questão do cotidiano e os filmes de Ozu me vêm à mente.

Em meio às grandes questões políticas, econômicas, tecnológicas e sociais que emolduram o debate sobre a globalização, o cotidiano fica um tanto à sombra, quase imperceptível. Nem espesso, nem transparente; não apenas espaço de conservação do local, de tradições pré-modernas, nem somente cena de sutil subversão, de reinvenção. Por onde caminham nossas vidas um dia após o outro, por onde elas se fazem ou se deixam fazer? Enfim, o que fazer da vida? Essas questões deixam de ser retóricas e grandiloquentes para ser algo mais modesto e que sempre volta: o que fazer no dia a dia?

> O cotidiano não se deixa apanhar, pertence à insignificância, e o insignificante é sem verdade, sem realidade, sem segredo, mas é talvez também o lugar de toda significação possível. O cotidiano escapa. É nisso que ele é estranho, o familiar que se descobre (mas já se dissipa) sob a espécie do extraordinário (BLANCHOT, 2007, p. 237).

Nada de oculto ou aventuroso, nem mesmo mais os dias de Stephen Dedalus em *Ulysses*, de James Joyce, ou de Clarissa, em *Mrs. Dalloway*, de Virginia Woolf. Se há mistério no cotidiano, ele não é nada metafísico, nem inconsciente, mas de um mundo povoado por objetos e materialidades, entre os quais ocupamos um modesto lugar que só nossa vaidade cega e antropocêntrica nos faz colocar a nós mesmos numa posição central. Se há uma utopia nesse cotidiano, é a busca do silêncio, do desaparecimento e da discrição, sem grandes saltos, passo a passo, momento a momento. Se há milagre, é o acaso, o inesperado.

Para a difícil encenação desse estranho familiar no cinema é que apostamos uma vez mais na possibilidade de uma estética do cotidiano e do comum[46] a ser conquistada, marcada pela delicadeza e pela leveza, distinta de valores como o excesso, o grotesco, o abjeto, o cruel e mesmo o trágico. Na busca do cotidiano e do comum, apesar de e com todos os problemas, conflitos, confrontos que nos invadem, nos pesam, nos modificam, nos desafiam, é que Ozu aparece como um ponto de partida. Um outro cotidiano, um outro comum não só dilacerado por violências, mas também e sobretudo por possibilidades de encontro, ao mesmo tempo concreto, material, corpóreo e atravessado, ainda que muitas vezes sutilmente, pelos fluxos informacionais e midiáticos.

Meu objetivo, portanto, não é vincular os filmes de Ozu a um debate sobre a cultura e o cinema japoneses, mas considerá-lo, num exercício de tradução cultural, uma ponta de lança para defender um cinema do cotidiano e do comum já proposto em outro momento (LOPES, 2007), especialmente centrado na casa, sem contudo lidar com a oposição privado/público, em que a maior intimidade pode estar não no vasculhamento de sentimentos e desejos supostamente ocultos. Há um delicado sentimento de passagem do tempo, de nascimentos e mortes, e tantas outras pequenas perdas e

[46] O comum será desenvolvido em outro ensaio deste livro.

transformações de que uma existência é feita, não tanto nostalgia de uma casa ou de uma família tradicionais, nem demonização do espaço da cidade,[47] como na postura serena do pai envelhecido que perdeu sua esposa ou cuja filha se casou e que se vê só na sua casa[48] tanto em *Era uma vez em Tóquio* (*Tokyo Story*; Tokyo Monogatari, 1953) como em *Pai e filha* (*Late Spring*, Banshun, 1949), que me fazem lembrar o encerramento de *A queda do anjo*, último livro de *Mar da fertilidade*, tetralogia de Yukio Mishima (1988, p. 211):

> Era um jardim luminoso, tranquilo, sem características marcantes. Como um rosário que se esfrega entre as mãos, o canto estrídulo das cigarras continuava predominando.
>
> Não havia nenhum outro som. O jardim estava vazio. Honda refletiu que chegara a um lugar que não tinha nenhuma lembrança, não tinha nada.
>
> O sol do meio-dia flutuava sobre o jardim imóvel.

Mesmo a viagem, ato de formação de uma subjetividade na tradição ocidental do *Bildungsroman*, aparece rebaixada a algo mais prosaico em *Era uma vez em Tóquio*. A viagem que Shukichi (Chishu Ryu) e Tomi (Chieko Higashiyama), um casal de idosos, fazem para ver seus filhos é marcada pelas dificuldades que os filhos têm

---

[47] Também não há uma ênfase na Tóquio moderna. A cidade aparece sem ênfase, o que Kiju Yoshida (2003, p. 182) chama de "Tóquio da invisibilidade". O predomínio é das imagens da intimidade ou de pequenas ruas, sem muitas pessoas, o que ecoa nos filmes de Kore-eda e Kawase, que vão ainda mais longe na encenação de seus dramas em pequenas cidades, sem que pareça uma recusa do contemporâneo, embora haja claramente um contraste com a Tóquio hipermoderna e dos mangás, espaço saturado pela luz de neon e por ícones pop (para uma leitura que enfatize a cultura massiva no Japão, ver IWABUCHI, 2002), parecendo mais uma estratégia pela via de uma outra temporalidade, de um outro ritmo, uma outra forma de viver e perceber a vida, menos frenética e mais contemplativa, mas talvez não exatamente nostálgica, idealizadora de um passado perdido.

[48] Talvez fosse interessante remeter ao belo registro da velhice feito por Vittorio de Sica, contemporâneo de Ozu, em *Umberto D.* (1952). Contudo, Ozu se mostra menos marcado do que de Sica pelo registro melodramático, o que é preciso levar em conta para compreender suas opções.

com a presença dos pais, a ponto de Shukichi, em tom meio irônico, meio melancólico, se chamar de "homeless" (sem casa/sem lar), para logo depois, curiosamente, Tomi se sentir mais acolhida na pequena casa da nora, viúva do filho morto na Segunda Guerra Mundial, do que nas casas de seus filhos, ainda que brevemente. "A sensação de não ter lar (*homelessness*) não é sempre vivenciada como uma mutilação na vida, uma tristeza insuperável" (JACKSON, 1995, p. 2). Cada vez mais a casa enquanto lar deixa de ser um espaço fixo, uma base para uma relação social estável. A casa, como a sensação de pertencimento, é uma série de passagens, fluxos, momentos.

A maior intimidade, como nos aponta Ozu, pode estar não na sexualidade, hoje em dia cada vez mais banalizada e espetacularizada, mas no compartilhamento de um momento, de uma imagem, de uma visão – que pode ser de roupas que balançam no varal, de um trem que passa, do calor do sol, de uma refeição em família[49] ou de uma conversa entre amigos, sem que nada de muito importante seja dito, a não ser o simples prazer da companhia. Os chamados *pillow shots* (BURCH, 1979, p. 160) ou planos de tempos mortos, em que os objetos e espaços não ocupam um sentido muito explícito no desenrolar da ação, não funcionam tanto como contextualização da cena. Também não são apenas momentos de suspensão, paisagens ou naturezas-mortas a serem contempladas. Apontam para um olhar que não é nem dos personagens mergulhados em sua interioridade nem do narrador onisciente, mas "um olhar objetal ausente, invisível e caótico" (YOSHIDA, 2003, p. 196), um olhar qualquer sem que os objetos e espaços adquiram demasiada autonomia, nem a câmera se coloque em cena criando algum tipo de metalinguagem.

> As coisas não precisam de você.
> "Virgem", ANTONIO CÍCERO/MARINA LIMA

---

[49] Ver análise comparativa entre cenas de refeição em filmes de Ozu, Hou Hsiao-Hsien e Zhang Yimou (BORDWELL, 2008, pp. 243-246).

Na busca de sustentação de um drama desdramatizado ou de um "melodrama sem drama" (RUBIO, 2004, p. 218) é que chegamos a uma outra figura do comum, o neutro, não tanto como formulado por Blanchot,[50] mas por Barthes. O neutro vive um paradoxo: como objeto é suspensão da violência, e, como desejo, é violência (BARTHES, 2003, p. 30). O neutro não é tanto alvo, mas travessia (ibidem, p. 140), desejo. E o desejo de neutro é suspensão de ordens, leis, arrogância, exigências, do querer reter para si, como o pai, em *Pai e filha*, que encena um envolvimento para que sua filha possa se casar, viver sua própria vida, não a reter narcisicamente. Enquanto ele se dissolve na casa, no ocaso da sua velhice, em meio a algo que poderia ser dor ou tédio insustentáveis, mas, como é momento a momento, torna-se quase invisível. Desapego, mas não indiferença,"não é ausência, recusa do desejo, mas flutuação eventual do desejo fora do querer-agarrar" (ibidem, p. 34). Não a perda de si vista como angustiante alienação no mundo moderno, nem a integração pelo êxtase, pelo transe, pelo excesso, mas sutil e discreta dissolução, desaparecimento, eclipse, calma, não manifestação dos desejos, embora eles estejam presentes. O desafio do banal, de um dia após o outro, não o desafio do excesso, da desmesura, do grande feito, dos grandes acontecimentos.

Se compararmos os espaços vazios que pontuam os filmes de Ozu com os de Antonioni, em especial os últimos momentos de *Eclipse* (1962), em que o espaço vazio final decorre da ausência dos amantes que combinaram de se encontrar, o vazio em Ozu não fala da ausência da presença humana, de uma falta angustiante, mas espaço e objetos quase se tornam protagonistas, como os personagens que passam pela tela. É apenas um momento de escape ou de descentramento de uma lógica que se cristalizou desde a perspectiva

[50] Uma discussão do neutro em Blanchot (ver NORDITOLI, 1995, pp. 337-365), associada mais a um "apagamento da individualidade" (ibidem, p. 355) ou a um outro como radicalmente diferente (LÉVY, 2003, pp. 42-44), pode ser mais rentável para uma leitura das existências ásperas e empobrecidas em Beckett do que da existência mínima e delicada em Ozu.

renascentista, centrada no olhar humano, mas sem se perder no informe, no inumano que tanto interessa às experiências das vanguardas. Dizendo de outra forma, a maior intimidade pode estar numa vivência de exterioridades, não num mergulho no inconsciente, nas confissões. São muitos os planos em que os personagens de Ozu estão lado a lado, não aparecendo na postura de campo e contracampo, de confronto direto. Os personagens são antes pontos no quadro do que o seu centro.

O neutro, portanto, seria a base de um drama desdramatizado em vez do conflito que move a ação, na esteira da poética aristotélica, ou de uma poética do excesso, na explosão dada-surrealista-artaudiana. Em Ozu, o diálogo não é o do olho no olho, das verdades a serem desenterradas e ditas, como nos filmes de Ingmar Bergman. O diálogo em Ozu é tanto com espaço e objetos quanto com pessoas que estão nele. Talvez seja dessa forma que melhor devem ser aproveitadas e lidas a formalidade e a polidez das relações pessoais nos filmes de Ozu, não como espaço de fingimento e repressão, mas associadas a um "estado fraco" (BARTHES, 2003, p. 151), a uma "existência mínima" (ibidem, p. 157). Se a desdramatização a partir de Beckett e do Bresson, de *Mouchette*, segue o caminho da aspereza, da secura, da rarefação que pode sufocar, como veremos em outro ensaio; em Ozu, a desdramatização ainda pode ser preenchida por pequenos e breves momentos de beleza, num mundo empobrecido e marcado pelo trabalho e pelo tédio da rotina. Em Ozu, o neutro remete não à indiferenciação, mas a sutis gradações de uma pintura abstrata monocromática ou de uma natureza-morta.

tanta coisa depende
de um

carrinho de mão
vermelho

esmaltado de água da
chuva

ao lado das galinhas
brancas

"O carrinho de mão vermelho",
William Carlos Williams

Que Ozu, ao mesmo tempo tão distante e tão perto, é este que podemos ver hoje em dia? Não se trata de desconsiderar a história de sua recepção fora do Japão.[51] Diferente de Kurosawa e Mizoguchi, consagrados em festivais europeus nos anos 1950,[52] Ozu, durante a vida, é conhecido praticamente só no Japão ou por um público vinculado à cultura japonesa.[53] Reconhecido como cineasta popular e clássico dentro do Japão desde 1932, gradualmente, após sua morte, em 1963, é convertido fora do Japão em autor e em uma alternativa ao cinema hollywoodiano, considerado como um "formalista rigoroso" (HASUMI, 1998, p. 116), um cineasta moderno, e diferentemente, dentro do Japão, foi criticado por cineastas da *nouvelle vague* japonesa, como Nagisa Oshima e Shohei Imamura (NYGREN, 2007, p. 148), tido como um cineasta conservador, tanto do ponto de vista formal como dos valores morais centrados na família.

Não me interessa prosseguir numa leitura que insista nas suas marcas japonesas, desenvolvidas desde trabalhos clássicos como

[51] De forma ampla, Mitsuhiro Yoshimoto (2000, p. 8) identifica três momentos de recepção do cinema japonês nos Estados Unidos: 1) celebração humanista de grandes autores e da cultura japonesa nos anos 1960, como no caso do trabalho pioneiro de Donald Ritchie; 2) celebração formalista e marxista do cinema japonês, como uma alternativa para o cinema clássico de Hollywood nos anos 1970; 3) reexaminação crítica das perspectivas anteriores através da introdução do discurso de alteridade e da análise intercultural dos anos 1980.

[52] Akira Kurosawa tornou-se reconhecido internacionalmente ao ganhar o Leão de Ouro no Festival de Veneza por *Rashomon*, em 1950, e Kenji Mizoguchi foi premiado sucessivamente no Festival de Veneza de 1952 a 1954, incluindo o Leão de Ouro por *Contos da lua vaga*, em 1953. Para a recepção de Ozu fora do Japão em comparação com outros cineastas japoneses, ver DESSER, 1997, pp. 2-3, e ALMAS, 2008.

[53] De acordo com o historiador Jeffrey Lesser em entrevistas realizadas para a escrita de seu livro *A Disconted Diaspora*, filmes japoneses eram apresentados regularmente em várias salas de

o de Donald Ritchie (1977), ou no interior da história do cinema japonês.[54] Tampouco me atrai vê-lo como o cineasta conservador criticado por Oshima e Imamura. Talvez seja mais interessante resgatar Ozu de outra forma: um cineasta obcecado pelo comum, pelo banal traduzido em frágeis dramas familiares muito bem redimensionados na bela homenagem que Hou Hsiao-Hsien[55] fez a ele em *Café Lumière* (*Kôhî jikô*, 2003), bem como por cineastas japoneses contemporâneos como Hirokazu Kore-eda,[56] especialmente em *Maboroshi no hikari* (1995), Naomi Kawase,[57] destacando seu filme de estreia *Moe no Suzaku*[58] (1997), assim como Jun Ichikawa, em *Tony Takitani* (2004) e até em *Tokyo Sonata* (2008), filme inesperado na carreira de Kiyoshi Kurosawa – ou, fora do

cinema na cidade de São Paulo, pelo menos já nos anos 1950, e marcaram a memória de críticos como Rubem Biáfora, bem como de cineastas como Walter Hugo Khouri. Há também uma entrevista de Carlos Reichenbach (in HARTOG, 1985, pp. 50-55) em que este menciona a importância de Ozu. Seria uma hipótese a ser confirmada se alguns cineastas e críticos brasileiros tiveram contato com o cinema de Ozu bem antes de seu reconhecimento na Europa e qual teria sido seu impacto. Mais recentemente, do ponto de vista de registro em livro, *Ozu. O extraordinário cineasta do cotidiano*, organizado por Lúcia Nagib e André Parente, publicado em 1990, é uma boa apresentação da obra do cineasta ao público brasileiro, mas não conta com nenhum artigo escrito por autores brasileiros. Seria interessante ainda consultar artigo de André Parente escrito sobre Ozu no seu livro *Ensaios sobre o cinema do simulacro.* Quanto à produção cinematográfica brasileira, apesar do elogio de Ozu feito em *Santiago* (2007), de João Moreira Salles, com direito à citação de trecho de filme de Ozu ou o uso de "planos mortos" em *A casa de Alice*, de Chico Teixeira, essas produções não parecem travar um diálogo particular ou forte com a proposta que defendemos neste ensaio.

[54] Para um contexto mais amplo da história do cinema japonês, consultar STANDISH, 2005, e NOVIELLI, 2007.

[55] Para aproximações interessantes entre Hou Hsiao-Hsien e Ozu, ver CADZYN, 2002, pp. 222-223.

[56] Para o debate iniciado em torno de seu primeiro longa-metragem de ficção, *Maboroshi* (1995), em especial, articulando a herança de Ozu com outros cineastas japoneses contemporâneos, ver DESSER, 2007, pp. 274-275. Neste contexto, *Maboroshi* me interessa por ser um drama que esvazia os momentos de maior intensidade pela elipse, por planos de paisagens e objetos, interpretações contidas, poucos closes e por enfatizar os atos banais do cotidiano.

[57] Para uma visão dos filmes da diretora, ver LÓPEZ, 2008.

[58] Sobre este filme, ver McDONALD, 2006, pp. 244-257.

Japão, em *35 rhums* (2008), de Claire Denis. A recepção de Ozu no Japão após os anos 1980 inclui desde novas avaliações críticas até mangás sobre sua vida (KORNES, 2007, p. 78). Não se trata tanto de mitificar a família convencional, mas encenar as classes médias (nem muito pobres nem muito ricas), sem idealizar seus valores, mas sem lhes tirar uma possibilidade de beleza e encantamento, sem cair "num estilo de cine *New Age* elegante, ilustrando lugares comuns confortáveis, brandos, quase místicos" (MARTIN, 2008, p. 52):

> Outra crítica feita a Ozu é de que seus filmes seriam irreais: cenários muito arrumados, composições bonitas demais. Para aqueles que só acreditam num realismo de "boca do lixo", isto pode ser verdade: não se veem favelas ou malandros que corrompem pessoas inocentes nos filmes de Ozu. Trata-se de um tipo diferente de realismo, que acredito muito superior (ZEMAN, 1990, p. 125).

Interessa-me pensar, para além do Japão, numa perspectiva comparativista e transcultural, este outro real, o cotidiano na sua materialidade, sem nenhuma pretensão alegorizante nem pelas marcas fortes da história – o que é exemplificado pela maneira não ressentida como a Segunda Guerra Mundial aparece no clássico de Ozu, *Era uma vez em Tóquio* (1953) – nem pelo trauma, mas simplesmente como um fato do passado já vivido. Talvez esta perspectiva nos abra uma outra possibilidade de transitar por seus filmes sem a referência a um estilo transcendental como o que Paul Schrader (1988) desenvolveu ao relacionar Ozu, Dreyer e Bresson.

Se os filmes de caráter mais histórico produziram uma imagem de grande alcance sobre o Japão, repleta de samurais e de um passado pré-moderno, ao mesmo tempo que uma cultura massiva emergia e se desenvolvia no país, os filmes de Ozu alcançam um reconhecimento no circuito cinéfilo ocidental, inserindo-se em um outro estereótipo do Japão[59] a partir do cotidiano pós-Segunda Guerra Mundial – uma sociedade que se moderniza economicamente ao mesmo tempo que mantém suas tradições (com especial ênfase no vínculo com o zen-budismo).

Se a recepção de Ozu e seu papel na crítica já foram mapeados, gostaria de pensar um efeito-Ozu no cinema, a começar pelas homenagens explícitas que foram feitas a ele por Wim Wenders, Hou Hsiao-Hsien e Abbas Kiarostami, para depois dialogar com outros filmes contemporâneos. O que chamo de efeito-Ozu pode ser uma possibilidade de manter ainda um cinema narrativo, clássico, que não se dissolve nas experiências radicais dos cinemas novos dos anos 1960, base para a proposta conciliatória do cinema pós-moderno que emerge com a crise da noção de vanguarda nos anos 1970.

Wim Wenders percorreu o caminho da cinefilia e do simulacro na tentativa de dar intensidade aos espaços urbanos marcados pelo consumo transnacional e pelo excesso de imagens midiáticas, tão em sintonia com grande parte do chamado cinema pós-moderno dos anos 1980. Mas talvez o que me mais interessa em seu trabalho, em particular nos seus primeiros filmes, e o que o aproxima de Ozu, seria uma fragilidade diante de um modelo clássico narrativo, pela sua ausência de fortes momentos dramáticos, pela rarefação e pelo despojamento de um cotidiano sem ornamentos (ver ERLICH, 1997, p. 70). O que não é um defeito, apenas uma forma distinta de encenar a narrativa. Não se trata também de tornar a narrativa seca e desprovida de afetos, de encenar uma ambiência familiar fortemente opressora, apenas de traduzi-la sob o plano da sutileza e do detalhe em que espaços e objetos se tornam tão centrais quanto os personagens, diluindo e recolocando a intensidade emocional para além da voz, da palavra e da confissão.

---

[59] "Por que este cineasta que é o menos japonês foi considerado como tipicamente japonês?" (HASUMI, 1998, p. 10).

Ozu poderia nos dar uma pista para um drama que não passe pelo trágico nem pelo melodramático, mas que também não passe pelo cotidiano marcado por um tempo saturado que se quer cada vez mais perto de um tempo real, com longos planos, como em várias experiências do cinema underground dos anos 1960 e que reaparece em vários autores contemporâneos tão diversos como Béla Tarr e Tsai Ming Liang. Um drama desdramatizado, sob o signo do neutro, a que já me referi, marcado por elipses que não chegam a quebrar a narrativa tradicional, mas que não busca dar densidade psicológica aos personagens como no grande teatro naturalista do século XIX. Não há monólogos interiores. Os personagens falam só com os outros, e as falas são contidas. Em vez do excesso de ação ou de emoção, a ênfase está na ambiência e no tom (DESSER, 1997, p. 10), nas pausas e silêncios que ecoam a tradição do teatro Nô, mas também o impressionismo[60] (ver LOPES, 2007), colocando em cena personagens comuns – nem épicos, nem trágicos –, personagens medianos, com vidas medianas, nada excepcionais nem heroicas, com falas convencionais sobre assuntos banais, sem nenhuma pretensão intelectual e poética, frases de efeito, reflexões abstratas e lições de vida. São sujeitos em eclipse não por serem alienados, anônimos na multidão urbana como o homem moderno, mas figuras quase fantasmais, por marcarem pouco a sua presença, a sua voz, a sua vida. Contudo não possuem nenhuma dimensão metafísica.

Mas, para recuperar a experiência de desdramatização, do neutro em Ozu, não se pode repetir, emular Ozu. Talvez mais do que encontrar um pai, "seu único mestre", um antecessor *a posteriori* (já que Wenders toma contato com os filmes de Ozu só em 1973, de acordo com GEIST, 1983, p. 234), quando começava a escrever o roteiro de seu quarto longa-metragem, *Alice nas cidades* (*Alice in*

[60] A referência ao teatro Nô é comum, em se tratando de Ozu, mas não a referência ao impressionismo. Ela aparece rapidamente mencionada (ZEMAN, 1999, p. 126) e procurei atualizá-la (LOPES, 2007, p. 169; LOPES, 1999, pp. 79-81).

der Städten, 1973), Wenders busca nos filmes de Ozu uma casa, correndo o risco da nostalgia que acompanha muito de seu cinema, como fica explícito na sua própria voz (2001, p. 221):

> Quanto mais a realidade de Tóquio aparecia como uma fantasmática, sem amor, ameaçadora e mesmo inumana proliferação de imagens, maior e mais potente era a amorosamente organizada mítica cidade de Tóquio nos filmes de Yasujiro Ozu.

Esta tentação de emular Ozu é mais visível em *Tokyo Ga*, de Wim Wenders (1985),[61] ao buscar não só as imagens dos filmes de Ozu no Japão dos anos 1980, mas iniciar "seu" filme com cenas de *Era uma vez em Tóquio*, falar com o *cameraman* de Ozu, filmar, usando as mesmas lentes que Ozu usava, nos mesmos lugares, e, por fim, reencontrar e entrevistar um dos atores mais presentes na cinematografia de Ozu: Chishu Ryu.

Para desdramatizar, Wenders parte do cansaço das imagens midiáticas do presente para ser curado pelas imagens de Ozu, como Trevor (William Hurt) é curado de sua cegueira pela personagem, não por acaso interpretado por Chishu Ryu em *Até o fim do mundo* (*Until the End of the World*, 1991), outro filme de Wim Wenders. O cansaço para Wenders (e talvez para o escritor e seu colaborador, Peter Handke) é uma forma de ter acesso ao neutro. Fadiga, cansaço que não devem ser confundidos com depressão (BARTHES, 2003, p. 39), mas como uma forma de se "esvaziar" (ibidem, p. 37) e de expressar um "direito ao repouso" (ibidem, p. 41).

O cansaço e o tédio como figuras do neutro podem ser encontrados também através da insônia que os protagonistas experimentam em *Encontros e desencontros* (*Lost in Translation*, 2003), de Sofia Coppola, devido à mudança de fuso horário na viagem dos Estados

---

[61] Para uma leitura mais detalhada de *Tóquio Ga*, de Wenders, a partir da questão do simulacro, ver ALTER, 1997.

Unidos para o Japão – justamente o que possibilita o encontro deles num hotel em Tóquio. Tais sentimentos também advêm do encontro com a cidade, sob uma perspectiva que se assume como intrusa, lida com os clichês, mas vai além da dualidade opositiva entre Japão e Ocidente, entre o eu e o outro. O encontro é um breve momento na vida dos dois, enquanto a estrela do cinema norte-americano Bob Harris (Bill Murray) grava uma propaganda de uísque, e Charlotte (Scarlett Johansson) espera seu namorado fotógrafo que está trabalhando. Bob e Charlotte estão de passagem em Tóquio e na vida um do outro. Há uma certa melancolia, enfatizada pela bem escolhida música climática, mas nada dilacerante, nem no encontro nem no desencontro, que não remete a nenhum passado da cidade, como no filme de Wenders, nem a quase nenhum passado dos protagonistas. Também não remete a nenhum futuro, apenas ao presente fugaz e fantasmal que nos constitui.

Um contraponto com o filme de Sofia Coppola poderia ser tanto *Maborosi*, de Kore-eda, como *Suzaku*, de Naomi Kawase, em que os personagens acabam por se situar em pequenas vilas: no filme de Kore-eda, uma vila de pescadores; no de Kawase, uma vila que vive na expectativa da construção de uma ferrovia, o que acaba não acontecendo. Se a vila de pescadores parece, para a protagonista, um espaço de reinício, a vila em Kawase não parece estar alheia ao processo de modernização, mesmo que marcada pela sua marginalidade do processo, nada tão violento e brutal como a modernização encenada nas pequenas cidades chinesas, por exemplo, em *Unknown Pleasures* (*Ren xiao yao*, 2002), de Jia Zhangke. Tanto nos filmes de Kawase como nos de Kore-eda persiste um impalpável, que pode ser apenas o vento que passa brevemente pelas árvores, assim como os encontros e desencontros, feitos por poucas palavras.

Se a homenagem de Wenders faz o cinema de Ozu dialogar com o cinema do simulacro, *Five Dedicated to Ozu* (*Panj, Five*),[62]

[62] Para uma leitura mais detalhada, ver VIEIRA, 2008.

de Abbas Kiarostami (2003), parece levar o cinema de Ozu para um outro caminho, na esteira do cinema moderno, sem personagens individuais, apenas passantes pelos cinco longos planos fixos e sem cortes, equiparando no mesmo nível pessoas, objetos e animais em paisagens à beira-mar, num tempo saturado, presente desde as experiências do cinema underground norte-americano a trabalhos de videoarte.

Talvez a homenagem que mais me mobilize em nossa viagem pelo cinema contemporâneo seja *Café Lumière* (*Kôhî jikô*), de Hou Hsiao-Hsien, filmado no Japão. Também como no caso de Wenders, Hou Hsiao-Hsien conhece os filmes de Ozu já no meio de sua carreira e trilha um caminho particular no encontro com o cotidiano. Após fazer filmes mais comerciais e traçar todo um vasto panorama da história de Taiwan, sempre relacionado com o cotidiano familiar, Hou Hsiao-Hsien, em filmes mais recentes, encena mais o contemporâneo, como em *Millenium Mambo* (*Qian xi man po*, 2001), no próprio *Café Lumière*, num dos episódios de *Three Times* (*Zui hão de shi guang*, 2005) e em sua primeira produção feita na França, *Le Voyage du Ballon Rouge* (2007). A homenagem a Ozu não implica um pastiche, uma paráfrase, mas um diálogo. Em *Café Lumière*, se a família tradicional é ainda forte nas decisões dos personagens, aqui a jovem solteira fica grávida, não quer se casar e esta decisão é sugerida, mais do que revelada dramaticamente. Mesmo na cena em que fala com os pais, este assunto parece ser tratado em pé de igualdade com outros assuntos mais corriqueiros. No fim, os trens caminham como as várias possibilidades da vida e do cotidiano, igual e diferente a tantos outros dias, entre os muitos ou poucos dias que nós viveremos.

Por que (re)ver Ozu hoje em dia? Não como a sombra marcada pelo autocontrole e disciplina, mas pela possibilidade de trazer um pouco de delicadeza em meio a um mundo de excessos de informação, falas, imagens e sons, por um desejo de uma vida mais comum, mas não menos bela. Uma questão que ainda nos fica e insiste a partir de Ozu é: como mostrar a casa diante da exploração máxima da intimidade, da espetacularização dos afetos e dos *reality shows*? Que casa é essa que pode nos acolher? Terminamos nossa viagem pelo comum voltando às mesmas questões com que começamos nossa caminhada. O pudor que nos vem a partir de Ozu reaparece não como forma de silenciar e reprimir afetos, mas de revalorizar a sutileza e a invisibilidade dessa casa que começava a se dispersar nos seus filmes. Fica talvez ainda o desejo de reconstruir, reconquistar uma sensação de estar em casa no mundo,

> uma experiência de completa consonância entre o nosso corpo e o corpo da Terra. Entre eu e o outro. Não importa se o outro é uma paisagem, algo ou alguém amado, uma casa ou um ato. As coisas fluem. Parece não haver resistência entre eu e o mundo. A relação é tudo. (JACKSON, 1995, p. 110).

REFERÊNCIAS

ALMAS, Almir. "Japão de brasileiros: O cinema japonês e sua inter-imagem no cinema brasileiro." In: GREINER, Christine; FERNANDES, Ricardo Muniz (orgs.). *Tokyogaqui*: um Japão imaginado. São Paulo: SESC SP, 2008.

ALTER, Nora. "Documentary as Simulacrum: *Tokyo-Ga*." In: COOK, Roger; GEMÜNDEN, Gerd (orgs.). *The Cinema of Wim Wenders*. Detroit: Wayne State University Press, 1997.

BARTHES, Roland. *O neutro*. São Paulo: Martins Fontes, 2003.

BLANCHOT, Maurice. *A conversa infinita 2*: A experiência limite. São Paulo: Escuta, 2007.

BORDWELL, David. "Hou, ou os Limites." In: *Figuras traçadas na luz*: A encenação no cinema. Campinas: Papirus, 2008.

BURCH, Noël. "Ozu." In: *To The Distant Observer*. Forms and Meanings in Japanese Cinema. Berkeley: University of California Press, 1979.

CADZYN, Eric. *The Flash of Capital*. Filme and Geopolitics in Japan. Durhan: Duke University Press, 2002.

DESSER, David. Introduction. In: DESSER, David (org.) *Ozu's Tokyo Story*. Cambridge: Cambridge University Press, 1997.

______. “The Imagination of the Transcendent.” In: PHILIPS, Alastair; STRINGER, Julian (orgs.). *Japanese Cinema*: Texts and Contexts. Nova York: Routledge, 2007.

ERLICH, Linda. “Travel Toward and Away.” In: DESSER, David (org.). *Ozu's Tokyo Story*. Cambridge: Cambridge University Press, 1997.

______. “New View, New Choices.” In: *Viennale Retrospective*. Viena, 2004.

FISCHER, Sandra. “Azuis de Ozu e de Aïnouz: Clausura e deslocamento.” In: ENCONTRO INTERNACIONAL DA SOCINE, 12, Brasília: UnB, 2008.

GEIST, Kathe. “West looks East: The Influence of Yasujiro Ozu on Wim Wenders and Peter Handke.” *Art Journal*, v. 43, nº 3, outono de 1983.

HARTOG, Simon. “Interview with Carlos Reichembach for the television program Visions.” *Framework: The Journal of Cinema and Media*, 28, 1985, pp. 50-55.

HASUMI, Shiguéhiko. *Yasujiro Ozu*. Paris: Editions de l'Étoile/Cahiers du Cinéma, 1998.

IWABUCHI, Koichi. *Recentering Globalization.Popular Culture and Japanese Transnationalism*. Durham: Duke University Press, 2002.

JACKSON, Michael. *At Home in the World*. Durham: Duke University Press, 1995.

KORNES, Abé Mark. “The Riddle of the Vase: Ozu Yasujiro's *Late Spring* (1949).” In: PHILIPS, Alastair; STRINGER, Julian (orgs.). *Japanese Cinema*: Texts and Contexts. Nova York: Routledge, 2007.

LARDÍN, Rubén; NAVARRO, Jordi Sánchez (orgs.). *El Principo del Fin*. Tendências y Efectivos del Novíssimo Cine. Madri: Paidós/Sitges/The Japan Foundation, 2003.

LÉVY, Tatiana Salem. *A experiência do fora*: Blanchot, Foucault e Deleuze. Rio de Janeiro: Relume-Dumará, 2003.

LOPES, Denilson. *Nós os mortos*: melancolia e neobarroco. Rio de Janeiro: 7Letras, 1999.

______. *A delicadeza*: estética, experiência e paisagens. Brasília: Ed.UnB, 2007.

LÓPEZ, José Manuel (org.). *Naomi Kawase*. El Cine em el Umbral. Madri: T & B/Festival Internacional de Cine Las Palmas de Gran Canária/CGAI, 2008.

LOVE, Mia Hanse. “Café Lumière.” In: FRODON, Jean Michel (org.). *Hou Hsiao-Hsien*. Paris: Cahiers du Cinéma, 2005.

MARTIN, Adrian. “Cierto Oscuro Rincón del Cine Moderno.” In: LÓPEZ, José Manuel (org.). *Naomi Kawase*. El Cine em el Umbral. Madri: T & B/Festival Internacional de Cine Las Palmas de Gran Canária/CGAI, 2008.

McDONALD, Keiko. *Reading a Japanese Film*. Honolulu: University of Hawaii Press, 2006.

MISHIMA, Yukio. *A queda do anjo*. São Paulo: Brasiliense, 1988.

NAGIB, Lúcia; PARENTE, André (orgs.). *Ozu*: O extraordinário cineasta do cotidiano. São Paulo: Marco Zero/Cinemateca Brasileira/Aliança Cultural Brasil-Japão, 1990.

NORDITOLI, Anne-Lise Schulte. "Un Éthique de l'Écriture." In: *Maurice Blanchot. L'Écriture comme Expérience du Dehors*. Toulouse: Droz, 1995.

NOVIELLI, Maria Roberta. *História do cinema japonês*. Brasília: Ed. UnB, 2007.

NYGREN, Scott. *Time Frames*. Japanese Cinema and the Unfolding of History. Minneapolis: University of Minnesota Press, 2007.

PARENTE, André. *Ensaios sobre o cinema do simulacro*. Rio de Janeiro: Pazulin, 1998.

PHILIPS, Alastair; STRINGER, Julian (orgs.). *Japanese Cinema*: Texts and Contexts. Nova York: Routledge, 2007.

RITCHIE, Donald. *Ozu*. Berkeley: University of California Press, 1977.

______. "Yasujiro Ozu", "Setsuko Hara" e "Chishu Ryu". In: *Retratos japoneses*. Crônicas da vida pública e privada. São Paulo: Escrituras/Ed. Unesp, 2000.

RUBIO, Pablo Pérez. *El cine melodramático*. Madri: Paidós, 2004.

SCHRADER, Paul. *Transcendental Style in Film*: Ozu, Bresson, Dreyer. Nova York: Da Capo, 1988.

STANDISH, Isolde. *A New History of Japanese Cinema*. A Century of Narrative Cinema. Nova York/Londres: Continuum, 2005.

VIEIRA, João Luiz. "Quem sou eu? Cinema japonês contemporâneo e a identidade em xeque." *Poesia Sempre*. Rio de Janeiro: Biblioteca Nacional, ano X, nº 17, dezembro de 2002.

VIEIRA JR., Erly. *O tempo da pintura videográfica: reflexões sobre os usos do plano-sequência em Cinco, de Abbas Kiarostami*. 2008. Fotocopiado.

YOSHIDA, Kiju. *O anticinema de Yasujiro Ozu*. São Paulo: Cosac & Naify, 2003.

YOSHIMOTO, Mitsushiro. "Japanese Cinema in Search of a Discipline." In: *Kurosawa*. Film Studies and Japanese Cinema. Durham: Duke University Press, 2000.

WENDERS, Wim. "Tokyo-Ga." In: *On Films*: Essays and Conversations. Nova York: Faber & Faber, 2001.

ZEMAN, Marvin. "A arte zen de Yasujiro Ozu, o poeta sereno do cinema japonês." In: NAGIB, Lúcia; PARENTE, André (orgs.). *Ozu*: O extraordinário cineasta do cotidiano. São Paulo: Marco Zero/Cinemateca Brasileira/Aliança Cultural Brasil-Japão, 1990.

Encenações pós-dramáticas e minimalistas do comum

"Sou um homem comum/qualquer um/enganando entre a dor e o prazer/hei de viver e morrer/como um homem comum" ("Peter Gast", de Caetano Veloso). Assim começa a ambígua declaração que soa estranha na voz de Caetano Veloso, mas coloca em questão a dificuldade de se pensar o comum na era das celebridades instantâneas – um tempo em que cada vez mais pessoas podem ter seu momento de fama.

Para entendermos uma configuração do comum, uma estética do comum, uma encenação do comum, em especial personagens comuns e o interesse que despertam hoje em dia, talvez tenhamos que voltar à segunda metade do século XIX. Sob o impacto do realismo e do naturalismo, o mundo moderno era então representado, nas artes, não tanto por sonhos e suas fantasmagorias, tampouco por personagens excepcionais, seres lendários, heróis, nobres e ricos. Para além do desejo naturalista de incluir o pobre na ficção e de pensá-lo como o homem comum que se desdobra e ultrapassa os limites da literatura – algo que encontra ecos no Brasil até hoje –, bem como do impacto do neorrealismo cinematográfico e dos recentes debates sobre a arte produzida nas periferias dos grandes centros urbanos, gostaria de fazer um deslocamento no sentido da palavra comum. Não necessariamente falar do comum enquanto pobre, miserável, marcado por sua condição de trabalhador mal remunerado no campo ou na cidade, ou ainda do excluído até das favelas, abandonado nas ruas, tipificado por toda uma tradição que encontrou no realismo socialista sua maior simplificação. Gostaria de buscar personagens simples, comuns, que não se distinguem, mas que não estão necessariamente marcados por sua classe social.

Uma outra possibilidade seria pensarmos no surgimento da cidade moderna do século XIX, quando o *flâneur* encarnou aquele que mergulhava na multidão sem dela se distinguir. É um personagem que chamou a atenção de poetas e cronistas, a partir de Edgar Allan Poe, Baudelaire, João do Rio, entre outros. Exacerbando a experiência de indistinção, o anônimo, que não precisa ser necessariamente parte da multidão, das massas, foi encenado, no expressionismo, sob o signo da solidão e da perda de identidade. Tratava-se do indivíduo esmagado diante da monumentalidade, da grandiosidade da cidade, espaço de quebra de vínculos familiares, de parentesco e de vizinhanças, onde ainda não se percebiam também as tribos, seguindo a noção de Michel Maffesoli, e outras redes de sociabilidade urbanas que transformariam as próprias noções de família e de casa.

Dando outro passo, mais recentemente, o homem comum foi construído por Deleuze e Agamben a partir de *Bartleby* (1853), de Melville. Bartleby é um personagem que poderia se confundir com estes seres anônimos delineados acima, mas é um modesto funcionário que discretamente se recusa a trabalhar e repete sempre a frase "eu preferiria não" ("I would rather not"). Esta particularidade faz com que se aproxime, na minha perspectiva, mais de personagens excêntricos. Bartleby se insere numa tradição de personagens que são pequenos funcionários e acabam por serem espectadores do mundo, quase estetas, como Bernardo Soares, em seu *Livro do desassossego*. São personagens da recusa, precursores dos personagens de Kafka, e parecem encarnar mais uma figura da negatividade tão cara à arte moderna, catalogada por Enrique Vila-Matas em *Bartleby e companhia*.

É claro que o comum e a vida cotidiana bem podem ser um peso e gerar um mergulho interior, como nos torturados, pequenos e insignificantes personagens de Dostoiésvki, e gerar monólogos cada vez mais longos, fluxos de consciência que dissolvem os limites entre o mundo e o eu, ou que fazem o mundo ser engolido pela subjetividade, como em *Angústia*, de Graciliano Ramos. Ou ainda, como na pesada rotina que destrói sonhos, expressa pelo desejo de *Oblomov*, de Goncharov, de não fazer nada, de ficar na cama.

Em meio a tantas negativas e caminhos, nem sequer indicados (como *O homem sem qualidades*, de Musil), finalmente faço uma aposta. Ela não pode ser mais do que isso no momento. Reafirmo que o homem comum não é o homem pobre do naturalismo, definido pelo determinismo geográfico e racial, nem a encarnação da cultura da periferia, estigmatizado pelas várias exclusões sociais, econômicas, raciais e de gênero. O comum emerge à sombra da discussão de Agamben como o singular, entre o universal ("que apaga toda diferença") e o individual ("diferença irredutível") (GUIMARÃES, 2007, p. 139), que, em vez de nos isolar, possibilita um diálogo. O comum é uma construção transversal que atravessa identidades, mas não as elimina,[63] e talvez, no contexto global de hoje, atravesse culturas, como veremos no ensaio seguinte. Não se trata da humanidade, como aparece no fim de *Bartleby*, ainda que numa promessa, mas de uma possibilidade de nos encontrarmos onde há uma fraternidade precária, distinta dos grilhões do sexo-rei e do amor romântico, que não se confunde com uma família estável,

---

[63] Claramente, a noção de comum como a utilizo deve a Agamben a aproximação com o singular, como algo que não está no individual nem no genérico, no universal (2003, pp. 5 e 107), sem constituir uma propriedade do sujeito (ibidem, p. 10). No entanto, ela não se opõe à noção de identidade. Considero a identidade como uma construção relacional, instável, cultural e histórica que incorpora resíduos, "estruturas de sentimentos", na conhecida expressão de Raymond Williams, que escapam à institucionalização, que incorporam a experiência e mesmo a politizam. Portanto, o comum, diferentemente do que ocorre em Agamben (2003, p. 10), não se configura como "singularidade pura (...) retirada de qualquer comunidade existente".

nem com uma instituição. Ou, talvez, trata-se de uma outra humanidade que Didi-Huberman vê no *Cubo*, de Giacometti:

> A humanidade estava de fato aí, na estatura do grande cubo negro, mas não era senão uma humanidade sem humanismo, uma *humanidade por ausência* – ausência de seres humanos que não atendiam à chamada, ausência de rostos e de corpos perdidos de vista, ausência de suas representações tornadas mais que impossíveis: vãs (HUBERMAN, 1998, p. 144).

Para traduzir esteticamente o comum, defendo que este pode ser pensado como uma encenação minimalista inserida num contexto pós-dramático; depois, indico uma constelação a partir de *Um coração singelo* (1877), de Flaubert,[64] em vez de *Bartleby*, de Melville, não como uma origem, mas um importante e distinto ponto de cristalização, que ainda incluirá *Uma vida em segredo* (1964), de Autran Dourado, e *Mouchette* (1968), de Robert Bresson; num terceiro momento, em outro ensaio, procurarei articular o comum, o mínimo e o local na experiência transcultural do cinema contemporâneo.

> Um mundo nem cheio de sentidos nem absurdo.
> Ele simplesmente é. Em todo caso, é isso que ele
> tem de mais notável.
>
> *Por um novo romance*, Alain Robbe-Grillet

O interesse pelo minimalismo ou por pensar uma encenação minimalista surgiu da aposta de que uma releitura de suas propostas, mais visíveis nos debates da pintura e da escultura dos anos 1960, pudesse nos dar alguma pista para ir além da mera utilização adjetiva

[64] Esta aposta em Felicité no lugar de Bartleby foi estimulada pelas conversas com Silviano Santiago e Ítalo Moriconi.

ao falar de uma encenação desse tipo,[65] seja no cinema, seja mesmo no teatro. Há também a aposta de que a evocação ao minimalismo pode ajudar a desenvolver – junto com o ensaio "O efeito Ozu", e o que falaremos mais à frente sobre *Mouchette* (1968), de Bresson, *Um coração singelo* (1877), de Flaubert, e *Uma vida em segredo* (1964), de Autran Dourado (LOPES, 2010) – uma outra genealogia do comum em propostas de encenação que se distanciem tanto do cinema de gênero (em especial, da retórica do excesso e da identificação do melodrama) quanto do naturalismo, como o analisou Flora Süssekind (1979), no seu desejo de uma imitação da realidade.

Espero que isso não signifique apenas a busca de mais um nome diferente para questões já conhecidas, pois, ao propor colocar em diálogo o minimalismo nas artes plásticas com as outras artes, gostaria de desenvolver os valores de uma estética rarefeita, tanto no cinema quanto no teatro. É algo que está presente na contenção dos gestos, na redução de diálogos a falas banais e/ou sem intensidade dramática; numa atuação sem exageros, evitando closes e frases de efeito, mas não menos afetiva.

Já que indiquei mais acima exemplos retirados da literatura, a partir do minimalismo vislumbro personagens comuns também no teatro. Se pudesse ser extremamente sintético, estes personagens comuns encenam uma particularidade, uma singularidade entre o herói individual e a multidão homogênea e massificada. Estes personagens têm uma história e podem dialogar no teatro com o fascínio pelo autômato, como exemplarmente teoriza Gordon Craig (1963), quando, ao criticar o naturalismo, vai ainda mais longe e erige a marionete ou, nas suas palavras, a supermarionete como modelo de atuação distinta de uma tradição antropocêntrica que se desenvolve desde a *Poética* aristotélica até o teatro naturalista do

[65] No caso de estudos de filmes, podemos citar o uso extensivo do termo minimalismo por Bordwell (2008) ou ainda por Yvette Biro (2006).

século XIX. Isso leva igualmente a me afastar da tradição do excesso, do desregramento que se estende de Sade, Jarry, passa pelo teatro da crueldade de Artaud até seus desdobramentos nas fecundas propostas performáticas no contexto dos anos 1960.

Estes personagens também podem ser encontrados nas peças de Tchecov, sempre desejando deixar a província e ir para Moscou ou outra cidade. Mesmo quando vão, algo muda, mas não por muito tempo, para depois voltar a ser a mesma coisa, condição que se exacerba em Samuel Beckett, para quem a ação e o drama, tão prezados pela herança aristotélica, pouco significam. Cenas marcadas pela rarefação e pela contenção que terão frutos em filmes e peças de Marguerite Duras, Peter Handke, e, mais recentemente, num registro já marcado pelas conciliações pós-modernas, em Jon Fosse e Jean-Luc Lagarce. Não o inconsciente, mas apenas o que aparenta, próximo ao mundo das coisas e dos espaços. Um cotidiano que esvazia eventuais clímaces, pontos privilegiados. É como se nos encaminhássemos para um processo não de mímesis como imitação da realidade, mas de abstração.[66]

Portanto, não só no que refere à construção de personagens, o minimalismo seria também uma busca de despojamento e empobrecimento[67] formais, na redução de elementos em cena sem que isso implique uma superestimação da presença do ator. Ao invés da multiplicação barroca de detalhes e ornamentos, o minimalismo valoriza a sobriedade e a austeridade sem realizar exercícios de metalinguagem desconstrutores nem de distanciamento, na esteira de Brecht. É nesse sentido que ainda pensamos que o menos ainda

---

[66] Relendo Deleuze, Gregory Seigworth (2000, p. 244) discutirá a experiência vivida como uma coisa absolutamente abstrata e a experiência vivida como não representando nada, pois o que seria mais abstrato do que o ritmo? Este é um ponto que não posso desenvolver no momento, mas que julgo uma porta de entrada para entender o abstracionismo para além das artes plásticas.

[67] Para a questão do empobrecimento, ver BERSANI (1993), livro em que faz uma bela análise comparada de Rothko, Beckett e dos primeiros filmes de Resnais.

possa ser mais,[68] ou seja, que as apostas na contenção e na rarefação tenham também um papel ético não só frente às diversas estéticas do excesso, mas à crescente proliferação de imagens e informações, sem que isso implique um retorno ao puritanismo burguês. Também o artista é visto mais sob a marca da discrição do que da celebridade. Por trás do afastamento em relação ao excesso de metáforas, símbolos e alegorias didáticas, há uma postura não metafísica que pensa a vida na materialidade dos espaços, corpos e objetos que transitam em pé de igualdade para além do humanismo antropocêntrico.[69] Este, claro, não se restringe ao minimalismo, e pode ser observado em propostas tão distintas como o *nouveau roman*, os poemas de Francis Ponge, William Carlos Williams, Wallace Stevens, João Cabral de Melo Neto, ou na poesia concreta, que recoloca questões ainda atuais: como deixar que os objetos falem? Como os objetos podem ser personagens? O que é essa busca liminar de ver um mundo não a partir do olhar humano, além da desconstrução do humanismo? O que é estar num mundo em que o homem não ocupa uma posição central? O que é viver num mundo em que espaços não são uma projeção de nossa interioridade e as coisas não são apenas utensílios que usamos, ou seja, que espaços e objetos se tornam realmente distintos, autônomos?

Diferentemente da arte pop, que mergulhou fortemente nas imagens e nos ícones da sociedade de consumo, num primeiro momento, o minimalismo, como o abstracionismo, pode ser visto como uma construção de um mundo à parte do frenesi da sociedade de consumo, do mundo dos simulacros e das velocidades. Mas nada impede que a ética do minimalismo possa ainda ser pensada

---

[68] Menos é mais (*less is more*) é a conhecida expressão de Mies Van der Rohe, que encontra um equivalente na também conhecida expressão de Frank Stella – O que você vê é o que você vê –, ambas traduziram uma sensibilidade minimalista.

[69] O pós-humano se situa na esteira da descontrução e historicização do homem feita por Foucault. Para leituras recentes, ver WOLFE, 2009.

não como simples recusa da cultura das mídias, e que se pergunte: como ainda podemos pensar materialmente no mundo das imagens evanescentes, quais são os objetos e corpos que emergem? Creio não se tratar de uma volta ao corpo, certamente não a um corpo antropomórfico,[70] como defende um certo discurso valorizador da performance, e num sentido amplo, do teatro como uma possibilidade de resgate crítico de um real último, sensório.

Trata-se de descer o tom. Não mais o sublime que ainda poderia ser evocado no abstracionismo, na pintura de Barnett Newman, por Lyotard, mesmo que para ele o sublime seja mais uma "intensidade" do que uma "elevação" (LYOTARD, 1988, p. 111). Nem o abjeto, o informe. E mais, a simplicidade dos pequenos dias, das repetições, o enfrentamento não das grandes emoções, mas de quando estamos fora delas, de um mundo "que não precisa de nada", que sobretudo não precisa de nós, seres humanos, mundo "indiferente" e "neutro" (CARREÑO, 2003, p. 153). Pensar assim, longe de qualquer niilismo, aproxima-se mais do apaziguamento tenso, da serenidade em meio à catástrofe, presente nos últimos poemas de Brecht (1986, p. 320), quando "nada/me poderá faltar/se eu mesmo faltar", para que possamos talvez simplesmente ver as coisas, sem fantasias de autenticidade nem a vertigem pós-moderna do simulacro.

Ver um mundo estranho e novo, mas que é o nosso mundo, a partir de uma sensação de esvaziamento e esgotamento. Esvaziamento menos decorrente de uma crise existencial do que de percepção semelhante à de Cage, que entende o silêncio como cheio de sons. Também o vazio é pleno de coisas.

[70] Esta visão antropomórfica se relaciona com o fascínio pelo rosto, presente em toda uma tradição do teatro de vedete, do cinema hollywoodiano e suas estrelas, no seu privilégio pelo close dramático que ressurge curiosamente no horizonte midiático dos *talk shows*, no mundo das celebridades, até no tratamento de pessoas comuns, como podemos ver em *Jogo de cena*, de Eduardo Coutinho. É claro, no cinema há grandes poetas do rosto, nesta tradição antropomórfica que não me interessa no momento, de *Paixão de Joana D'Arc*, de Dreyer, a Cassavettes ou Bergmam.

> Esvaziamento que de modo nenhum concerne mais ao mundo do artefato ou do simulacro, um esvaziamento que aí, diante de mim, diz respeito ao inevitável por excelência, a saber: o destino do corpo semelhante ao meu, esvaziado de sua vida, de sua fala, de seus movimentos, esvaziado de seu poder de levantar os olhos para mim (HUBERMAN, 1998, p. 31).

O que resta é "uma aparição de nada, uma aparição mínima: alguns indícios de um desaparecimento. Nada ver, para crer em tudo" (ibidem, p. 42). Mas crer não como um ato da vontade ou de transcendência, e sim como o que resta em meio a um mundo que se esvai e se esgota. Passadas tantas polêmicas em torno do minimalismo, por certo, não se trata simplesmente de um "olho puro, um olho sem sujeito" (HUBERMAN, 1998, p. 77), mas talvez se trate de um espaço intervalar.

> É o momento em que o que vemos justamente começa a ser atingido pelo que nos olha – um momento que não impõe nem o excesso de sentido (que a crença glorifica), nem a ausência cínica de sentido (que a tautologia glorifica). É o momento em que se abre o antro escavado pelo que nos olha no que vemos (idem).

Esgotamento é outra expressão que parece traduzir este movimento que buscamos. Usado por Deleuze para falar das peças tardias de Samuel Beckett feitas para a televisão, o esgotamento vai além do cansaço que apenas esgotou a realização e esgota todo o possível (DELEUZE, 2010, p. 67) através de quatro modos que nos aproximam da proposta que estamos delineando: formar séries exaustivas de coisas, estancar os fluxos da voz, extenuar as possibilidades do espaço e dissipar a potência da imagem (ibidem, p. 86). Enquanto se fica cansado de algo (ibidem, p. 69), o esgotamento é desinteressado (ibidem, p. 71), próximo ao neutro, ao indiferenciado. O que nos leva a "esgotar o possível com palavras (...) esgotar as próprias palavras" (ibidem, p. 75). No lugar dos nomes há vozes (ibidem, p. 76) e no silêncio abre-se "não um simples cansaço de falar" (idem), mas o espaço para as coisas e "uma singularidade sem nada guardar de pessoal" (ibidem, p. 80), na esteira do comum que já discutimos.

Com Beckett, esta última referência nos abre ainda mais, a partir do minimalismo, para um diálogo não só com as artes plásticas, mas também com o teatro. Caminho que pode ajudar a ampliar as estéticas e dramaturgias do comum e a traduzir importantes conexões entre o cinema a partir dos anos 1990 e o cinema moderno. Isso acontece de formas diferentes, como, por exemplo, a partir do multifacetado e complexo retorno do real (ver SCHOLLHAMMER, 2005 e JAGUARIBE, 2007), discutido em suas formas mais hegemônicas, herdeiras do naturalismo do século XIX ou de um realismo social, que bem pode se aproximar de matrizes do grande (melo)-drama.

> O teatro trágico tem o grande inconveniente moral de dar muita importância à vida e à morte.
>
> SAMUEL BECKETT

Nesse sentido, podemos incluir a constelação minimalista que estamos tentando delinear sob o influxo do pós-dramático, sintetizado na "recusa a qualquer tipo de 'textocentrismo'" bem como ao "conflito psicológico de personagens identificáveis" e em contraponto a "padrões de percepção dominantes na sociedade midiática" (CARVALHO, 2007, p. 7). Esta inflexão pelo teatro pós-dramático recoloca a questão da encenação como central para se pensar as imagens contemporâneas, ou seja, a partir da discussão sobre o tipo de atuação, a construção de personagens e sua relação com o espaço, com tudo que o envolve (iluminação, cor, som, vestuário). Trata-se de recolocar o diálogo entre cinema e teatro, fecundo em outros momentos (ver BAZIN, 2008; SONTAG, 1987), mas que parece silenciado ou pouco visível na última década, a não ser talvez por um caminho que vem, desde os anos 1960, estabelecendo-se entre o cinema experimental/videoarte e a performance, mas que não seguiremos aqui.

Não se trata de transpor uma contribuição que pretenda entender o teatro contemporâneo de forma literal e direta para o cinema, mas de compreender como certas questões por trás do pós-dramático podem nos ajudar no mundo das imagens em que há texto. No entanto, não há uma "totalidade cognitiva e narrativa mais apreensível" (LEHMANN, 2007, p. 25) e o texto perde a centralidade para a interpretação de papéis (ibidem, p. 26). Estamos no caminho de uma afetividade que não se reconheça na tradicional catarse, no distanciamento brechtiano, nem no retorno a rituais dionisíacos, nem no resgate de uma encenação cerimonial. Afeto que pode ser sentido como frieza, mas talvez não seja a melhor palavra porque não se trata de mera indiferença. Retomo um caminho que já tínhamos enfatizado a partir de Andréa França no primeiro ensaio deste livro.

> O que surge é uma "comunidade" não dos semelhantes, ou seja, dos espectadores assemelhados por motivações partilhadas (o humano em geral), mas dos diferentes, que não fundem suas perspectivas específicas num todo, conquanto compartilhem certas afinidades em grupos ou grupelhos (ibidem, p. 141).

Também não se trata mais de drama.

> Totalidade, ilusão e representação do mundo estão na base do modelo "drama", ao passo que o teatro dramático, por meio de sua forma, afirma a totalidade como modelo do real. O teatro dramático termina quando esses elementos não mais constituem o princípio regulador, mas apenas uma variante possível da arte teatral (ibidem, p. 26).

Trata-se menos de procurar a ação como geradora de conflito presente desde as propostas aristotélicas até o cinema hollywoodiano largamente difundido e mais de dar atenção ao "estado" ou à "situação" (ibidem, p. 113) em que temos, em vez de atuações, presenças e aparições, incorporando assim um vocabulário da performance, mas não se restringindo a ela.

O teatro pós-dramático deve ser entendido menos como uma classificação e mais como uma "orientação do olhar", em que, no lugar de "uma percepção uniformizante e concludente", emerge "uma percepção aberta e fragmentada" (ibidem, p. 138), marcada por um princípio de "equivalência" no lugar da "contiguidade, como quer a narração dramática" (ibidem, p. 141). Mais do que um "novo tipo de texto de encenação" (e ainda menos um novo tipo de texto teatral), constitui-se antes num modo de tratamento dos signos teatrais que revolve desde a base essas duas camadas de teatro por meio da qualidade estruturalmente diversificada do texto da performance. Ele se torna "mais presença do que representação, mais experiência partilhada do que comunicação, mais processo do que resultado, mais manifestação do que significação, mais energia do que informação" (ibidem, p. 143). Alguns traços estilísticos podem ser destacados para o que me interessa aqui, como a parataxe (ibidem, pp. 143-145), em que a "desierarquização dos recursos teatrais" poderia ser pensada como a desierarquização dos planos cinematográficos e a autonomia dos elementos dentro de cada plano, onde "não há lugar para a culminância e a *centralização* típicas da representação dramática, com a separação de assunto principal e assunto secundário, centro e periferia" (ibidem, p. 144). Na "dialética de pletora e privação, de cheio e vazio" (ibidem, p. 147), interessam mais os espaços vazios, em contraponto a uma cultura midiática da superabundância (idem), entendidos dentro de uma estratégia que pratica "uma economia no uso dos signos, que pode ser reconhecida como ascese, enfatiza um *formalismo* que reduz a abundância de signos por meio de repetição e duração e revela uma inclinação para o *grafismo* e para a escrita que parece se voltar contra a opulência e a redundância ópticas", valorizando elementos como "silêncio, lentidão, repetição e duração em que 'nada acontece'" (ibidem, p. 148). Em outras palavras, "pouca ação, grandes pausas, redução minimalista, enfim, um teatro da mudez e do silêncio" em que "palcos enormes são deixados vazios de modo provocador, ações e gestos são restritos a um mínimo" (ibidem, p. 149). Estes traços se encontram, entre outros, nos primeiros trabalhos de Robert Wilson.

Aliás, Hans Thies Lehmann se serve de duas grandes referências para lidar com o pós-dramático, termo que ele não associa ao pós-moderno: Heiner Müller e Robert Wilson. Talvez seja mais sua leitura deste último que possa nos ajudar. Segundo Lehmann, em Robert Wilson há a "priorização do fenômeno sobre a narração, do efeito de imagem sobre o ator individual e da contemplação sobre a interpretação; seu teatro cria um tempo do olhar. Esse teatro não possui um sentimento trágico, mas fala da experiência do tempo, testemunha o luto" (ibidem, p. 133) em que "os seres humanos se convertem em esculturas gestuais", "as coisas funcionam como natureza-morta" e "os atores, como retratos de corpo inteiro em movimento". O espaço é uma "paisagem que aguarda o desaparecimento gradual do ser humano" de que fala Heiner Müller (ibidem, p. 133), e o ator seria não um intérprete, estando mais próximo de uma posição de Valère Novarina, enquanto "a decomposição do homem se dá sobre o palco" (ibidem, p. 336). Quando o conceito da ação se dissolve de tal maneira em favor de um *acontecimento* de metamorfoses contínuas, o espaço da ação é como uma paisagem continuamente modificada por variações de luz, por objetos e formas que surgem e desaparecem" (ibidem, p. 133), num "palco pós-antropocêntrico" (FUCHS apud LEHMANN, 2007, p. 134), numa "dramaturgia visual" que "não significa aqui uma dramaturgia organizada de modo exclusivamente visual, mas uma dramaturgia que não se subordina ao texto e que pode desdobrar sua lógica própria" (ibidem, p. 154).

De toda maneira, seja no "espaço indefinido" de Beckett ou no "espaço plástico" de Wilson (VALIENTE, 2006, p. 25), acreditamos ver uma formulação minimalista que possa nos ajudar em nossa viagem pelas imagens contemporâneas que iremos continuar no próximo ensaio.

Talvez uma crescente ampliação e o centramento dos campos artísticos tenha impedido o fundamental e necessário diálogo teórico entre teatro, cinema e artes visuais que, penso, terá resultados positivos tanto na produção de obras quanto na crítica. Para isso, é necessário que os campos se vejam e se leiam. Este texto é um desejo de que tal diálogo se amplie e uma aposta de que através desse diálogo podemos compor novas alternativas dramatúrgicas, como a que tentei aqui esboçar a partir do minimalismo.

> Sem nada mudar, que tudo seja diferente.
> *Notas sobre o cinematógrafo*, ROBERT BRESSON

Passo agora a uma segunda parte dessa busca genealógica de uma estética do comum. O comum poderia quase ser confundido com o medíocre, mas não com o burguês tão odiado pelas vanguardas dos anos 1910 e 1920, nem "com o homem médio nem com o homem massificado" (GUIMARÃES, 2007, p. 139). O lugar desses personagens, como a Felicité de Flaubert ou a Prima Biela em *Uma vida em segredo*, de Autran Dourado, não é o da moral conservadora, nem da revolta, nem tampouco do mergulho no inconsciente, é antes o da discrição, de um irmanamento ao mundo das coisas e dos espaços, dos quais eles pouco se destacam, de um discreto cotidiano, "movimento pelo qual o homem se mantém como que à revelia no anonimato humano. [Neste] cotidiano não temos mais nome, temos pouca realidade pessoal e quase não temos uma figura" (BLANCHOT, 2007, p. 241). Se em Bartleby há recusa, ainda que suave, é mais pelo silêncio do que pelo enfrentamento. E se Bartleby pode ser visto como uma "reserva de anarquia" (idem, p. 242), talvez isso explique o discreto charme 68 que ele ainda pode encarnar hoje em dia. Mas recusa e aceitação parecem ser palavras insuficientes para o que procuramos. Estou distante das energias rebeldes, utópicas, que incendiaram corações e mentes, dada à contracultura, dos ideários comunistas e anarquistas, das revoluções sexuais, comportamentais dos beatniks, hippies, punks e dos ciberartivistas reunidos em fóruns sociais globais e pela internet.

Talvez só mesmo retomando a ressaca dos anos 1970, e sem aderir à postura conservadora do consumismo, é que podemos recuperar estas vozes soterradas à sombra de Felicité e de prima Biela, figuras mais da invisibilidade e da discrição do que da recusa e do confronto. Isso para enfrentarmos não tanto o mundo das grandes ideias e transformações, mas o dia a dia, o cotidiano, que bem pode ser o espaço da opressão, da repetição, do mesmo, mas também o espaço da reinvenção, da conquista feita pouco a pouco.

A busca do comum vem da impossibilidade de vivermos a orgia perpétua, na expressão de Mario Vargas Llosa, como bem descobriu outro personagem de Flaubert, Madame Bovary; de vivermos o êxtase permanente. O comum emerge quando as máscaras da noite caem e aparece um outro rosto, uma outra máscara com a qual temos que lidar, sem escapatória, mais cedo ou mais tarde, nem que seja na solidão de nossos quartos.

Na tentativa de pensar o homem comum no cinema contemporâneo é que cheguei a Bresson. Se em Ozu procurei, a partir da figura do neutro, vislumbrar as encenações do cotidiano familiar marcadas pela delicadeza e pela sutileza, em Bresson, em particular no seu filme *Mouchette* (1967), tentarei vislumbrar não só personagens, mas uma encenação marcada pelo comum. Embora ambos se aproximem, ao retirarem a espontaneidade dos atores através do aumento de ensaios e repetições de cenas (SENRA, 2008, p. 95), a aspereza e a secura serão elementos mais característicos de Bresson do que de Ozu.

O interesse pelo trabalho de Bresson se nutre da necessidade não só de constituir um marco, uma referência para o cinema contemporâneo, que faz uma ponte entre o prazer de contar histórias do cinema clássico – embora sem o pastiche pós-moderno dos anos 1970 e 1980, quando se supervalorizou o cinema de gêneros, em especial o *noir* e o melodrama – e o cinema moderno. Dessa forma, não considero o cinema contemporâneo como um momento epigônico dos grandes autores que emergiram no contexto dos novos cinemas nos anos 1960, nem tampouco vamos trilhar os caminhos que persistem na videoarte. Não posso desenvolver esta análise, que será feita em outro artigo, mas creio que é importante frisar este aspecto que atualiza o trabalho de Bresson. Também é importante demarcar o olhar bressoniano como distinto do neorrealismo italiano.[71] Essa busca de mapear a Itália destroçada do pós-guerra abriu possibilidades de incluir os pobres. Sua proposta estética incorporou dimensões épicas, trágicas, fortemente estetizadas como em *Terra trema* (1948), de Visconti; recursos melodramáticos, em Rosselini; e nos projetos em conjunto de Sica e Zavattini, em especial *Ladrões de bicicleta* (1948), em que os personagens ficam pequenos diante da grandiosidade da cidade, definidos mais por suas ações do que por uma profundidade psicológica e reflexiva, em meio a um lirismo das pequenas coisas, gestos e dramas.

Já Bresson, conforme sua carreira se desenvolve, se interessa, cada vez mais, como no primeiro momento do neorrealismo, por atores não profissionais, a partir de uma poética da contenção e da rarefação. Ele busca, ao se distanciar do melodrama, "emocionar não com imagens emocionantes" (BRESSON, 2005, p. 71) e "suprimir o que desviaria a atenção para longe" (ibidem, p. 72), não ade-

[71] Sobre o neorrealismo, ver FABRIS, 1996.

rindo simplesmente a um mergulho no real com pouca intervenção, diferente de experiências radicais dos anos 1960 tanto na ficção quanto no documentário. Para ele, "o real em estado bruto não produzirá sozinho o verdadeiro" (ibidem, p. 83). É necessário, portanto, buscar um outro projeto. "O real não é dramático. O drama nascerá de uma certa evolução de elementos não dramáticos" (ibidem, p. 75).

Seu registro não busca dar verossimilhança nem encerrar seus personagens num firme contexto histórico-social. A pobreza é uma presença constante, mas a pobreza social, econômica e afetiva não dão conta, não conseguem explicar suas personagens: filmar não "para ilustrar uma tese, nem para mostrar homens e mulheres limitados a seu aspecto exterior, mas para descobrir a matéria da qual eles são feitos. Atingir esse 'coração do coração' que não se deixa captar nem pela poesia, nem pela filosofia, nem pela dramaturgia" (ibidem, p. 41). Portanto, a pobreza não é tanto só uma condição de classe, mas um mundo com parcos horizontes afetivos e existenciais que gera uma dramaturgia (apesar de seu desinteresse pela palavra) e encenação distintas centradas no comum.[72]

É sabido como, a partir de suas *Notas do cinematógrafo*, Bresson pensará os seus atores enquanto modelos. Esta expressão, assim como a supermarionete para Gordon Craig, implica, se não um afastamento radical de um pensamento antropocêntrico que funda o teatro naturalista, certamente a distância de qualquer construção que venha a partir de um aprofundamento psicológico, de uma incorporação profunda do personagem pelo ator, de uma espessura histórica, da memória. Esse homem entre as coisas e os

[72] É isto que me interessa em Bresson, não tanto seu vínculo com a religião, ainda que essa possa ser pensada também não sob a marca do transe e do excesso, mas da contenção e da rarefação, numa tradição na França que remonta pelo menos até o jansenismo, distinta da tradição espetacular jesuítica muito mais presente na cultura latino-americana. Para uma interessante aproximação entre o pensamento jansenista e o trágico em Pascal e Racine, que nos ajuda a compreender Bresson, ver GOLDMANN, 1959.

espaços bem pode ser o "homem da tautologia". "Ele pretenderá eliminar toda construção temporal fictícia, quererá permanecer no tempo presente de sua experiência do visível. Quererá não ver outra coisa além do que se vê presentemente" (HUBERMAN, 1998, p. 49). Isso ajuda a compreender um outro tipo de ator e personagem como o que Bresson defende: "Suprima radicalmente as intenções nos seus modelos" (ibidem, p. 66) e "não pensem no que dizem" (ibidem, p. 25) porque "nove entre dez dos nossos movimentos obedecem ao hábito e ao automatismo. É contra a natureza subordiná-los à vontade e ao pensamento" (ibidem, p. 30). Dessa forma, recusa o grande gesto da vedete ou o gesto significante, bem como as grandes falas enfatizadas por closes. Não se trata de apagar a palavra, mas da tentativa de falar coisas sem ser com palavras (ibidem, p. 98).

É nesse sentido que devemos entender as personagens de Bresson, em especial Mouchette, em que vamos nos deter, na esteira do homem comum já encenado por Musil, pois "a falta de propriedades, de atributos essenciais e permanentes, de dispositivos psicológicos desse homem, seria responsável pelo decesso do sujeito, agora não mais portador de qualidades interiores" (SEDLMAYER, 2004, p. 26). Há algo que resiste na atuação dos atores de Bresson, como se eles não estivessem à vontade em cena, o que é reforçado também pela fala desdramatizada,[73] mais próxima da leitura do que de um diálogo naturalista, bem como pelo "esgotamento como método" (BRESSON, 2005, p. 101) através de repetições exaustivas das tomadas a fim de evitar que os não atores fiquem tentados a atuar dentro de modelos mais tradicionais. Trata-se do oposto da pose e do grande gesto, uma espessura que resiste à imagem, que resiste à encenação, um mistério construído pela subtração de sen-

[73] Podemos comparar com o que Samuel Beckett recomendava sobre como deveria ser falado o texto de "Not I", em que basicamente só uma boca em movimento é vista em cena: "apenas diga, sem ênfase, sem emoção, sem cor" (apud BRATER, 1987, p. 31).

tidos, e não pelo seu excesso. Para Bresson, "um ator está no cinematógrafo como num país estrangeiro. Ele não fala aquela língua" (ibidem, p. 20). Portanto, não se trata de buscar a sensação de estar à vontade em cena, no papel. Mas de uma forma que parece criar um incômodo, um mal-estar, como se a palavra estivesse separada do corpo, recusando todo naturalismo. "Nada é mais falso num filme do que esse tom natural do teatro copiando a vida e calcado em sentimentos estudados" (ibidem, p. 20).

Se os atores têm que buscar a desdramatização, também são as "imagens insignificantes" (ibidem, p. 23) que Bresson busca. Diferente da poetização lírica que Ozu possui ao apresentar um bule ou roupas no varal, Bresson não busca a beleza no cotidiano nem o fascínio pelo grotesco e pelo abjeto, como podemos observar, por exemplo, na cena do estupro de *Mouchette*, mas a simples matéria, as coisas, a vida marcadas pelas coisas, os personagens quase como objetos. E apesar das referências em suas notas a Cézanne, Corrot e El Greco, os objetos não são tanto elementos plásticos a serem trabalhados pela luz, como num quadro, ou elementos de um esteticismo vazio: "nada de bela fotografia, nada de belas imagens, mas imagens e fotografia necessárias" (ibidem, p. 73).

Entre os filmes de Bresson, foi *Mouchette* que mais me tocou nesta busca. A protagonista é uma garota (Nadine Nortier) de uma cidade pequena nunca localizada. Mas trata-se sem dúvida de uma experiência distinta de qualquer vida metropolitana ou cosmopolita, da qual só chegam ecos pelos ruídos de carros de uma provável estrada e de uma música ouvida próxima ao rock. De resto, uma vida modesta, marcada por um moralismo de província e pelo peso da condição familiar. Mouchette substitui sua mãe moribunda (Marie Cardinal) ao cuidar de seu irmão ainda bebê e é explorada pelo pai (Paul Hebert). Seu isolamento também acontece na escola, tanto a partir dos professores quanto dos colegas de classe. A única pessoa com quem parece estar à vontade é Arsène (Jean-Claude Guilbert), o caçador ilegal que acaba por abusar sexualmente dela. Em outras mãos, estes elementos poderiam virar facilmente um melodrama de uma personagem rumo a sua queda, como em *Dançando no escuro* (2000), de Lars von Trier. Em Bresson, não. Não se trata apenas de buscar uma experiência heroicamente singular ou que se sobressai mesmo em condições as mais inóspitas. O olhar de Bresson não é o da exploração cruel de closes e emoções. Ele está distante não por indiferença ou desejo de objetividade na construção narrativa, não só definida pelo tipo de personagem, suas falas desdramatizadas e concisas a que já me referi, mas pelo uso de planos médios, a preferência por sons diegéticos, por uma fotografia sem grandes efeitos e montagem discreta – conjunção que cria uma certa autonomia das sequências sem nunca chegar a uma fragmentação narrativa, por exemplo, dos momentos mais radicais de Godard. Opções que dificultam ainda mais qualquer tipo de envolvimento melodramático. Seu olhar é o da testemunha que acompanha, sofre com, mas não está no lugar do personagem, nem se identifica com ele.

Mouchette reafirma uma linhagem de personagens que parecem distantes dos grandes fatos históricos por estarem imersos no seu dia a dia, seja por necessidade de sobrevivência (como Felicité em *Um coração singelo*, de Flaubert, e Rosetta, dos irmãos Dardenne), seja por uma experiência sensória das concretudes da vida (como Pharaon em *A humanidade*, de Bruno Dumont, 1999). Isso faz com que estas narrativas não se constituam em grandes painéis históricos nos moldes dos grandes romances realistas do século XIX. O tempo histórico é constitutivo, mas não explicitado e exposto na narrativa. "A temporalidade do homem comum é a 'espera'."[74] Esperar sem grandes expectativas nem esperanças. Se há história, ela está no corpo, nos gestos e nas pequenas ações: "um homem sem particularidades porque vive num mundo de possibilidades, não

---

[74] Isto é, quando Bartleby diz "prefiro não", ele também diz, de algum modo, "ainda não" (Maurício Lissovsky em comentário pessoal enviado por e-mail em 4/3/2010).

mais de acontecimento, onde nada há mais para ser contado" (SEDLMAYER, 2004, p. 30). A recusa da grande história dialoga com a ausência de motivações psicológicas fundadoras e determinantes. Os personagens, até por falarem pouco e serem pouco autorreflexivos, parecem estar mais no instante do aqui e agora em que a questão de origens e passado é algo apagado, esquecido, dissolvido, constituindo, no máximo, uma sombra, nunca um trauma. Poderiam ser alienados pelo mundo do trabalho, mas possuem uma espécie de saber das coisas comuns que pode talvez distanciá-los da simples alienação ou de uma indiferença ou inconstância *blasé* na esteira do homem sem qualidades[75] (ibidem, p. 31) ou daqueles expostos ao frenesi urbano incessante.

Sua singularidade, seu não pertencimento fazem com que Mouchette se afaste da família, da igreja e de sua cidade, mas não se trata propriamente de uma variação da figura do jovem rebelde ou revolucionário, tão recorrente no cinema dos anos 1950 e 1960. Sua recusa acaba por culminar na morte, quando, brincando de rolar no gramado, cai no rio e se deixa estar lá, ou decide ficar lá. Não temos como saber. Enrolada num pano, sem que possamos sequer ver a expressão do seu rosto e sem que fale nada, sua ação parece ser menos uma vontade expressa e mais um gesto entre tantos outros possíveis. Esta recusa a aproxima do "Celibatário" (DELEUZE, 1997, p. 86) que faz de sua recusa da família um gradual afastamento da vida social e de suas convenções. Como nos lembra Deleuze, Bartleby é "um homem sem referência, aquele que surge e desaparece, sem referência a si mesmo nem a outra coisa"; o homem "sem posses, sem propriedades, sem qualidades, sem particularidades, sem passado nem futuro" (ibidem, p. 86). A recusa de Bartleby se aproxima dos votos dos monges beneditinos definidos por casti-

[75] "A gente pode fazer o que quiser, disse o homem sem qualidades para si mesmo, dando de ombros, que isso não tem a menor importância nesse emaranhado de forças!" (MUSIL, 2006, p. 31).

dade e pobreza. Só que, no lugar da obediência, Bartleby adere ao silêncio. Ele sobrevive com muito pouco. Parece comer apenas bolinhos de gengibre, num eterno jejum. Sem parentes nem amigos, primeiro aparece como extremamente centrado no trabalho, sem mesmo conversar com seus colegas, falando quase nada, só o estritamente necessário. Depois, fala para se recusar a revisar seu trabalho e, depois, simplesmente para recusar completa, mas docemente, qualquer trabalho. Ele acaba fazendo do escritório na área comercial de Wall Street, em Nova York, longe de bairros familiares ou boêmios, sua própria casa, com parcos objetos. Converte-se num "fantasma que morava no escritório" (MELVILLE, 1986, p. 80). Por fim, sua pobreza o leva à excentricidade, aproximando-o da loucura. Louco manso, é verdade, que não agride ninguém, só incomoda a seu patrão quando se recusa a trabalhar e aos moradores do prédio ao ficar perambulando pelos corredores depois que seu patrão é forçado a mudar de lugar para se livrar de sua presença. É por esse ato de recusa que Deleuze o coloca à sombra de duas figuras utópicas do século XIX: o Americano e o Proletário (DELEUZE, 1997, p. 86). Mas, claro, diferente desses e da perspectiva de Deleuze, Bartleby não gera nenhuma utopia ou projeto visíveis. O que procuro a partir de Bartleby também não é mais a figura do "regicida" ou do "parricida" (ibidem, p. 88), tão mais cara aos discursos de confronto e transgressores das vanguardas. Trata-se de figuras abandonadas ou distanciadas dos pais, como podemos ver nos personagens que contam só consigo mesmos, transitando por espaços e instituições que se esvaziam, em busca de outras formas de encontro para além das convenções familiares, como Biela entre seus primos, em *Uma vida em segredo*, ou que vivem nos escombros da família, como em *O pântano* (2001), de Lucrecia Martel. Se é a partir dessa orfandade que podemos construir um novo mundo ou ao menos fratrias, estas imagens não parecem ir tão longe. Bartleby não é o "novo cristo" (DELEUZE, 1997, p. 103), mas, enquanto esperamos sem grandes expectativas, em meio à desolação, somos todos "homens ocos" (T. S. Elliot), contudo sem o lamentar, podendo até gozar neste vazio.

> Ninguém é comum
> e eu sou ninguém
> [...]
> Sou um homem comum
> "Peter Gast", Caetano Veloso

Já Biela, protagonista de *Uma vida em segredo*, de Autran Dourado, é trazida da fazenda após a morte do seu pai para a casa de primos em uma pequena cidade. Sua aparição inicial é como uma "figura miúda e socada" (s. d., p. 26), de voz apagada (ibidem, p. 28), refletida no espelho como "figura encurvada, o rosto pálido e apático, uns olhos inexpressivos que pareciam não ver, afundados além da superfície polida" (ibidem, p. 30), comparada a um animal assustado (ibidem, p. 27), a um gato (ibidem, pp. 61, 95), como Mouchette, no romance de Bernanos,[76] que inspirou o filme de Bresson. O impacto do deslocamento do campo para a cidade é sentido como uma solidão que a coloca como um objeto:

> Sentia-se miserável, um trapo sujo, um tronco podre que o riacho leva. Tão miserável que não conseguia nem ao menos sentir pena de si mesma, atordoada, perdida. Tão miserável que nem lágrimas lhe vinham aos olhos sem brilho, mortos. Talvez ela tivesse desaprendido de chorar (ibidem, p. 31).

Nada nem ninguém a ampara a não ser sua própria fragilidade, sua própria força num mundo reduzido, despojado. Ela não

[76] Ou ainda, nas palavras do próprio Bresson, Mouchette é uma adolescente meio animal (apud SÉMOLUÉ, 1993, p. 155). Durante a revisão, este livro seminal sobre Bresson foi lançado no Brasil pela editora É Realizações.

consegue habitar o lugar, o espaço que lhe é destinado, a não ser para se sentir distante.

> Tão acostumada estava a não rir, a não se abrir, a não se mostrar a ninguém, a não ter nunca nenhuma alegria que os outros pudessem ver, prima Biela se limitava a acompanhar meio ausente, como se tudo aquilo não lhe dissesse respeito (ibidem, p. 46).

Pouco a pouco muda, já se sente outra quando é rodeada por seus pertences (ibidem, p. 41). Há um pequeno prazer, fruto da contenção, nunca do excesso, do dispêndio, quando, por exemplo, a prima Constança decide fazer novas roupas para ela: "dentro dela, feito uma pequena brasa em fundo de borralho, rebrilhava uma luz estranha, uma sensação fininha que nunca experimentara, e que se soubesse o que era talvez lhe desse o nome de alegria" (ibidem, pp. 46-47). Contudo, Biela constitui uma outra rede de afetos e familiaridades, que elege membros da família, mas pouco a pouco se distancia dela e das expectativas de que pudesse preencher o papel de confidente da prima ou de que se casasse. Se Marcel, o narrador de *Em busca do tempo perdido*, parte pelo aristocrático caminho de Guermantes, Biela descobre algo mais modesto na própria casa em que morava.

> Até que descobriu o caminho da cozinha. Lá com a velha Joviana e Gomercindo, com a gente miúda, se sentia mais à vontade, como se estivesse na fazenda do Fundão. Conversava um pouco, chegava mesmo a contar uns casos. Se abria para as amizades. Eram seus iguais, comiam feito ela, não riam dos seus modos, de sua falta de jeito... (ibidem, p. 37)

E ainda: "ela gostava mesmo era de gente humilde (...) mais aberta com a gente da cozinha, a arraia miúda que lá vivia. Não dava mostra de ter nenhum afeto para aqueles que prima Constança dizia que eram seus iguais" (ibidem, p. 52). Gradualmente e sem muito alarde, ela se aproxima do mundo dos empregados da casa em vez de seus primos, das pessoas humildes da cidade, diferentes da classe de sua família, e do cachorro sem dono, que acolhe.

O que poderia ser uma encenação da punição de personagens que se distanciam de um modelo heteronormativo e monogâmico acaba constituindo uma outra possibilidade de afeto. Este não segue o caminho das experimentações radicais da sexualidade desdobradas na modernidade e ampliadas nos anos 1960 nem se restringe à tradicional figura do agregado, solitário e sem muita vida própria, cristalizado na figura do solteirão e, sobretudo, no da solteirona.

> Prima Biela não ficou porém uma alma seca, não era uma alma seca. Havia nela uma ternura escondida, muito amor poupado, muito carinho que humildemente procurava repartir nas prosas miúdas da cozinha, quando conversava com Joviana, quando conversava com Gomercindo sobre as frutas, os pássaros, as coisas do mato. Mas era pouco, precisava se dar a mais alguém, não podia guardar no coração tanto ouro enterrado... (ibidem, p. 56).

"Sucedeu então que encontrou Mazilia" (ibidem, p. 57), sua pequena prima. Ao vê-la tocar piano, chora pela primeira vez (ibidem, p. 58). Também na cidade, gradualmente, começa a ser reconhecida, "tão prestativa, tão simplesinha, tão alma boa" (ibidem, p. 60). Após o fracasso do noivado, Biela não cultiva a dor (ibidem, p. 89). Mesmo o seu ódio não era de durar muito, não tinha a alma do pai. "Ela ganhava até uma certa doçura nos olhos, nos gestos, no jeito" (ibidem,p. 99). Esta doçura, que é menos comum em Flaubert, em Beckett e em vários dos filmes que vamos analisar em outro momento, demanda uma presença ausente e é um desafio para atores que se defrontam com papéis do tipo, como podemos ver na atuação limitada de Sabrina Greve como Biela, em *Uma vida em segredo*, de Suzana Amaral (2001).

Quando volta a andar pela cidade, depois de muitos meses sem sair à rua para que não perguntassem sobre o noivo, "queria agora se integrar de vez na fraternidade que descobriu no mundo de Joviana e de Gomercindo" (ibidem, p. 99). Gradualmente voltava a ser o que era, nisso ninguém reparava (ibidem, p. 88), "pessoa tão pequena e sem importância", "o seu natural bom e delicado não deixava que ninguém percebesse nela qualquer coisa de extraordinário. A sua bondade era uma bondade mansa, não era uma grande bondade, uma virtude singular que fizesse os outros se deterem para admirá-la" (ibidem, p. 87). Por fim, desfaz-se dos vestidos que a prima fizera e coloca os antigos (ibidem, p. 91), deixa de comer com os primos e cada vez mais transita pelo mundo dos empregados de outras casas, e não o das suas donas, envolvida numa "prosinha miúda, arrastada, sempre de pequenas observações sobre o tempo e as coisas do mundo, num assunto vagaroso. As horas passavam rápidas, ela nem reparava" (ibidem, p. 100). Nada justificava esta conversa sobre coisas desimportantes, a não ser a própria presença, o prazer da companhia. "Num instante esqueceram as origens, as posses da prima Biela: viam ali uma pessoa igual a elas, nenhuma diferença" (ibidem, p. 101). Biela passa a fazer serviços. O trabalho a tira ainda mais do mundo cercado das mulheres de sua classe social, restritas aos papéis de esposa, filha e noiva. Biela adorava ver gente trabalhando (ibidem, p. 109) e gostava de receber pagamento pelo seu trabalho (ibidem, p. 103). Brincava no seu quarto com as moedas que recebia como seixos (ibidem, p. 104). Sua vida pobre e seu gosto pelo dinheiro não se confundiam com avareza. Seus bens, administrados pelo primo Conrado, cresciam, mas Biela pouco se servia deles (ibidem, p. 102).

Se Mouchette ainda pode ser vista sob o signo da exclusão social e sexual, a personagem de Biela ganha outros sentidos. Não que ela adquira uma sensibilidade artística ou intelectual, mas certamente tem um vínculo com o mundo das coisas e os espaços que pode atingir uma dimensão de pertencimento em que pessoas, objetos e animais parecem coexistir em pé de igualdade, numa passividade que parece ser uma atitude de permeabilidade, de dissolução no espaço, de não chamar a atenção. Passividade que pode se desdobrar no cansaço, como encenado pelos personagens de *O pântano*, na lentidão de Pharaon (em *A humanidade*, de Bruno Dumont), ou simplesmente na sequência em que a câmara caminha pelo campo quando o protagonista de *La Libertad* (2001), de Lisandro Alonso, descansa. Como afirma Mauricio Lissovsky (comunicação pessoal enviada por e-mail em 4/3/2010), "o comum é o avesso do banal. O banal é este lugar desde onde é preciso extrair o comum. (...) O comum é o INCOMUM DO BANAL. E o incomum do banal é a comunidade".

Aqui não seguirei o retorno desse debate a partir da expressão de Bataille, "comunidade dos que não têm comunidade" (apud BLANCHOT, 1983, p. 9), representada por exemplos bem específicos no circuito intelectual e artístico, como no caso do surrealismo, dos grupos "Contra Ataque", prefigurador de Maio de 68 na visão de Blanchot (ibidem, pp. 26-27), e do Acéphale (ibidem, p. 28). Também não irei na direção de uma comunidade negativa, na esteira de Bataille, sem valor de produção nem dimensão fusional (ibidem, p. 24), encenada, segundo Blanchot, sobretudo diante do nascimento e da morte (ibidem, p. 31). Também não se trata da comunidade inoperante defendida por Nancy (2006), nem da comunidade por vir proposta por Agamben, que não quer dizer coletividade, comunitarismo, partido, e o que vem não significa futuro (SEDLMAYER, 2008, p. 139). Tendo lido estas referências, uso a palavra comunidade na tradição das ciências sociais e dos estudos culturais, em contraponto à impessoalidade da sociedade. É a partir da difícil possibilidade de compartilhar, de estar com, que podemos pensar não simplesmente em vidas, em existências despojadas, despossuídas e isoladas, mas em uma comunidade em que a sexualidade deixa de ser confessada, discutida, problematizada, falada, e a experiência dos sentidos se espraia em diferentes modos e objetos. Tudo sob a marca da discrição, tanto nas alegrias quanto nas tristezas e no silêncio que, longe de serem apenas marcas de opressão, ao menos no caso de Biela, têm um traço afirmador do mundo, de uma experiência particular sem mistificação nem idealização paternalista. São personagens que resistem à interpretação, talvez, como nos lembra Deleuze sobre Bartleby, por não se constituírem enquanto símbolos (1997, p. 80), nem alegorizações fáceis – assim como os atores parecem resistir a seus papéis, a falar sem uma incorporação do personagem.

A vida contida, seja por economia, necessidade (Felicité) ou hábito (Biela), também encontra uma equivalente nos espaços restritos e modestos em que habitam estes personagens. Bartleby mora no próprio trabalho com pouquíssimos objetos. Biela acaba por mudar do quarto que os primos tinham lhe reservado para um quarto de fundos separado da casa. Felicité, como empregada de uma senhora viúva com dois filhos, também ocupa um quarto modesto. Espaços que lembram as contemporâneas quitinetes nas grandes cidades. O quarto parece virar a casa.

Os gestos automáticos de Bartleby, aproveitados por Cácia Goulart em recente encenação sob a direção de Joaquim Goulart, com dramaturgia de José Sanchis Sinisterra, também podem ser encontrados em Felicité, um outro corpo que se aproxima da marionete, e uma certa imprecisão etária: "com 25 anos davam-lhe quarenta, depois dos cinquenta nenhuma idade", "sempre silenciosa, postura ereta e gestos comedidos, parecia uma mulher de madeira, funcionando de maneira automática" (FLAUBERT, 1996, p. 7). Como Biela, que andava como o empregado Gomercindo.

> Miúda, o corpo inclinado para diante, a cabeça se afundava nos ombros e se erguia, como um ganso, no galeio do andar. Como se subisse um morro, mesmo no plano, sem rumo certo, caminheira. Nenhuma graça, nenhum ritmo macio, nenhuma leveza, nada que revelasse naquele corpo uma alma feminina (DOURADO, s. d., p. 44).

Como conclui a prima Constança: "meu Deus, que bicho primo Juvêncio criou! Isto não é gente, pensou Constança pela primeira vez sem caridade" (idem). A aproximação com o mundo masculino, animal ou dos objetos desconstrói não só um padrão feminino de corpo, mas aponta para a busca de uma outra gestualidade, também presente em Mouchette.

Também há uma desconstrução do amor romântico, especialmente para as personagens femininas. Em contraponto ao delírio pelo amor e pela fantasia que enreda Madame Bovary e tantas outras personagens femininas e mulheres no século XIX, Felicité "tivera como qualquer outra sua história de amor" (FLAUBERT, 1996, p. 7), mas o amor não ocupa um espaço central em sua vida, desde cedo marcada pela sobrevivência e pelo trabalho.

Quando seu noivo foge, Biela logo segue em frente, não romantiza o casamento:

> Como Constança lhe dissesse que não era de todo impossível Modesto voltar um dia arrependido, prima Biela disse deixa pra lá, passou. Eu não queria mesmo casar. Foi pra fazer o gosto da prima que eu fiquei noiva. Não paga a pena ficar chorando defunto velho. Urubu vai simbora, tem mais carniça não, só osso. Passou. Depois ele não prestava mesmo. Bom pro fogo. Pros quintos dos infernos (DOURADO, s. d., p. 85).

Longe da revolta contra a monotonia, "nada parecia mudar e tudo mudava para ela, sem que pudesse perceber. Sem que pudesse perceber se acostumava com aquela vida que seria agora sempre a sua vida" (ibidem, p. 52). Desde cedo Biela é confrontada com sua pequena solidão, criada por um pai taciturno numa fazenda, como Felicité, que após a morte dos pais vê sua família se dispersar e tem que trabalhar ainda menina. Biela e Felicité são marcadas por perdas na família e por um relacionamento amoroso que não resulta em casamento, pelo apego a crianças da família em que vivem, mas que também morrem cedo ou simplesmente se afastam, e por um vínculo final com um animal: um papagaio, no caso de Felicité, e um cachorro, no caso de Biela. No entanto, esta experiência prematura com a solidão não as leva aos destinos trágicos da loucura e do suicídio, tão recorrentes nas personagens femininas que fugiam ao modelo heteronormativo do casamento até pelo menos a primeira metade do século XX (ver PINTO, 1990). Seu destino também nos faz lembrar a empregada de *Imitação da vida* (1959), de Douglas Sirk, que ao longo de todo o filme parece viver apenas em função da vida da atriz em ascensão. Somente no fim da trama, a protagonista percebe as redes de relações autônomas que a empregada criara para si.

Tanto Felicité como Biela não têm educação formal nem apego à religião. A primeira foi a forma de ascensão social de mulheres e pobres, e a segunda, através da igreja, foi um dos poucos espaços em que as mulheres, especialmente a de grupos sociais mais ricos, poderiam transitar fora de suas casas no século XIX. O mergulho de Biela no mundo do trabalho é uma forma de sair de si e evitar qualquer tipo de registro (melo)dramático ou autocomplacente.

A vida de Felicité, como a de Biela, cabe numa novela, ambas são narradas de forma contida, sem enfatizar dramaticamente mesmo os momentos mais difíceis. As narrativas também são econômicas diante dessas vidas modestas, marcadas por uma "neutralidade controlada" (RAITT, 1991, p. 12) e por um ideal de impessoalidade (ibidem, p. 12) que encenam uma "existência marcada pela monotonia, sem crises reais ou dramas, nas quais dificilmente há uma história para ser desenvolvida" (ibidem, p. 28). Sem "closes para evitar uma excessiva dramatização" (ibidem, p. 31) nem diálogos (ibidem, p. 32), emerge uma afetividade austera e contida em que os pequenos gestos de expressão ganham mais força.

É sabido, a partir de declarações do próprio Flaubert, que a criação de *Um coração singelo* foi uma resposta a Georges Sand quando ela diz em uma carta: "você produzirá desolação, e eu, consolo" (apud RAITT, 1991, p. 13). E ainda em outra carta quando diz: "não considere a verdadeira virtude como um lugar-comum em literatura" (idem). Flaubert deseja e constrói

> um personagem simpático e virtuoso, premiado pela felicidade mais do que destruído pela vida. Sendo por isto que ele se voltou para uma pessoa sem cultura, sem imaginação, sem inteligência real como personagem central: demasiada lucidez faria com que visse sua posição de fora e teria arruinado a "tranquilidade de sua alma, recompensa de sua virtude" (FLAUBERT apud RAITT, 1991, p. 14).

Essa construção evita que Felicité seja uma personagem marcada pela ironia ou que seja vista de uma forma paternalista e infantilizada. Esta talvez seja a grande qualidade em falar do outro sem reduzi-lo nem endeusá-lo, sem satirizá-lo nem tipificá-lo. Diferente do olhar marcado pela crueldade, trata-se talvez de uma dramaturgia da compaixão,[77] tanto em relação ao autor com seus personagens como na relação entre público, leitor e obra. Trata-se de acompanhar, estar com, passar por, sem se identificar, ter empatia por sem se distanciar, tentando ir até o fim em companhia de. "Uma dramaturgia do comum, do homem comum, é uma dramaturgia da compaixão. Só a compaixão (como sentimento distinto da piedade, da misericórdia etc.) salva o comum da indiferença, que é a ameaça que mina o comum por dentro" (Mauricio Lissovsky, comentário pessoal enviado por e-mail em 4/3/2010).

No centro mesmo do projeto realista e naturalista do século XIX, surge Felicité, personagem que é um triunfo do poder da ficção con-

---

[77] No contexto da virada afetiva ("affective turn"), a compaixão tem sido revista (BERLANT, 2004). Para uma visão distinta, ver SELIGMANN, 2009.

tra qualquer veto ao imaginário em detrimento do documental.[78] Ao mesmo tempo, ela aponta para uma poética da contenção, da sutileza e da discrição, que é onde Flaubert encontra Bresson e que ainda ecoa nos nossos dias. Se a posteriori poderemos chamar esta poética de minimalista, é algo que ainda merece estudo. A valorização do menos aparece nos fragmentos escritos por Bresson: "quem pode com o menos pode com o mais. Quem pode com o mais não pode obrigatoriamente com o menos" (2005, p. 37) ou "nada de excesso, nada que falte" (ibidem, p. 41). O menos é uma simplicidade a ser conquistada: "Duas simplicidades. A ruim: simplicidade-ponto de partida, procurada cedo demais. A boa: simplicidade-ponto de chegada, recompensa por anos de esforços" (ibidem, p. 62). Ao contrário do fetiche do difícil, "o que eu rejeito como simples demais é o que é importante e o que é preciso escavar. Estúpida desconfiança das coisas simples" (ibidem, p. 93) que também se articula com uma proposta intelectualizada de arte: "ideia oca de cinema de arte, de filmes de arte. Filmes de arte são aqueles os mais despojados disso" (ibidem, p. 93).

REFERÊNCIAS

AGAMBEN, Giorgio. *Bartleby ou la Création.* Paris: Circé, 1995.

______. *The Coming Community.* 4ª ed. Minneapolis: University of Minnesotta, 2003.

ARNAUD, Philippe. *Robert Bresson.* Paris: Cahiers du Cinéma, 1986.

BATCHELOR, David. *Minimalismo.* São Paulo: Cosac & Naify, 1999.

BATTCOCK, Gregory (org.). *A Minimal Art*: A Critical Anthology. Berkeley: University of California Press, 1995.

BAZIN, André. "Teatro y Cine." In: *Qué es el Cine?* Madri: Rialp, 2008.

BECKETT, Samuel. *The Complete Dramatic Works.* Londres: Faber & Faber, 2006.

BERLANT, Lauren (org.). *Compassion. The Culture and Politics of an Emotion.* Nova York, Routledge, 2004 (ver introdução, Garber, talvez Woodward, BERSANI, Leo. *Arts of Impoverishment.* Cambridge: Harvard University Press, 1993.

---

[78] Já extensivamente estudado por Luiz Costa Lima.

BIRÓ, Yvette. “The Fullness of Minimalism.” *Rouge*, nº 9, 2006.

BLANCHOT, Maurice. *La communauté inavouable.* Paris: Minuit, 1983.

______. *A conversa infinita 2*: A experiência limite. São Paulo: Escuta, 2007.

BORDWELL, David. *Figuras traçadas na luz*: A encenação no cinema. Campinas: Papirus, 2008.

BRATER, Enoch. *Beyond Minimalism.* Beckett's Late Style in the Theater. Oxford: Oxford University Press, 1987, pp. 3-36, 37-49, 52-73.

BRECHT, Bertolt. Quando no Quarto Branco do Hotel. In: *Poemas.* 2ª ed. São Paulo, Brasiliense, 1986.

BRESSON, Robert. *Notas sobre o cinematógrafo.* São Paulo: Iluminuras, 2005.

CARREÑO, Francisca Pérez. *Arte minimal.* Objeto y sentido. Madri: Vegap, 2003.

CARVALHO, Sérgio de. Apresentação. In: LEHMANN, Hans Thies. *Teatro pós-dramático*. São Paulo: Cosac & Naify, 2007.

CONNOR, Steven. *Samuel Beckett*: Repetition, Theory and Text. Aurora: Davies Group, 2006.

CRAIG, Gordon. *Da arte do teatro.* A obra viva. Lisboa: Arcádia, 1963.

DELEUZE, Gilles. “Bartleby, ou a fórmula.” In: *Crítica e clínica.* São Paulo: Editora 34, 1997.

______. *Sobre o teatro.* Rio de Janeiro: Jorge Zahar, 2010.

DOURADO, Autran. *Uma vida em segredo.* Rio de Janeiro: Ediouro, s/d.

ELLIOT, T. S. “Os homens ocos.” In: *Poesias.* Rio de Janeiro: Nova Fronteira, 1981.

FABRIS, Mariarosaria. *O neorrealismo italiano.* São Paulo: Fapesp/Edusp, 1996.

FERNANDES, Sílvia; GUINSBURG, Jacó (orgs.). *O pós-dramático.* São Paulo: Perspectiva, 2009.

FLAUBERT, Gustave. *Um coração singelo.* Rio de Janeiro: Rocco, 1986.

FOSTER, Hal. “The Crux of Minimalism” e “The Artist as Etnographer”. In: *The Return of the Real.* The Avant-Garde at the End of the Century. Cambridge: MIT Press, 1996.

FRODON, Jean Michel. *Robert Bresson.* Paris: Cahiers du Cinéma, 2007.

FUCHS, Elinor. *The Death of Character.* Bloomington: Indiana University Press, 1996. pp. 92-107.

GOLDMANN, Lucien. *Le Dieu Caché.* Paris: Gallimard, 1959.

GUIMARÃES, César. “O retorno do homem ordinário do cinema.” *Contemporânea*, Salvador, v. 3, nº 2, 2005, pp. 71-88.

______. “A singularidade como figura lógica e estética no documentário.” *Alceu*, Rio de Janeiro: PUCRJ, v. 6, nº 13, pp. 38-48, 2006.

______. “O devir todo mundo do documentário.” In: GUIMARÃES, César et al. (org.). *O comum e a experiência da linguagem.* Belo Horizonte: Editora UFMG, 2007.

______. "Vidas ordinárias, afetos comuns." In: GOMES, Renato Cordeiro; MARGATO, Izabel (orgs.). *Espécies de espaço.* Belo Horizonte: Editora UFMG, 2008.

HENZ, Alexandre. *Estéticas do esgotamento.* Extratos para um política em Beckett e Deleuze. Tese (Doutorado). São Paulo: PUC-SP, 2005.

HUBERMAN, Georges Didi. *O que vemos, o que nos olha.* Rio de Janeiro: Editora 34, 1998.

JAGUARIBE, Beatriz. *O choque do real.* Rio de Janeiro: Rocco, 2007.

LOPES, Silvina. "A íntima exterioridade." In: GUIMARÃES, César; OTTE, Georg; SEDLMAYER, Sabrina (orgs.). *O comum e a experiência da linguagem.* Belo Horizonte: Editora UFMG, 2007.

KRAUSS, Rosalind. *The Originality of the Avant-Garde and Other Essays.* Cambridge: MIT Press, 1996.

LEHMANN, Hans Thies. *Teatro pós-dramático.* São Paulo: Cosac & Naify, 2007.

LEYPOLDT, Günther. *Casual Silences*: The Poetics of Minimal Realism from Raymond Carver and the New Yorker School to Brett Easton Ellis. Trier: WVT Wissenschaftlicher Verlag, 2001.

LYOTARD, Jean François. *L'Inhumain.* Paris: Galilée, 1988.

MELVILLE, Herman. *Bartleby, o escriturário.* Rio de Janeiro: Rocco, 1986.

MEYERS, James. *Minimalism.* Nova York: Phaidon, 2005, p. 12-45.

MUSIL, Robert. *O homem sem qualidades.* Rio de Janeiro: Nova Fronteira, 2006.

NANCY, Jean-Luc. *La communauté affronté.* Paris: Galilée, 2001.

______. *The Innoperative Community.* 6.ed. Minneapolis: University of Minnesotta Press, 2006.

PINTO, Cristina Ferreira. *O Bildungsroman feminino.* São Paulo: Perspectiva, 1990.

PUCHEU, Alberto. *Giorgio Agamben* – Poesia, Filosofia, Crítica. Rio de Janeiro: Azougue, 2010.

RAITT, A. W. *Trois Contes.* Londres: Grant & Cutler, 1991.

ROBBE-GRILLET, Alain. *Por um novo romance.* Rio de Janeiro: Nova Crítica, 1969.

RONCADOR, Sônia. *A doméstica imaginária.* Brasília: Ed. UnB, 2008.

SEDLMAYER, Sabrina. "Do ordinário." In: *Pessoa e Borges.* Quanto a mim, Eu. Lisboa: Vendaval, 2004.

______. "Recados de vida, cartas sem destinatário: Bartleby e companhia." In: GUIMARÃES, César; OTTE, Georg; SEDLMAYER, Sabrina (orgs.). *O comum e a experiência da linguagem.* Belo Horizonte: Editora UFMG, 2007.

______. "A comunidade que vem." In: PUCHEU, Alberto. *Nove abraços no inapreensível – filosofia e arte em Giorgio Agamben.* Rio de Janeiro: Azougue, 2008.

SCHOLLHAMMER, Karl Erik. "O espetáculo e a demanda do real." In: FREIRE, João; HERSCHMANN, Micael (org.). *Comunicação, cultura, consumo.* Rio de Janeiro: E-Papers, 2005.

SEIGWORTH, Gregory. "Banality for Cultural Studies." *Cultural Studies*, v. XIV, nº 2, abril, 2000.

SELIGMANN, Márcio. *Para uma crítica da compaixão*. São Paulo, Lumme, 2009.

SÉMOLUÉ, Jean. *Bresson ou l'Acte Pur des Métamorphoses*. Paris: Flammarion, 1993.

SENRA, Stella. "Genciana Amarela, Genciana Azul." *Devires*, v. 5, nº 1, jan./jul., 2008. Dossiê Pedro Costa.

SOARES, Bernardo. *O livro do desassossego*. São Paulo: Companhia das Letras, 2006.

SONTAG, Susan. *A vontade radical*. São Paulo: Companhia das Letras, 1987.

SÜSSEKIND, Flora. *Tal Brasil, qual romance?*. Rio de Janeiro: Achiamé, 1979.

TEIXEIRA, Antonio. "Bartleby ou a criação." In: PUCHEU, Alberto. *Nove abraços no inapreensível – filosofia e arte em Giorgio Agamben*. Rio de Janeiro: Azougue, 2008.

VILA-MATAS, Enrique. *Bartleby e companhia*. São Paulo: Cosac & Naify, 2004.

VALIENTE, Pedro. *Robert Wilson*: arte escénico planetario. Madri: Ñaque, 2006.

WOLFE, Cary. *What is Posthumanism?* Minneapolis: University of Minnesotta Press, 2009.

O local, o comum e o mínimo

Se, cada vez mais marcado pelos fluxos de pessoas, objetos, informações e imagens, "o local costuma estar em outro lugar" (CANCLINI, 2008, p. 60), como pensá-lo e como pensar também o homem comum hoje? Em contraponto com a pequena cidade de *Um coração singelo* (1877), de Flaubert, situada no meio do século XIX, ou ainda com o vilarejo de um tempo indistinto, mas possivelmente o século XX de *Uma vida em segredo* (1964), de Autran Dourado, nos filmes que vou discutir a autonomia do local é cada vez mais redimensionada pelo consumo de mercadorias provenientes dos mais diversos lugares, pelas imagens televisivas, pelo que se ouve no rádio e pelos trânsitos entre culturas. Não se pode pensar o local como algo anterior à cultura midiática e à ampliação das redes de transportes que possibilitam cada vez mais viagens transcontinentais não só dos membros de elites culturais e econômicas, mas de trabalhadores legais ou clandestinos em busca de melhores condições de vida. As pequenas cidades, ainda que em menor escala do que as metrópoles e cidades globais, também estão conectadas às paisagens transculturais e se transformam em "translocalidades" (APPADURAI, 1996, p. 192) pelos fluxos midiáticos que redimensionam o próximo e o distante.

Para pensar o local hoje, nos distanciamos de discursos que idealizam a pequena comunidade pré-moderna como espaço de conservação de valores, mas também não me interessaram filmes que colocam o local apenas no horizonte de uma globalização homogeneizante. Nem espaço fora da história, nem espaço sem marcas particulares, o local encenado nas pequenas cidades está em intensa transformação, como as grandes cidades. A busca estética do local coloca a difícil questão não só das transformações econômicas e tecnológicas que atingem de forma desigual o planeta, mas encena a difícil questão do que nos une, do que nos faz pertencer, do que nos é comum.

Os protagonistas de *Mouchette* (1967), de Bresson, como de *Xiao Wu* (1997), de Jia Zhangke, estão à margem da cidade, habitam esta margem, mas a margem não os contém. Eles podem até ser eliminados, como acontece com o suicídio de Mouchette e a prisão e humilhação final de Xiao Wu (Hongwei Wang), exposto na rua algemado. O filme de Jia Zhangke é aparentemente uma narrativa sobre delinquência juvenil que guarda mais semelhança com Bresson do que sugere o título com que foi lançado em inglês – *Pickpocket.* Ele radicaliza a ausência de um registro melodramático e de vitimização, já presentes em Bresson, por não ter nem a dimensão redentora final de *Pickpocket* (1959), nem a música de caráter espiritual de Monteverdi no fim de *Mouchette.* A ambiência muda de uma pequena cidade francesa para Fenyang, cidade natal de Jia Zhangke, em constante transformação pela explosão capitalista na China, algo que parece criar uma homologia com a instabilidade do protagonista e mesmo acentuar sua fragilidade. Apesar de o protagonista pertencer a uma espécie de rede de delinquentes, esta parece ser apenas algo funcional, uma forma de sobrevivência. Não haveria um vínculo afetivo mais forte entre eles, visto que um dos membros do grupo fala mal, e de forma fria, de Xiao Wu quando ele é preso. Durante o filme, Xiao Wu é contraposto a um antigo amigo, ex-delinquente, que virou empresário-modelo com aparições na TV local, mesmo que possivelmente associado à prostituição e ao contrabando, para cujo casamento Xiao Wu sequer é convidado. O mundo de Xiao Wu não é dos que estão ganhando com a explosão capitalista na China, nem dos que têm nostalgia do passado.

Sua própria família, de origem camponesa, não o recebe. Seu mundo é o da prostituta Mei Mei (Hao Hongjian), que some sem dizer para onde foi. Desaparição parece ser o signo que traduz existencialmente a fluidez das mercadorias e o excesso de sons e imagens produzidos pelas ruas, TVs, celulares e karaokês. Pessoas em trânsito, à procura de trabalho, que em *The World* (2004) se deslocam para fora da China. Xiao Wu vive num constante andar pelas ruas, em meio a poucas conversas banais. Nada a fazer. Nada expresso nos rostos. Nem desespero nem tédio. Ele em breve irá desaparecer também. Parece naufragar no espaço, como é ainda mais explicitado nos personagens em meio à construção da represa de Três Gargantas, a maior do mundo, no *Em busca da vida* (*Still Life*, 2006). No entanto, a pequenez diante do espaço não é encenada em dimensões épica ou melodramática. A desaparição, experiência que desenvolverei nos ensaios finais deste livro, é um importante elemento no desdobramento do personagem comum na arte contemporânea.

A proposta feita em *Xiao Wu* é ampliada em *Unknown Pleasures* (2002), em que o trio de jovens protagonistas, sem grandes contatos com a família, perambula em meio a encontros fugazes e frágeis num mundo instável. Não importa o que fazem. Todos parecem um pouco perdidos, mesmo a namorada (Zhou Qingfeng) de Bin Bin (Zhao Wei), que vai estudar em Pequim. A última imagem de Xiao Ji (Wu Qiong), no meio de uma estrada recém-construída onde já tínhamos visto o anúncio das Olimpíadas de 2008, tem o mesmo tom: ficamos sem saber aonde vai dar a estrada ou o que ele irá fazer. Os personagens se vinculam a uma realidade sócio-histórica e cultural, mas a ela também resistem por uma espessura que não fornece sentidos óbvios associados à exclusão social ou à pobreza, numa tradição do naturalismo ou de um realismo social, e próximos à configuração do comum que delineei. Os filmes de Jia Zhangke nos ajudam a pensar o comum não como uma figura da negação ou de recusa, muito menos de uma utopia, mas como uma difícil singularidade, no intervalo modesto entre a sobrevivência e a vida possível, no horizonte concreto do dia após dia, sem grandes sonhos nem niilismos, apenas um sutil redirecionamento.

Comum, mas não banal. Comum também por poder estar em nós. Assim, também os jovens personagens de *Vive l'amour* (1996), de Tsai Ming Liang, podem ser pensados como uma comunidade? Essa palavra é só um novo nome? Ou pode dizer algo para além da busca do desejo de pertencer, de viver juntos? De certa forma, embora se tratando aqui de uma metrópole, nada mais interessante do que o apartamento para alugar que se converte em ponto para os encontros ocasionais da corretora May Ling (Yang Kuei-Mei). Sem que ela saiba, o apartamento se torna uma espécie de morada para um de seus amantes, Ah-Jung (Chen Chao-jung), camelô nas ruas de Taipei, e Hsiao Kang (Lee Kang-sheng), um jovem que vende urnas funerárias. A casa é, ao mesmo tempo, um lugar de passagem e de troca e intimidade. Casa incerta, provisória, já que em breve seria vendida – Mei teria que trocar este apartamento por outro lugar para seus encontros fortuitos e Ah-Jung e Hsiao Kang, aparentemente sem casa, teriam que encontrar um outro lugar para dormir. Dos personagens, é Hsiao Kang quem mais tenta fazer desta casa, destituída de marcas pessoais, com poucos móveis, um espaço lúdico, onde ele se veste de mulher, brinca com uma melancia e até mesmo corta os pulsos. O objetivo, aqui, não é tanto o suicídio, mas perceber a si mesmo. Seria isso que Zizek (2003, p. 24) analisa quando fala que os cortes no corpo seriam uma última tentativa de afirmar uma sensação de realidade, de que nem tudo é simulacro e evanescimento? Hsiao Kang não aparece deprimido antes do corte, nem parece redimido depois. Um corte é só um corte. Nada de explicações psicológicas. O corpo, já na primeira cena, quando olha para uma câmera de vigilância, só parece confirmar uma existência que se esvai absorvida em si mesma e dispersa no espaço. Os personagens não têm passado, quase sem nomes, e mal conversam sobre o que fazem; não têm família, nem grandes vínculos; transeuntes na cidade, sempre dispostos a experimentar as possibilidades de encontro. Como quando Ah-Jung e Mei se veem pela primeira vez num restaurante, e depois pelas ruas de Taipei, passando pela troca de telefones realizada, mas não mostrada, até os dois encontros sexuais no apartamento vago. Ou quando Hsiao Kang, na primeira cena do filme, vê uma chave do lado de fora do apartamento e a pega, entregando, tempos depois, uma cópia da mesma chave para Ah-Jung. E é este acaso que faz com que estes dois *homeless* se encontrem dentro do apartamento. Quando Ah-Jung descobre que Hsiao Kang também está usando o apartamento como moradia, cria-se um vínculo entre eles, um vínculo a partir do espaço que também transita para algo mais além dos dois encontros sexuais entre Ah-Jung e Mei. Tudo parece uma possibilidade aberta, potência que também pode não levar a nada mais do que ao beijo que Hsiao Kang dá em Ah-Jung enquanto este está dormindo. A ação acontece logo após Hsiao Kang assistir escondido à transa de Ah-Jung e Mei e se masturbar debaixo da cama. Também o sexo não significa intimidade nem fusão, muito menos revolução. Apenas um momento. Tudo são possibilidades precárias.

Curiosamente, a explosão do choro convulsivo de Mei no banco de um auditório ao ar livre, depois de caminhar por um parque em obras, mas que também poderia ser em ruínas, não é explicada. Certamente não é uma catarse, seja para a personagem, seja para o espectador. Aliás, quando parece que o filme está terminando e a tela preta surge, ainda ouvimos uma volta ao choro. Poderíamos pensar que justamente a Mei, uma corretora de imóveis, bem vestida e focada na sua profissão, que parece a personagem mais integrada ao mundo do trabalho, é destinado o gesto mais dramático de insatisfação, enquanto que Ah-Jung e Hsiao Kang, que não parecem se interessar tanto por seus trabalhos, demonstram ter uma relação mais neutra com a vida, sem grandes alegrias ou grandes tristezas. A última imagem de Mei é o choro, filmado quase em close, num filme em que há mais planos médios e distanciados, como se as lágrimas[79] fossem nos tocar, nos invadir. Não saímos, no entanto, identificados com o sentimento da personagem nem redimidos, marcados por aquela leveza quando assistimos a algo muito belo, embora doloroso. Não choramos junto com Mei. Não podemos compartilhar este sentimento. Apenas somos atingidos, um pouco perplexos, um pouco incomodados, na longa sequência que parece não ter fim, enquanto que de Ah-Jung e Hsiao Kang fica um breve beijo, que talvez nem Ah-Jung tenha percebido. Uma outra intimidade. A intimidade possível não só entre pessoas que se encontram por acaso, algo que não passe pela confissão e pela autoexposição. A vida aparece como uma sucessão de possibilidades abertas, capítulos desconectados, estórias rápidas, sem sínteses nem conclusões, talvez algo mais do que a mera solidão enfatizada pelos críticos do individualismo e do narcisismo em nossas sociedades. Pode ser o amor, mas pode ser o desejo de estar junto, como sintetiza o título de um dos seus últimos filmes – *Não quero dormir só* (2006) –, em que o protagonista leva um homem espancado para sua casa e dorme com ele sem transar ou aparentemente ter um envolvimento maior do que a presença física na cama. Para Tsai, lágrimas são lágrimas, um beijo é um beijo, o toque é o toque; nada de redentor, transgressor, exuberante, transformador, apenas algo que faz seus personagens se moverem para um outro espaço, para um outro momento, a que não temos acesso. Podemos no máximo ser atingidos, isso seria o que é possível compartilhar: estar com os personagens, acompanhar seus gestos, nada mais nos será revelado, não há nada a ser interpretado, não há símbolos nem alegorias. Os personagens não são reduzidos a tipos sociais ou a vítimas de preconceitos, apenas à experiência concreta e fílmica das quase duas horas

[79] Não como a mistura de lágrimas e chuvas nos filmes de Wong Kar-Wai, que parece nos invadir com toda a dor do mundo, mas que também é um prazer, um compartilhamento pelo melodrama, uma forma de catarse e esvaziamento que nos molha e nos limpa, mesmo quando marcada por alguma ironia e humor diante do que foi perdido, quando, por exemplo, em *Amores expressos* (1994), as relações são comparadas a latas que perderam a validade.

em que passamos em sua companhia. As marcas sociais e históricas existem, mas elas entram sutilmente nos corpos, nos gestos, nas atitudes, sem explicações nestes personagens que pouco falam.

Taipei[80] aparece sem grandes marcas, sem parecer um cartão-postal, com carros passando e ruas comuns (seria diferente para um morador da cidade que estivesse vendo o filme?); também não se trata de dizer que aquele é um lugar qualquer, que poderia estar em qualquer grande cidade. Poderia e não poderia. A questão não é encenar algo universal, uma experiência passível de ocorrer onde quer que seja.

Os espaços das pequenas cidades encenados por Jia Zhangke e por outros diretores a que vamos nos referir, talvez por não terem (ainda?) seu espaço mercantilizado pelo turismo global e pelas imagens midiáticas, poderiam se constituir como um lugar com marcas muito particulares. No entanto, não se trata de falar do local como uma espécie de reserva da cultura nacional, um espaço extremamente distinto; também aqui estamos num intervalo, que poderia ser o do comum.

Meu caminho, no entanto, está tanto longe da tradição do documentário, como na pesquisa de César Guimarães, que coloca o comum como uma figura estética central do documentário brasileiro contemporâneo, quanto de mapear genealogias e constelações de estéticas do real,[81] mas de pensar o comum como o que pode nos aproximar, sempre retendo um certo distanciamento estético e ético. É a partir deste espaço que podemos nos aventurar a viver juntos, a partir dessa precariedade, habitando as ruínas, como nos é possível – da mesma forma que os personagens ausentes das casas destruídas

---

[80] Para a importância do espaço urbano nos filmes de Tsai Ming Liang ver BRAESTER, 2003. A encenação do espaço urbano no cinema chinês foi desenvolvido pelo autor em recente livro autoral (2010).

[81] Para um mapeamento das estéticas do real, ver SCHOLLHAMMER, 2005. Já desenvolvi em outro momento (LOPES, 2007) uma conexão entre o que autor chama de real afetivo e meu interesse pelo cotidiano, discussão que possibilitou minha entrada no tema do comum.

e atacadas de Robert Polidori, das paisagens feitas de destroços, lixo e minas desativadas de Edward Burtynsky ou dos personagens de *No quarto da Vanda* (2000), de Pedro Costa, enclausurados em quartos, pequenas moradas, em contraponto ao processo de demolição do bairro de Fontainhas em Lisboa, onde moram portugueses e cabo-verdianos pobres. No filme de Costa, nunca temos uma visão total do bairro, em que parte da cidade se situa, qual o seu contexto. É como se sempre estivéssemos ali, assistindo aos acessos intermináveis de tosse e às sessões de heroína de Vanda Duarte. Sem espetacularização da pobreza ou do vício da protagonista nem mitificação celebratória das margens da sociedade, não somos testemunhas, somos mais acompanhantes tocados pelo que vemos. Compartilhamos o mesmo espaço, sem catarse. Estamos sentados junto com os personagens, com a câmara, e nada podemos fazer a não ser estar presentes e resistir à ideia de que vemos apenas a destruição. Assim poderemos ver e sentir a vida mesmo em condições precárias, sem resumi-la à pobreza como uma limitação social. Não se trata de uma vida em meio ao caos, à guerra permanente, ao estado de exceção. Estas palavras grandiloquentes não nos auxiliam muito. É necessário olhos para ver a materialidade do despojamento, a concretude dessas personagens fantasmais. Como o próprio diretor nos revela, trata-se de uma "recusa do documentário em favor de um shock plástico" (COSTA, 2008, p. 19) e da afirmação de uma crença trazida do teatro sobre a presença das pessoas (ibidem, p. 26), mas que não leva ao virtuosismo da vedete, nem a experiências na esteira de Cassavettes, com corpos em primeiro plano – é algo que está mais próximo da encenação minimalista que procuramos delinear anteriormente

Já na primeira sequência de *Damnation*, de Béla Tarr, temos uma síntese do que virá. Um homem de costas para a câmara, olhar fixo na janela, ao fundo um teleférico de transporte de minérios. O som estridente e metálico reaparece em outras cenas. Som maquínico e regular. Não tanto um olhar contemplativo. Um olhar vazio, esvaziado e esvaziante. Ver não é contemplar. Vazio não é dor.

Na pequena cidade, que possivelmente vive da mineração, mas onde nunca vemos as pessoas trabalhando, não parece haver nenhuma herança de um projeto comunista de comunidade, apenas as máquinas e seu constante ruído. A cidade parece um tanto fantasmagórica, sem pessoas e povoada por cães, com muita chuva e lama, onde o bar chamado sintomaticamente Titanik é o único ponto de festa e música onde se encontram as pessoas da cidade, incluindo os protagonistas – a cantora (Vali Kerekes), seu marido Sebastyen (György Cserhalmi), Carrer (Miklos B. Szekely), amante da cantora, e Willarsky (Gyula Pauer), dono do bar. Titanik lembra uma catástrofe, um naufrágio de que os habitantes da cidade são sobreviventes. Mas, se houve uma catástrofe, não foi nenhum ato de impacto. "Assim expira o mundo/Não com uma explosão, mas com um suspiro" (ELLIOT, 1981, p. 120). Estão ausentes as referências históricas explícitas ou as marcas da cultura midiática. Há apenas uma TV que aparece brevemente. O clima da fotografia em preto e branco reforça ainda mais a textura pétrea de muros e paredes. A sensação de ruína e desintegração pode ser associada aos estertores do socialismo real no leste europeu, mas pode ir além. Tudo acaba mal, como fala Carrer, e, quando o vemos brigando com o cachorro, de quatro, como se fosse um deles, em meio a uma paisagem devastada, não podemos duvidar. Diferentemente de Tarkovsky, Kieslowski e Sokurov, nos filmes de Tarr, não há transcendência. O desejo de sair da pequena cidade é expresso pela mulher, mas ninguém consegue sair de fato. Se consegue, acaba voltando, como foi o caso do marido dela, que saiu para contrabandear, mas regressou.

Talvez aqui, como em *Vive l'Amour*, tenhamos uma "comunidade que não é destinada a curar nem a proteger, mas a expô-la no coração da fraternidade" (BLANCHOT, 1983, pp. 46-47). Mesmo no sexo sem paixão de Tarr, traduzido na cena em que Carrer e sua amante transam lentamente num quarto devassado pelos sons e imagens do teleférico de minérios, podemos ver uma comunidade de amantes que nada tem da fusão romântica, em que só a solidão é que é comum (ibidem, p. 83), compartilhada. O drama se eclipsa no espaço, na paisagem, como no fim de *Eclipse* (1962), de Antonioni. Aqui, talvez diferentemente da maior parte dos filmes e ficções discutidos, há cenas em que o protagonista fala muito, mas sua fala parece cair no vazio, assim como o diálogo lembra mais dois solilóquios como realizados por dramaturgos, desde Beckett até Lagarce, Fosse e Koltès. As falas parecem citações de livros que desdramatizam seu eventual conteúdo passional.

Em *Rosetta* (1999), dos irmãos Dardenne, encontramos a protagonista (Émilie Dequenne), uma irmã de Mouchette, habitando uma cidade desvinculada de um contexto nacional[82] mais amplo ou da necessidade de uma marca local exótica. O trabalho não aparece sob a marca da segurança, do conforto, mas de uma constante busca e angústia pela sua falta. Estamos desde o início colados pela câmara às costas de Rosetta, que resiste, no início do filme, a ser demitida, ao que parece, mais de uma vez. Sua vida passa pela incerteza dos trabalhos provisórios e, por ser a própria casa um trailer num camping onde mora com sua mãe (Anne Yernaux), tem tendência a beber e a se prostituir. Rosetta busca um trabalho com desespero, mas o desespero não é traduzido por palavras. Estas são poucas, mas os gestos ríspidos, o andar apressado traduzem uma tensão em seu corpo. Há uma breve pausa quando consegue um emprego e faz amizade com Riquet (Fabrizio Rongione), um rapaz que trabalha na mesma rede de lanchonete e é a única pessoa que parece se preocupar com ela. A lanchonete, curiosamente também instalada num trailer, marca mais um sinal de instabilidade, tanto na casa quanto no trabalho.

---

[82] Para uma estimulante e diferente leitura de *Rosetta,* precisando marcas nacional e no contexto do capitalismo, ver BERLANT, 2011.

Rosetta logo é demitida. Quando para conseguir seu emprego de volta ela denuncia ao patrão (interpretado por Olivier Gourmet, que atuará em *O filho*, de 2002) a única pessoa que a ajudou, num primeiro momento parece que a rotina do trabalho para a casa a estabiliza, mas não dura muito tempo. Sua vida não muda. A mãe continua a mesma. Sua solidão continua a mesma. A vida normal que ela procura ter parece não a acolher. Ela acaba por se demitir, e, quando a vemos levando um bujão de gás para dentro de seu trailer, pensamos que seu fim será como o de Mouchette. A falta de trabalho não é só pensada como uma condição social externa, mas interna, no próprio corpo, no próprio cotidiano. Quando Riquet aparece no camping como se tivesse perseguindo-a mais uma vez e ela cai com o bujão e começa a chorar, tudo aparenta caminhar para o fim. Neste último momento, quando já não enxerga nenhuma alternativa, vemos Riquet com sua mão estendida para ajudá-la a se levantar. A cena é cortada e o filme termina. Como é breve e impreciso, o seu efeito não causa uma catarse, nem marca uma salvação. Em meio a tanto desamparo, um gesto é só um gesto, mas para quem não tem nada nem ninguém que o ampare pode ser muita coisa, pode ser a diferença mesma entre a vida e a morte, ainda que seja só naquele momento. O gesto nada assegura quanto ao futuro de Rosetta, é apenas uma possibilidade no presente. Um gesto que aproxima, que dá uma chance, um gesto de generosidade. Seria um final cristão de redenção? Diferentemente da salvação em Bresson, que remete ao cristianismo, no filme, se há salvação, ela é neste mundo. A dramaticidade é de um mundo concreto, material, sem horizontes utópicos, metafísicos ou mesmo profissionais e afetivos, apenas o dia após o dia, na sua repetição, quase sem uma válvula de escape. Nem o trabalho nem a fé parecem sustentar esta vida frágil, que, no entanto, não cai de todo.

Numa experiência próxima ao que vemos em *Rosetta* encontramos Pharaon De Winter (Emmanuel Schotté), de *A humanidade* (1999), de Bruno Dumont, um outro personagem nesta constelação que estamos configurando. Policial investigador um tanto lento, quase bovino, longe do modelo arguto tipo Sherlock Holmes, mas conectado com o mundo das coisas e das sensações, e não apenas alienado pelas pressões do mundo do trabalho e do tempo acelerado da produção. O que é encenado em vários momentos: no início, quando o vemos caído na terra; depois, ouvindo música; acariciando uma porca num estábulo; quando abraça um criminoso na delegacia ou beija na boca Joseph (Philippe Tullier), seu amigo, que é identificado como o culpado do estupro e do assassinato da menina encontrada nas redondezas. O fato de sua mulher e filho terem morrido não coloca Pharaon sob a marca da melancolia ou do trauma. Também só no núcleo básico do enredo realizado em torno de um crime é que a trama poderia se aproximar de um filme policial, mas não no seu estilo, no seu ritmo. *A humanidade* está longe do fetiche pelo *noir* dos anos 1980, e o crime parece se resolver de forma quase independente da procura do culpado.

Mais do que o crime, o que interessa é o trio de amigos formado por Joseph, motorista de ônibus escolar, Pharaon e Domino (Séverine Caneele), namorada de Joseph e operária, que também interessa a Pharaon. Em Bailleul, pequena cidade no norte da França, perto do canal da Mancha, quase sempre com poucas pessoas nas ruas, eles saem para jantar, vão à praia. No seu cotidiano, Pharaon alterna a investigação policial com a rotina na casa onde mora com a mãe.

Bruno Dumont, como Bresson e Pedro Costa, também prefere trabalhar com não atores e procura neles e nos seus corpos aquilo que eles têm (TANCELIN, 2001, p. 13). Ele utiliza cenários reais, pessoas reais, sons reais para criar ficção (ibidem, p. 40). Trata-se de um mergulho na banalidade do cotidiano, na temporalidade dos atores. Para tanto, Dumont defende que a linha da história não deve ser forte – nem os atores, nem o cenário, nem o diálogo, nem as tomadas (ibidem, p. 84) – para que o neutro seja atingido (ibidem, p. 114).

Também no cinema latino-americano podemos encontrar esta busca de encenação do comum em pequenas localidades, como no primeiro filme de Lucrecia Martel, *O pântano* (2001). Se nas pequenas cidades encenadas por Jia Zhangke, o local aparece conectado, radicalmente transformado, e as personagens aparecem destroçadas por um tempo veloz, marcado pela explosão capitalista, em *O pântano*, como também em *A humanidade*, o local se aproxima mais da imagem tradicional da província. No filme de Martel, estamos na região de Salta, próxima da fronteira da Argentina com a Bolívia, visão antitética do metropolitano, do cosmopolita ou de lugares turísticos como as Cataratas do Iguaçu, como aparece em *Felizes juntos* (1997), de Wong Kar-Wai. Em *O pântano*, a natureza é uma ruína (AGUILAR, 2006, p. 8) hostil,[83] nunca uma paisagem a ser contemplada a distância. A vida é terrena, terrosa, lamacenta, marcada pela presença constante da chuva, paralisante como a piscina suja ou como o boi morrendo atolado. Esta natureza material parece sempre prestes a engolfar a casa de Mecha (Graciela Borges) e sua família na fazenda Mandrágora. A família de Mecha vive precariamente – de pimentões vendidos através de Mercedes (Silvia Baylé), atual amante do filho José (Juan Cruz Bordeu). Os filhos são negligenciados. Mecha e o marido Gregório (Martín Adjemían) andam constantemente bêbados e ausentes, "zombies e amnésicos" (ibidem, p. 30), como já apreendemos na primeira e antológica cena. Longe de qualquer alegoria (ibidem, p. 24), também não se trata de uma crônica de costumes de província: há uma perseverança no concreto, nas estórias mínimas sem melodrama, dissolvidas em várias cenas e subenredos que não se resolvem de todo, em personagens que compõem pequenos mundos que se friccionam, se esbarram. Sem passado e sem maiores explicações psicológicas,

[83] Como podemos ver pelo medo do cão, que é um rato selvagem, ou pelo cão feroz do qual só ouvimos os latidos. Curiosamente o namorado da empregada da família que briga com José também é chamado El Perro.

a narração segue os personagens em seus atos banais ou destinados a não se realizarem, como a viagem planejada à Bolívia para fazer compras para o colégio. Mesmo a morte final do filho menor de Tali (Mercedes Morán), prima de Mecha, só aparece como ato banal, contraposto à morte do boi no início do filme, mas não revela nem dramatiza nada. Por mais que as personagens possam se mover, parece que nada muda, como se andassem em areia movediça. Mais uma vez, a imagem do pântano é importante, onde os corpos também se misturam, neste "cinema da decomposição" (AGUILAR, 2006, p. 42). Se datas históricas ou fatos nacionais são ocultados, a televisão é visível e reafirma a posição horizontal dos personagens, deitados em camas ou nas cadeiras das piscinas, sem nada para fazer, marcados por uma sensação de cansaço e esgotamento (AMADO, 2007, p. 217), criando um contínuo entre o pântano, a cama e o túmulo (ibidem, p. 220). Curiosamente, a televisão não só aparece sob a marca do consumo, é onde se narra a aparição da Virgem Maria – que não é vista pela única personagem da família que vai até o lugar do milagre. Ela também nada revela. A família de classe média é um mundo em si, mas reafirma os preconceitos contra os pobres.[84] Porém o que mais me interessa sugerir é sua dramaturgia desdramatizada, o que Ana Amado chamou de "minimalismo dramático" (ibidem, p. 231),[85] mas sem desenvolver a ideia. Trata-se de um outro tipo de corpos, que não são marcados pelo êxtase; são corpos feridos (ver MASSENO, 2009). Isso sugere menos uma despolitização (como AGUILAR, 2006, p. 28) e mais um impasse sobre as formas e os sentidos do político. Certamente o campo é o do impasse e da sobrevivência, não o da utopia ou das grandes causas, e aqui isso é encenado sem nostalgia nem celebração.

[84] Os pobres comem bagres, não sabem atender o telefone, fodem os cachorros, roubam seus patrões, têm mau cheiro na visão de Mecha e também de um de seus filhos (AGUILAR, 2006, p. 52).

[85] Não se trata aqui de repetir a discussão sobre o minimalismo feita em ensaio anterior, mas de frisar como a proposta de uma encenação minimalista pode ser pensada como uma estética transnacional que atravessa o cinema contemporâneo.

Um outro caminho para o comum, talvez ainda mais radical, aparece em *La libertad* (2001), de Lisandro Alonso. Aqui, a natureza não é paisagem a ser contemplada nem as ruínas de *O pântano*, mas realidade bruta, onipresente, solar, que se constitui sobretudo como lugar de trabalho para o lenhador solitário (Misael Saavedra). O tempo é um dia atemporal que parece ser sua rotina diária encenando um cotidiano sem drama ainda mais neutro que em *Jeanne Dielman* (1975), já que não há explosão dramática como o assassinato no fim do filme de Chantal Akerman. O lenhador não representa tanto a figura do eremita, do que recusou o mundo, como o protagonista de *A alma do osso* (2004), de Cao Guimarães. Certamente é uma figura que não está fora, mas à margem do capital global. Sua liberdade, se ela existe, está numa vida básica, não de renúncia, mas marcada pela sobrevivência e pela precariedade. Quase sem falar nem consigo mesmo, sendo apenas gestos, ele é tão exterioridade como o espaço a que somos lançados.

Em contraponto ao mundo rural de *A liberdade*, encontramos a classe média urbana nos três filmes de ficção de Martin Rejtman encenada também através de uma "poética da abstenção" (BERNINI, 2008), em que relações e objetos se intercambiam de forma desprendida, pouco passional, sem sobressaltos nem clímax. Os personagens de intelectualidade limitada, para os quais a saída do país parece estar no horizonte, "não se pronunciam sobre questões públicas" (SARLO apud BERNINI, 2008, p. 86), nem dialogam com questões como o passado argentino (o tema da ditadura, por exemplo). Até os nomes são marcas de uma desidentificação que, longe de ser apenas uma forma de negatividade, pode ser uma possibilidade de encontro, como parece afirmar o final de *Silvia Prieto* (1999), em que várias personagens chamadas Silvia Prieto se encontram com nada mais em comum do que o nome. O nome comum, no entanto, é um motivo suficiente para se reunirem, como acontece com o grupo de sagitarianos que faz caminhada num parque. O despojamento, aqui, é de outra natureza do que em Lisandro

Alonso. Os personagens parecem não aderir a nada nem a ninguém, soltos, como se pudessem ser jogados de um espaço para outro, de um trabalho para outro, encenando uma espécie de "comédia desolada" (OUBIÑA, 2006, p. 6), em que sempre dá no mesmo fazer ou não fazer (ibidem, p. 14). Se os personagens não são estereótipos (demasiado extravagantes para resultar esquemáticos), nem arquétipos (traços comuns são demasiado caprichosos para resultar emblemáticos), são caracteres genéricos (ibidem, p. 15), o que os aproxima do que estou mapeando a partir do comum.

No cinema brasileiro, esta questão do comum e do local parece acontecer de forma mais precária e difícil. Talvez filmes como *No meu lugar* (2009), de Eduardo Valente, e *Linha de passe* (2008), de Walter Salles e Daniela Thomas, se desdobrem nesta busca de um outro registro dramático, mas com resultados menos satisfatórios. No caso de *Linha de passe*, as realidades sociais limitam, em vez de redimensionar a caracterização dos personagens, que acabam se restringindo a seus traços mais fortes, reiterados durante a narrativa, sobretudo no caso dos filhos: o evangélico, o jogador de futebol, o motoboy, o filho que quer conhecer o pai. Se há um esforço inicial em captar o imponderável do cotidiano, ele pouco a pouco cede a uma sobrecarga (melo)dramática que simplifica os traços de ambiguidade sugeridos inicialmente até o *gran finale* em montagem paralela. No caso de *No meu lugar*, a tentativa de esvaziar a violência pelo cotidiano não consegue firmar nenhuma visão estética, ética ou política muito particular sobre o Rio de Janeiro além do conhecido mote de uma cidade partida em que o ponto de encontro das classes sociais seria só a violência. Parece um filme feito de fora, não a partir de algo pessoal. Talvez só a família do jovem que assalta a casa ganha espessura e sutileza maiores. Tanto a família de classe média como a do policial carecem de boas atuações e consistência na construção. A busca de uma forma não melodramática distinta do folhetim novelesco fica no meio do caminho. Talvez um melhor esforço se encontre traduzido em *A fuga da Mulher*

Gorila (2009), de Felipe Bragança e Marina Meliande, *O céu de Suely* (2006), de Karim Aïnouz, e em *Os famosos e os duendes da morte* (2009), de Esmir Filho. Estes dois últimos analisarei em ensaio mais à frente.

Quanto mais penso na constelação que acabamos de delinear, ao optar pelo caminho que parte de Felicité, e não de Bartleby, passando por Biela e Mouchette, fica clara a necessidade de deslocar o debate feito por Agamben e Deleuze. Também parece que o caminho que seguirei não é a discussão de uma proposta do documentário contemporâneo, que até onde pude observar não me parece propor uma dramaturgia diferenciada.

No passeio feito pelos filmes deste ensaio reafirmou-se a importância de colocar não só o cotidiano, mas a experiência do homem comum num quadro transnacional. Trata-se não só de um tema, mas de uma questão formal presente na construção espacial (de personagens que pouco falam, de origem humilde, não intelectualizados, pouco reflexivos) e na valorização de não atores e de uma dramaturgia da contenção e da rarefação. Para frisarmos a importância do debate estético: do ponto de vista dramatúrgico, não se trata de voltar ao melodrama (ou, de resto, a qualquer tipo de gênero, tão a gosto da sensibilidade pós-moderna dos anos 1980 marcada pelo pastiche), que vê no dilaceramento afetivo, nas lágrimas e nos gestos grandiosos a esperança de uma vida bem menos ordinária, seja em tom sério ou sob o signo do *kitsch*, do *camp* ou mesmo do *trash*. Nenhum excesso, nem de risos nem de lágrimas, nem do transe tribal, dionisíaco, de Glauber Rocha e de José Celso Martinez Corrêa, do carnaval, das festas eletrônicas e dos bailes funks. Estamos, estou bem longe, como já mencionei, de Sade, Jarry e Artaud, bem como do deboche antropofágico-tropicalista. A opção é pelo registro da contenção e da essência do minimalismo, que busca o máximo de sentido com o mínimo de expressão, o que implicará ainda uma necessária e maior aproximação entre cinema, teatro e artes plásticas para redimensionar uma proposta estética transnacional que também se deslocou do espaço da tradição da videoarte. Muitas vezes, o uso vago ou não explorado do termo minimalismo, bastante recorrente fora das artes plásticas, parece quase um clichê: para que haja menos cenário, é necessário haver mais ator. O que procurei identificar nesse ensaio foi o menos não só no cenário, mas também na atuação, na dramaturgia e no espaço, em que a falta não se coloca como limitação da criatividade, mas desafio para trabalhar o minimalismo e sua eventual atualidade.

REFERÊNCIAS

AGUILAR, Gonzalo. *Otros mundos.* Un ensayo sobre el nuevo cine argentino. Buenos Aires: Santiago Arcos, 2006.

AMADO, Ana. "Cansancio y Precipitación." In: *La imagen justa*: cine argentino y política (1980/2007). Buenos Aires: Colihue, 2007.

ANDERMANN, Jens. "La imagen limítrofe: naturaleza, economía y política en dos filmes de Lisandro Alonso." *Estudios*, v. 15, nº 30, 2007.

APPADURAI, Arjun. *Modernity at Large. Cultural Dimensions of Globalization.* Minneapolis: University of Minnesotta Press, 1996.

BERLANT. Lauren. "Nearly Utopian, nearly Normal: Post-Fordist Affect in *La Promesse* and *Rosetta.*" In: *Cruel Optimism.* Durham: Duke University Press, 2011.

BERNINI, Emilio. *Silvia Prieto.* Un film sin atributos. Buenos Aires: Picnic, 2008.

BERRY, Chris. "Where is the Love? Hyperbolic Realism and Indulgence in *Vive l'Amour.*" In: BERRY, Chris; LU, Feii (orgs.). *Islands on the Edge.* Taiwan New Cinema and After. Hong Kong: Hong Kong University Press, 2005, pp. 89-100.

BETTENDORFF, Paulina. "Um director sigue a un actor, un espectador sigue a un director: el cine de Lisandro Alonso." In: MOORE, María José; WOLKOWICZ, Paula (orgs.). *Cines al margen* – Nuevos modos de representación en el cine argentino contemporáneo. Buenos Aires: Libraria, 2007.

BLANCHOT, Maurice. *La communauté inavouable.* Paris: Minuit, 1983.

BRAESTER, Yomi. "If We Could Remember Everything, We Could Be Able to Fly: Taipe's Cinematic Poetics of Demolition." *Modern Chinese Literature and Cinema*, v. 15, nº 1, primavera de 2003.

______. *Painting the City Red*: Chinese Cinema and the Urban Contract. Durhan: Duke University Press, 2010.

CANCLINI, Nestor Garcia. *Leitores, espectadores e internautas.* São Paulo: Iluminuras, 2008.

COSTA, Pedro. *Un mirlo dorado, un ramo de flores y una cuchara de plata.* Barcelona: Caprici, 2008.

DEVIRES. v. 5, nº 1, jan./jul., 2008. Dossiê Pedro Costa.

ELLIOT, T. S. *Poesia.* Rio de Janeiro: Nova Fronteira, 1981.

LIN, Xaoping. "Ja Zhang-Ke's Cinematic Trilogy." In: LU, Sheldon; YEH, Emilie (orgs.). *Chinese Language Film.* Honolulu: University of Hawaii Press, 2005, pp. 186-209.

LOPES, Denilson. "Poética do cotidiano." In: *A delicadeza:* Estética, experiência e paisagens. Brasília: Ed. UnB, 2007.

MARTIN, Fran. "*Vive l'Amour*: eloquent emptiness." In: BERRY, Chris. *Chinese Films in Focus.* Londres: BFI, 2003.

MASSENO, André. "Cicatrizes do corpo, cicatrizes da memória – o sujeito comum nas obras de Silviano Santiago e Lucrecia Martel." Rio de Janeiro, 2009. Fotocopiado.

McGRATH, Jason. "The Independent Cinema of Ja Zhang-Ke: From Postsocialist Realist Cinema to a Transnational Aesthetic." In: ZHEN, Zhang (org.). *The Urban Chinese Generation.* Durham: Duke University Press, 2007, pp. 81-114.

OUBIÑA, David (org.). *Martín Rejtman.* Buenos Aires: MALBA, 2005.

______ (org.). *La Ciénaga.* Buenos Aires: Picnic, 2006.

REHM, Jean Pierre; JOYARD, Olivier; RIVIERE, Daniele. *Tsai Ming Liang.* Paris: Dis Voir, s/d.

SANJURJO, Mariana. "Derivas de la identidad en la filmografia de Martín Rejtman." In: MOORE, María José; WOLKOWICZ, Paula (orgs.). *Cines al margen* – nuevos modos de representación en el cine argentino contemporáneo. Buenos Aires: Libraria, 2007.

SCHOLLHAMMER, Karl Erik. "O espetáculo e a demanda do real." In: FREIRE, João; HERSCHMANN, Micael (orgs.). *Comunicação, cultura e consumo.* Rio de Janeiro: E-Papers, 2005.

SHIH, Shuh-Mei. "Globalization and the (in)significance of Taiwan." *Postcolonial Studies*, v. 6, nº 2, 2003.

TANCELIN, Philippe et al. *Bruno Dumont.* Paris: Dis Voir, 2001.

WU, Meling. "Postsadness Taiwan New Cinema." In: LU, Sheldon; YEH, Emilie (orgs.). *Chinese Language Film.* Honolulu: University of Hawaii Press, 2005.

ZHANG, Yingjin. *Cinema, Space and Polylocality in a Globalizing Cinema.* Honolulu: University of Hawaii Press, 2010.

ZIZEK, Slavoj. *Bem-vindo ao deserto do real.* São Paulo: Boitempo, 2003.

Igrejas, cartões-postais e comunidades[86]

Grande coisa é assumir a humanidade, e maior coisa ainda, libertar-se dela.
O discípulo de Emaús, Murilo Mendes

No romantismo, a fé pôde sair das igrejas para ser expressa na natureza, alvo de um sentimento panteísta. Hoje em dia, mesmo as paisagens pós-industriais, deterioradas, de *Stalker* (1979), de Andrei Tarkovski, assim como as paisagens feitas de destroços, lixo e minas desativadas, de Edward Burtynsky (2005), parecem continuar e ampliar esta tradição, mas as igrejas, estes espaços tradicionais e privilegiados para a experiência da fé, que fim levaram? Não se trata de pensar a igreja sob a sombra de velhos e novos fundamentalismos, nostálgicos de verdades incontestáveis, mas a partir de uma necessidade presente, rediviva. Pensar a igreja, ainda como uma paisagem de fé,[87] de crença, possibilidade de reinvenção, mais do que como instituição, espaço de poder. Em meio ao mundo fragmentado e espetacularizado pelos meios de comunicação de massa, sentir a igreja como um lugar em que possamos crer, em que pode haver fé, foi a questão, mais ética do que religiosa, que me acompanhou. A fé pressupõe entrega, desejo de pertencer, encontrar, dissolver. A fé se constitui em uma posição afirmadora do mundo, até mesmo em uma forma de conhecimento,[88] distante do cinismo e da reserva

[86] Uma versão anterior deste texto foi publicada em MENDONÇA, Maria Luiza (org.). *Mídia e diversidade cultural.* Brasília: Casa das Musas, 2009.

[87] "Eis o que será necessário discernir: a fé nem sempre foi e nem sempre será identificável com a religião, nem tampouco com a teologia" (DERRIDA, 2000, p. 19).

[88] Se consideramos o cristianismo como primeiro projeto global que ancora o ocidentalismo e a colonialidade do poder (MIGNOLO, 2003, p. 46), é interessante pensar as relações entre fé

cética. Esta fé no mundo é traduzida por uma "fé na imagem" (GOVERNATORI, 2002, p. 54) concreta, material, intensa, que se coloca como uma alternativa à vertigem de uma estética do simulacro, marcada pela rapidez, descartabilidade, excesso de referências e metalinguagem.

Me preparo novamente. Caminho em direção. Quando entrar, quero me dissolver em água, me elevar aos ares, penetrar na terra. Uma imagem na parede. O mundo. Um mundo particular. Figura entre figuras. Imagem entre imagens. Coisas entre coisas. E se não acontecer? Aguardemos.

A necessidade de falar sobre a fé, hoje em dia, me levou, no cinema, a me interessar por Tarkovski, voltar a Dovjenko, escrever sobre Kieslowski a partir do sublime no banal (LOPES, 2007a), encontrar Paradjanov, Sokurov,[89] e, por fim, Egoyan, num trajeto muito particular por espaços em que pudesse desaparecer, digo, sem temor nem pudor, em encantamento, em fascínio. Andando por estas imagens, meu templo, procurava uma antítese ao excesso de eu penso, eu sinto, eu falo, eu critico, eu me oponho.

Há muito tempo desaprendi a rezar, e agora é como se estivesse voltando a me ajoelhar não por necessidade de acreditar em algo desesperadamente, e com certeza, não em Deus. O pedido era mais modesto: que eu nunca mais fosse eu mesmo.

Uma cena se repete: sempre me vejo entrar e me ajoelhar, mesmo sem acreditar, mas crendo. And I come to you, I come to you, I come to you. Como um mantra, as palavras se repetem. E eu continuo sempre a entrar, a me ajoelhar diante de ti, diante de vós.

---

e conhecimento, sobretudo dentro do contexto de um "pensamento liminar" e pós-colonial, em que as religiões, particularmente as que emergiram em contextos subalternos, não são compreendidas apenas como um fenômeno que ocupa um vazio deixado pelas perdas das esperanças utópicas do socialismo, mas como " possibilidade de dessubalternizar saberes e expandir o horizonte do conhecimento humano além da academia e além da concepção ocidental de conhecimento e racionalidade" (ibidem, p. 29).

[89] Para aproximações e diferenças entre Sokurov e Tarkovski, ver BORNSTEIN, 2007, pp. 31-35.

Se não nos elevamos, o peso do mundo nos esmagará.

O discípulo de Emaús, MURILO MENDES

Essa nossa viagem começa pela Idade Média, quando não só a igreja, mas sua própria construção, representava uma possibilidade de fé e crença, mesmo diante das maiores privações (fome, peste, guerra) – possibilidade de compartilhar, de constituir uma comunidade,[90] mesmo de utopia, sob a sombra do religioso, como podemos ver em *Andrei Rublev* (1966), de Tarkovski,[91] sem se restringir à submissão a dogmas. A "teologia material" (ZIZEK, 2001, pp. 102-103) de Tarkovski, definida por uma "transcendência na imanência" (GOVERNATORI, 2002, p. 58), se expressa em espaços em que terra e água[92] se misturam constantemente, converge na penosa e longa construção de uma igreja e tem seu clímax no momento em que se experimenta o sino para ver se ele funciona. O sino é a primeira imagem do filme, e seu teste conclui a trama e a travessia do protagonista. Não se trata de simples submissão a uma tradição, mas do segredo de como construir sinos. Tido como perdido, ele é resgatado pela fé e pelo esforço concreto – de sofrimento e do duro trabalho coletivo – convertido na imaterialidade do som que toca, ressoa e congrega toda a pequena cidade ao redor. Não se trata de nostalgia de um passado comunal, de um mero escapismo em momentos difíceis, mas de uma aposta improvável na fé, quando talvez

---

[90] O debate sobre a atualidade do conceito comunidade tem se desdobrado não só filosoficamente a partir de trabalhos como os de Blanchot, Agamben, Nancy (para uma síntese, ver PELBART, 2003, pp. 28-41; TARIZZO, 2007, pp. 31-62 e ANTELO, 2007), bem como nos quadros dos estudos midiáticos (PAIVA, 2003). Já desenvolvi um pouco mais esta discussão em ensaio anterior.

[91] Para uma leitura mais ampla e detalhada deste filme, ver BIRD, 2004.

[92] Para uma apresentação da obra de Tarkovski, em especial, na leitura de elementos naturais, ver CAPANNA, 2003, pp. 213-218. Há outros trabalhos que contextualizam sua obra no contexto da cultura russa e fazem um apanhado geral dos filmes (BAECQUE, 1989; JOHNSON; PETRIE, 1994). O próprio livro de Tarkovski, *Esculpir o tempo*, é uma boa reflexão sobre seu trabalho, tanto do ponto de vista estético quanto ético, bem como suas entrevistas (2006).

não fosse razoável acreditar nela, como Yefim (Nikolay Glazkov),[93] personagem que experimenta construir um precursor do balão no início da narrativa e em quem a ética de Tarkovski já aparece traduzida. Ícaro medieval. Vê o que nenhum homem vira até então: olha de cima. Meio humano, meio divino, meio pássaro. Faz o que ninguém fizera até então: não teme o medo a ponto de impedir a realização do sonho, não teme a queda que acaba de acontecer, pois o importante não é a queda, é o que se vivenciou, o que se criou.

Este filme, todo sustentado pelo peso de uma poética da terra, inicia-se curiosamente com uma história-parábola de um homem que quer voar, ser leve, num momento em que não se poderia esperar isso. A experiência da fé decorre de um desejo criador, de uma certa impossibilidade que poderia ser considerada insensatez, até mesmo loucura, traduzida não no desejo de negar o mundo, o corpo, mas de transformá-lo pela graça.[94] O início de *Andrei Rublev* guarda uma semelhança com a cena de abertura de *O espelho* (1974), também de Andrei Tarkovski, em que experiências extrassensoriais são apresentadas. Cena também não relacionada diretamente ao filme, mas que sintetiza o que vamos assistir, desafia o espectador, como se perguntasse se ele é capaz de crer no que verá, na imagem, em algo que está ao mesmo tempo dentro da imagem e além dela. Voltando à biografia poética do pintor de ícones Andrei Rublev, o filme de Tarkovski nos faz lembrar de uma outra grande leitura da Idade Média: *O sétimo selo* (1957), de Ingmar Bergman. Tanto no filme de Bergman quanto no de Tarkvoski, a morte parece levar a todos, menos à arte, seja representada pela família de artistas popu-

---

[93] Parente dos heróis delirantes de Werner Herzog como Aguirre, Fitzcarraldo ou mesmo de vários dos biografados em seus documentários, como em *Homem urso* (2005), para quem a experiência transcendental vem do próprio fracasso diante do mundo, por não conquistar o sonho desejado.

[94] "Todos os movimentos *naturais* da alma são controlados por leis análogas às da gravidade física. A graça é a única exceção." (WEIL, 2007, p. 1)

lares em *O sétimo selo*, seja pelos ícones de Rublev (Anatoli Solonitsyn). No fim, as pinturas explodem na tela, únicas imagens coloridas do filme, ao som do sino que toca, ultrapassando os limites da cerimônia oficial com a presença de autoridades. O som emitido pelo sino simboliza o fim do voto de silêncio de Andrei Rublev, o seu desejo de voltar a pintar nas igrejas, apesar do mundo ser marcado por tanto sofrimento. Ao mesmo tempo, o jovem, mesmo sem saber o segredo do pai para construir sinos, redescobre-o não só como um ato de fé, mas também de vontade. Não se trata de um artista que impõe sua voz e assinatura ao mundo, mas que de corpo e alma se transforma em obra, desaparece no seu próprio trabalho, no próprio espaço da igreja, construído por tantos, na humildade que é "a recusa de existir fora de Deus" (WEIL, 2007, p. 40). A igreja, desde sua própria construção coletiva até a realização da missa, se apresenta como um espaço comum, onde todos podem entrar e participar, se misturar e se dissolver. Portanto, é a partir do comum, da sua materialidade, das suas sensações que o espaço da Igreja nos oferece uma transfiguração entre o inumano e o divino. No gesto final, o filme se encerra na busca de um "olhar iniciático, explorador do invisível" (FARAGO, s. d., p. 25), uma louvação, um aleluia, uma oração que poderia começar assim: Cordeiro de Deus, que tirais os pecados do mundo, dai-nos não a paz, mas a fé.

Da Idade Média ao barroco emerge uma outra experiência, uma outra cena, nem derivada da tragicidade grega, nietzschiana ou aristotélica, mas também diferente da tradição popular, grotesca, estudada por Bakhtin (1987). Não é à toa que o bufão é punido em *Andrei Rublev*, calado pelos padres e preso pelos boiardos, só reaparecendo quando da construção do sino no final da narrativa. O riso, a farsa, a sátira e mesmo a ironia são excluídos (ver MINOIS, 2003), em grande medida, desta experiência séria e hierática da fé traduzida por uma arte que se coloca como "um processo iniciático" (DUBY, 1978, p. 85) em que a dor pode ser dilacerante, mas deve ser contida, ou, pelo menos, sublimada, teatralizada, quando não conciliada, redimida, em vez de simplesmente extravasada. Ao contrário do caos do mundo encenado por Shakespeare e mais próximo da conciliação final em *A vida é sonho*, de Calderón de la Barca, no mundo medieval a possibilidade de salvação era algo concreto, presente. Na experiência mística do recolhimento e do silêncio que se processava, era também uma sutil e discreta subversão, diferente da transgressão popular do humor, experiência que emerge de dentro das próprias instituições religiosas, estabelecendo com elas um permanente jogo de tensão e conciliação para que possa existir. Nem ceticismo, nem cinismo, nem nostalgia de utopia, mas uma arte que busca a salvação, a conciliação, e traduz a esperança dos homens em se libertar de um mundo estreito, indócil, transitório, caduco.

Se a vanguarda priorizou o confronto, o choque, o escândalo, a ruptura, talvez esta viagem possa estar nos levando mais longe do que esperávamos, não apenas por ruínas de um passado, mas pela possibilidade de um outro presente, rumo a um outro futuro. A arte medieval acredita na salvação e quer representar o absoluto, sem procurar traduzir a realidade sensível nem ser abstrata. E, se a natureza é um reflexo fiel do sobrenatural, o artista procura encontrar equivalências para as claridades entrevistas nas contemplações místicas (DUBY, 1978, p. 89). "Toda a arte dos monges é como que aspirada pelo desejo de Deus" (ibidem, p. 89). Portanto, "é justo afirmá-lo: a arte do século XI contribui para desvendar o rosto de Deus. Ilumina. Pretende oferecer ao homem o meio seguro de ressuscitar para a luz" (ibidem, p. 96).[95] Luz geradora de uma poética que, como nos trabalhos de Adolphe Appia, vai do criado para o incriado, do material para o inefável (ibidem, p. 107), apresentando-se contida e austera nos mosteiros ou espetacular quando filtrada pelos vitrais de catedrais. A luz bem pode ser ainda,

[95] Para a luz como representação do divino no cinema, em especial da figura de Cristo, ver análise de *O rei dos reis* (1927), de Cecil B. Demille (VADICO, 2005, pp. 234-242).

naquele tempo, um outro nome de deus (ibidem, p. 105), e não a tradição que prenuncia o humanismo renascentista, que fez Deus à nossa imagem e semelhança.

Se as igrejas foram o palco do espetáculo gótico e barroco, talvez tivéssemos que olhar os lugares mais discretos, menos imponentes: os claustros e mosteiros, lugares de preservação do saber e das artes com suas bibliotecas, também instituições totais, para usar a conhecida expressão de Erving Goffman, com suas próprias normas, rigidamente disciplinadas, mas também fratrias, espaços de solidariedade e fraternidade definidos idealmente pelo silêncio, despojamento e simplicidade como "lugares de compensação espiritual" (DUBY, 1978, p. 67) contrapostos ao caos do mundo (ibidem, p. 72). Tudo tão diferente do mundo contemporâneo, saturado por informações oferecidas de forma cada vez mais rápida e em maior quantidade. O silêncio talvez se torne menos uma marca de diferença e negação, espaço de exílio e resistência ao mundo, como para o artista moderno, e mais de integração e dissolução num conjunto, numa paisagem, como o que o protagonista (Julian Sands) de *Noites com sol* (1990), dos irmãos Taviani, inpirado em *Padre Sérgio*, de Liev Tolstói, acaba por encontrar. O protagonista é um belo e ambicioso oficial do Exército que abandona a vida mundana da corte, em Nápoles, para ser monge eremita, em busca de recolhimento e isolamento numa cabana. Mas, quando ela se transforma em lugar de peregrinação graças às reformas feitas pela Igreja e o eremita vira alvo de adoração, ele se veste como um pastor e se torna um andarilho pobre, num desejo de uma vida simples, renovada em pequenas coisas, dia após dia, sob o sol, à luz da fé, ainda que de noite.

No início do filme, ainda criança, ele pede a uma árvore em sua terra natal que faça com que uma folha seca caia em sua mão, como um sinal de acolhimento e pertencimento. E assim acontece. Quando volta, adulto, fugindo da fama de realizador de milagres, agora como monge, pede a mesma coisa, e a cena não se repete. Este gesto parece afirmar a impossibilidade do retorno dos sonhos infantis.

Ele se tornou um anônimo nas terras onde antes sua família morava, não como o anônimo solitário na multidão, mas talvez com uma experiência mais próxima do *flâneur*, que, encantado, se dissolve no espaço frenético da cidade. Perder-se nas paisagens que foram de sua infância é uma outra forma de pertencimento que não a nostalgia. O pertencimento não é mais o do lar, da sua terra natal.

A conquista deste pertencimento passa por um sacrifício, palavra negada hoje em tempos de máximo hedonismo e individualismo, como o do menino sem voz (Tommy Kjellqvist), em *Sacrifício* (1986), de Tarkovski, que todos os dias rega uma árvore seca para que ela possa voltar a brotar. E este dia chega, fruto do esforço diário, mas também de um milagre, após seu pai (Erland Josephson) ter se sacrificado, queimado a própria casa e ter sido internado num hospício para que o mundo se salvasse e o filho mudo pudesse dizer: "No princípio era o verbo." Ou, como no fim de *Andrei Rublev*, em que o protagonista renuncia ao voto de silêncio ao ouvir o sino tocar, fruto do esforço de toda uma comunidade, mas também devido ao acaso, a uma graça, que possibilita continuar um pouco mais. Buscar o pertencimento por um sacrifício, quando nada nem ninguém nos acolhe, quando não nos sentimos parte de nada a não ser, talvez, do mais concreto e material da existência, o dia a dia, o cotidiano, na sua surpresa e na sua repetição. É como se estivéssemos num grande claustro, mas sem esperança na ressurreição, no Juízo Final, apenas em viver este dia que ainda nos coube porque do amanhã, quando poderemos já não ser, nada sabemos. Pertencer a este momento e não a outro, pertencer a cada momento de forma tão presente como se ele não fosse mais passar. Uma oração que nos leve não a um outro mundo, mas cada vez mais para este mundo, não para a desistência da ação e do viver como em *Bartleby*,[96] de

[96] Reafirmo que o personagem comum que procuramos delinear aqui pode se aproximar do "qualquer definido por Agamben [que] se apoia na singularidade, independentemente de estar incluído em um grupo, em uma classe, em uma pertença. Seriam esses seres do limbo, espécies

Melville, nem para ser como o espectador, absorvido na contemplação do mundo, mas para pertencer ao quadro, estar na paisagem, como os personagens de *As ondas*, de Virginia Woolf.

Saltando no tempo e por filmes, quando, no fim de *Amor à flor da pele* (2002), de Wong Kar-Wai, Chow Mo-Wan (Tony Leung) chega a Angkor Vat, o maior templo religioso do mundo, localizado no Camboja, e deixa seus segredos num pequeno buraco de uma coluna, é como se sua dor se dissolvesse, encontrasse expressão, diluída na grandiosidade do espaço vazio, equivalente à grandiosidade do tempo e da história, representada pelo telejornal que fala da chegada de Charles de Gaulle à região. Seria outro "fim de mundo", como para Chang (Chang Chen), em *Felizes juntos* (1997), também de Wong Kar-Wai, que leva os lamentos do protagonista Lai Yu-Fai (Tony Leung) até um farol em Ushuaia, no extremo sul da Argentina. Ambos são lugares distantes dos grandes centros urbanos, como o deserto australiano em *Até o fim do mundo* (1991), de Wim Wenders. Lugares de regeneração em que a viagem para chegar a eles parece uma peregrinação contemporânea, ritual de sacrifício que implica um aprendizado, uma possibilidade de renovação ou confirmação do que se é.

Anda-se tanto e, ainda assim, sempre nos deparamos com o que gostaríamos de deixar; nunca podemos esquecer de todo, ser outros, nos inventar radicalmente. As promessas da viagem são sempre um tanto ilusórias. Se não podemos esquecer, podemos ter, por um minuto, a vaga sensação de nos perder. Em vez do acolhimento em espaços contemporâneos, as ruínas parecem assumir novos sentidos,

---

de cartas sem destinatário, ressuscitados sem destino" (SEDLMAYER, 2007, p. 16). No entanto, Bartleby, encarnação desse homem qualquer, revisitado por Deleuze e Agamben, configura um caminho moderno do homem comum, parente de Bouvard e Pécuchet, dos personagens kafkianos (SEDLMAYER, 2007, p. 19) ou mesmo beckettianos que, ao menos até onde vai minha compreensão, são diferentes do que venho tentando trabalhar aqui, tanto em seus desdobramentos estéticos quanto éticos a partir de uma poética do cotidiano marcada pela delicadeza e pela leveza (LOPES, 2007b).

mais próximos às nossas subjetividades de hoje. Talvez possamos aceitar melhor igrejas e templos como ruínas para que eles percam sua dimensão de autoridade, de instituição, do peso de dogmas e normas. É das ruínas destes espaços que pode emergir uma outra religião, um outro templo, uma outra fé, como da velha igreja que o protagonista de *Nostalgia* (1982), de Tarkovski, vislumbra refletida na poça de lama.

Neste sentido, o fim de *Nostalgia* desdobra ainda mais o sentido da igreja como paisagem de fé e pertencimento. O protagonista é um poeta russo, chamado Andrei Gorchakov (Oleg Yankovsky), alter-ego do diretor e exilado na Itália, distante da mulher e do filho. Ele inicia sua viagem à procura de uma igreja, em meio a uma paisagem enevoada, onde, por vezes, desaparece. "Não desejo mais nada que seja só para mim" – ele fala mais à frente, afastando-se cada vez mais da mulher que o guia (Domiziana Giordano) e aproximando-se de Domenico (Erland Josephson), que, esperando o fim do mundo, trancou sua família por sete anos na esperança de se salvar. Quando sua família é retirada de casa, ele desenvolve a obsessão de cruzar uma velha piscina nas termas Vignoni com uma vela acesa. Sem nunca conseguir, ele parte para Roma, onde faz um discurso apocalíptico, mas sem resultado. Antonio Conselheiro sem seguidores. Ante os olhares indiferentes dos presentes, ele se queima em praça pública, não sem antes perguntar ao protagonista se ele tinha feito o que lhe pedira. É o poeta, vítima da existência de fronteiras entre os países e, ao mesmo tempo, dissolvendo-se entre a Itália e a Rússia, entre o passado, o presente e a frágil promessa de um futuro que irá completar o desejo de Domenico. Em vez de partir imediatamente para Moscou, Andrei realiza o pedido de Domenico. Ele cruza a piscina com uma vela acesa. Ato gratuito, sem ninguém por perto para presenciar. Gesto pequeno, discreto, menos grandiloquente do que o sacrifício de Domenico ou do protagonista de *O sacrifício*. Se o monge budista que se incendiou serenamente em praça pública como forma de protesto à Guerra do

Vietnã ganhou as páginas de jornais e telas de televisão mundo afora, talvez o que Tarkovski nos lembre é a importância de outros gestos, talvez mais sutis, talvez mais eficientes neste tempo em que tudo é anestesiado pelo sensacionalismo midiático.

Se *Nostalgia* começou por uma viagem pela Itália em busca de uma igreja, é outra que aparece refletida, primeiro, numa poça de lama, ao lado da qual Andrei está, e tendo ao fundo uma casa, talvez a sua. Lentamente, conforme a câmera se afasta, vemos que ele está rodeado por paredes de uma igreja, sem teto, com as portas abertas, misturando-se com a natureza, parte de uma paisagem ao mesmo tempo irreal e reconhecida, uma casa conquistada, não só sonhada ou lembrada, diferente da visão da casa que aparece no fim da viagem rumo ao planeta desconhecido em *Solaris* (1972), também de Tarkovski. Esta igreja, sem quadros e ícones; é como se tivéssemos que a povoar, criar outras imagens. Parece que Tarkovski revisita a própria Idade Média não para resgatar a perspectiva inversa que privilegia a multiplicidade de planos, a representação de centros diferentes no quadro, mas ele também não adere pura e simplesmente a uma perspectiva linear e ilusionista, de origem renascentista, centrada no olhar humano. Tarkovski procura desconstruir o humanismo, o antropocentrismo, não revisitando a tradição da vanguarda do século XX, mas a partir de uma tradição medieval, em que

> os planos, no entanto, obedecem a outra ordem de organização. A ilusão do espaço é renunciada em benefício da multiplicidade de um mundo vivente onde o divino emana a sua luz criadora e tudo se movimenta e vibra e se mostra de "dentro para fora". Busca os estados interiores da matéria e a sua ordenação em movimento no mundo à luz de um poder criador (JALLAGEAS, 2007, p. 84).

De volta ao fim, sentado no chão áspero, sem grama. Uma igreja na poça d'água. Terra, barro, água. A imagem se dissolve. Andrei levanta os olhos. Uma igreja enorme ao redor. Terra, barro, ar. Poderia voar. Mas apenas se deixa estar. Sem nada esperar. A não ser quando alguém tocar nesta imagem. Será no próximo momento. Ele não tarda em chegar para, enfim, desaparecer, pertencer. Não uma ideia, uma pessoa, mas um lugar, um espaço para ser. Ou ainda menos, não pertencer, mas apenas estar. Vegetal. Mineral. Nunca animal nem espiritual. A neve caindo. Sem dor. Sem alegria. Apenas isso. Nada mais. Já passou. Sem memória. Sem pressa. Já desapareceu. Sem lamento. Nem destino. O barulho da neve. A neve.

> O invisível esconde-se no visível.
>
> *Poliedro*, MURILO MENDES

Em *Calendário* (1993), de Atom Egoyan, quando o fotógrafo (numa atuação do próprio diretor) vai para a Armênia fazer um calendário com fotos de igrejas e templos antigos, não é a crença que o move, e sim um trabalho. A lista dos lugares a visitar foi feita pela empresa que encomendou o calendário, e o fato de ser descendente de armenos em nada parece interferir na sua viagem. Já Arsinée Khanjian, sua esposa (e mulher do diretor), que, por falar armeno, se torna uma espécie de tradutora entre ele e o motorista (Ashot Adamyan), tenta construir uma ponte entre o Canadá, lugar para onde o fotógrafo volta, onde foi criado, e a Armênia, de onde os pais dele vieram. Ponte entre as imagens da viagem gravadas antes da separação, que aconteceu em algum momento durante ou após o tempo passado na Armênia. O presente está povoado por lembranças e pela voz da mulher que aparece, às vezes, na secretária do telefone. É ela que se deixa encantar pela Armênia, que é também a terra de seus ancestrais, ao mesmo tempo que parece se interessar pelo motorista. Sabemos que ela ficou na Armênia depois da volta do fotógrafo. O que ficou com o fotógrafo foram as imagens dela, o vídeo feito na viagem, que ele vê e revê. Lá estão as últimas imagens da mulher antes da separação e as imagens do calendário, a princípio frias e distantes.

As imagens do calendário, quase sempre de velhas igrejas, dessa cultura antiga que foi o primeiro Estado a se tornar oficialmente cristão, ganham vida como um simulacro construído por planos fixos, atravessados pela aparição de sua mulher e do motorista. Da foto na parede, num momento fugaz, emerge um movimento, o filme da lembrança, a paisagem plena e tridimensional, povoada, explorada por Arsinée e pelo motorista. Eles caminham – talvez se percam, talvez se encontrem diante do fotógrafo que apenas vê e ouve desatentamente as estórias sobre o passado da Armênia, contadas sedutora e generosamente pelo motorista. O fotógrafo só parece entender a linguagem técnica para compor uma bela foto, fazer seu trabalho e tudo relacionado a ela, à linguagem do dinheiro. Só o calendário que foi pago para fazer parece ser sua procura. Nada além do desejo profissional de conseguir a melhor imagem estética e tecnicamente, um cartão-postal, não mais do que isso. Para ele, as igrejas são imagens quaisquer, paisagens externas. No entanto, pouco a pouco, as igrejas se tornam, ao menos para Arsinée, o motorista e para este espectador, paisagens onde se pode viver, lugares cheios de história, de passado, mas também de presente e futuro, de afeto. Não apenas um lugar qualquer no mundo onde se é pago para ir, que se paga para ver numa sala de cinema, no DVD em casa, mas algo fruto de um olhar que deseja pertencer, se envolver. Na paisagem descampada, a princípio arcaica, exótica ou rural, povoada por ruínas, em meio à natureza e às ovelhas, o encontro de Arsinée e do motorista acontece diante dos olhos do fotógrafo, é registrado por ele, fala da dificuldade deste de deixar o seu lugar de trás da câmera e também ser personagem, não só aquele que vê, mas que vive, corre risco, abre-se para o inesperado, o casual, o momentâneo, o gratuito, o que é oferecido sem preço, só pela possibilidade do encontro, da conversa. O fotógrafo encena uma mudança, uma resposta. Adota uma menina armena. Sai com mulheres contratadas para falarem línguas estrangeiras ao telefone enquanto rabisca, tenta escrever uma carta que parece rasgar no fim. Comenta em pensamento as imagens da viagem gravadas em vídeo, imagens que ele não entende, como se fosse compor uma carta por imagens também nunca concluída, sem chegar à destinatária, perdendo-se no caminho, no nosso caminho. Sua (ex)mulher deixa mensagens no telefone. Ele ouve sem nunca atender. Ele envia a ela um calendário sem nada dizer. Ela fala do seu afeto, lamenta que ele não responda e, por fim, com o tempo passando, também o calendário que ele fez, que eles viveram, com o ano terminando, um ano sem se verem, vai ser tirado da parede e ela pergunta: onde você está? Onde eles estão? Onde nós estamos parece ser uma pergunta mais importante do que o que somos. Lentamente o motorista e a mulher caminham em direção a mais uma igreja, para dentro da imagem, onde o fotógrafo nunca foi, nunca quis, nunca pôde. Para ele, é impossível se deixar perder na paisagem, se deixar pertencer; ele só pode ver, espectador passivo. E é para lá que somos convidados. Ficaremos no limiar ou iremos, tentaremos ir, ao menos, além. Não para rezar, em busca de uma experiência religiosa, mas de um encantamento que pudesse emergir não do passado, mas do presente da imagem, da imagem como uma dádiva. Ou menos, bem menos, um rápido passeio enquanto o fotógrafo fazia seu trabalho, o tempo do clique, um instante, nada mais.

Em *Exótica* (1994), filme posterior de Egoyan, não se precisa viajar. O estranho é algo que nos habita, que nos constitui, nos destitui. O mundo é uma selva em que precisamos ser encontrados, salvos no momento em que seríamos mortos ou permanecermos sempre alertas, como um peixe, que pode ser devorado sem perceber, desaparecer num facho de luz nas profundezas do mar mais desconhecido. O espaço aberto está no passado, na lembrança de um primeiro encontro que será sempre lembrado, encenado, ritualizado, uma prisão. Quando fechamos a porta da casa, nossos fantasmas, nossos monstros parecem ocultos, mas são impossíveis de serem negados; ficam invisíveis, mas presentes. Mas há que se aprender a ver o invisível. Aqui, a crença trata de um esquecimento, como uma escolha, uma possibilidade de viver. O desejo é um ser estranho que nos habita, um vírus sem moral, um ET, inumano.

Em *Doce amanhã* (1997), Egoyan nos leva a paisagens em que a vastidão da planície se confunde com o desamparo e o desejo de acreditar, de pertencer, de se salvar. O que fazer depois de uma grande perda, de uma catástrofe? Contemplar as ruínas de um passado solitariamente? Isolar-se ou procurar um outro local, construir um outro lugar de pertencimento, uma outra comunidade, uma outra fé? A aposta parece estar na busca, senão de uma comunidade, de uma experiência de pertencimento, não mais marcada pela raiva, pelo ressentimento, que se nutre de um necessário esquecimento para aprender a falar de novo, a contar estórias, uma vez mais, com frescor e vitalidade. Não mais condenados à espera em meio ao desamparo, ao sentimento de orfandade diante do mundo. Recomeçar. Possível para aqueles que já não estão mais no inferno da dor, da angústia: sobreviventes da catástrofe, quando começa o lento, diário, pequeno trabalho de reconstruir, depois que tudo, ou pelo menos tudo que importava ou parecia importar, se perdeu.

O que me interessa não é tanto a viagem do advogado (Ian Holm) em busca da filha (Caerthan Banks), no desejo desesperado de cuidar dela, mesmo com a sensação de ser em vão, de não ser mais que um paliativo até a provável morte da moça decorrente do uso excessivo de drogas. Talvez se trate de algo mais simples: mover-se pouco a pouco, reeducar o corpo, levantar-se da cama, recomeçar o dia. Depois da peste, da catástrofe, buscar outros ritos que não sejam os da dor. Não voltar para casa, num exercício de nostalgia possível, outra faceta da morte, mas compor uma nova igreja, uma nova comunidade, uma outra casa.

Este momento de impasse pode se traduzir num instante de reinvenção ao se cruzar a fronteira e traçar novos desafios. *Doce amanhã* representa também este momento na carreira de Egoyan não só por ter deixado o terreno do cinema independente e atingido um público maior, tendo recebido até mesmo indicações para o Oscar, bem como por deixar os vínculos mais explícitos com sua herança armena desaparecerem. O filme, adaptação do romance homônimo de Russel Banks, acontece, em vez de em uma pequena cidade ao norte do estado de Nova York, como está no livro, em algum lugar no Canadá, sem referências precisas. Trata-se de um momento de quebra de laços, vínculos. Mesmo que seus filmes, depois de *Doce amanhã*, talvez não tenham sido bem-sucedidos nesta empreitada, é importante estar atento a este limiar.

Diferente de seus filmes anteriores, sobretudo em *O calendário,* a ironia e o uso de diferentes linguagens audiovisuais são praticamente substituídas por um registro clássico, sério e sóbrio, atento à magnitude da paisagem nevada, em que casas esparsas, vistas de fora, formam a pequena cidade, contraposta aos espaços interiores das casas onde se dão os encontros dos personagens antes e depois do acidente. A música, desde o início, dá um tom épico e ritualístico, numa espécie de espiral que vai das casas e das famílias, passa para a pequena cidade, assume dimensões míticas pelo vínculo com a estória do flautista de Hamelin e até ecoa um desejo refundacional de repensar o que nos une. Hoje. Questão que nos perturtba, nos avassala e que fica sem resposta, mas que precisa ser colocada – mais e mais.

A montagem, como Egoyan já havia feito em *O calendário*, desdobra-se num quebra-cabeças labiríntico a partir do acidente, como Julio Medem fez em *Os amantes do Círculo Polar* (1998): vários tempos, fragmentados, divididos entre os momentos anteriores ao acidente, o acidente, depois do acidente, o julgamento e os dois anos decorridos depois disso.

Nosso olhar de espectador acompanha o advogado que chega à comunidade e quer promover um processo legal, buscar uma causa para o desastre, culpados a serem punidos diante do fato arrasador da morte de muitas das crianças da comunidade num acidente em que um ônibus derrapou na estrada e caiu num lago congelado, afundando pouco depois.

Em *Doce amanhecer*, Egoyan foi seduzido pelas ilusões de um cinema mais dramático (GRUBEN, 2007, p. 271), mas o vínculo com o melodrama familiar, em vez da paródia moderna de Fassbinder, que acentua a crueldade das relações, ou da visão amoral de Almodóvar, aqui se dá através de uma questão ética e espiritual: o que faz as pessoas se unirem, terem algo em comum. Poderíamos começar com a visão do advogado que vê, desesperançado, sua filha se envolvendo cada vez mais com as drogas, num processo de degradação econômica e pessoal, alternando passagens por clínicas de tratamento, andando de cidade em cidade, morando em qualquer lugar, tendo até participado de um filme pornográfico, só ligando para o pai quando precisa de dinheiro, até tornar-se soropositiva. A visão do advogado nos lembra um outro pai (George C. Scott), o de *Hardcore* (1979), de Paul Schrader, que também vai à procura da filha envolvida com prostituição e pornografia. A visão do advogado é a de um moralista que vê um mundo em desagregação e tem a necessidade raivosa de achar culpados, de punir em meio à memória familiar de um passado, senão feliz, pelo menos de compartilhamento, de encontro entre ele, sua mulher e sua filha, para sempre perdido.

Os outros personagens, depois do acidente de ônibus, caminham para uma espécie de outro espaço e tempo, definido por Nicole (Sarah Polley), adolescente que sobreviveu ao acidente, como "sweet hereafter", doce futuro, devir traduzido como doce amanhã. Nesse tempo, é necessário esquecer para viver, como Dolores (Gabrielle Rose), a motorista do ônibus, que volta a trabalhar, ou a própria Nicole, que narra a parábola do flautista de Hamelin, a partir de um poema de Robert Browning, a duas crianças que irão morrer no acidente. Estória que se mistura ao fato ocorrido como forma de lidar com o que vem depois – a grande perda, a catástrofe – quando tudo se tornar "estranho e novo", nas palavras que são lidas e repetidas no final. Nicole, no corredor da casa dos Ansel, onde trabalha como baby-sitter, vê uma luz pela janela que pode ser do carro do pai (Tom McCamus), que vai pegá-la e levá-la para o celeiro onde os dois trocam carícias,[97] ou algo ainda mais misterioso, impalpável. A atitude de Nicole diz da possibilidade de narrar depois da catástrofe, de falar da experiência não como fechada encenação do eterno luto e da dor, nem como mera vingança, ressentimento pelo pai ter se distanciado fisicamente depois do acidente que a deixou paralítica, mas possibilidade de reinvenção de um presente e de um futuro.

Depois da catástrofe, não o lamento eterno, ficar na condição de vítima, do que Nicole foge, nem o desespero, cínico ou trágico, mas uma serenidade diante da realidade, um aprendizado modesto e cotidiano da perda sem ser uma celebração da morte nem um discurso grandiloquente e messiânico de salvação. A Nicole, como ao menino manco que não é levado pelo flautista de Hamelin, como a nós, espectadores, que dessa forma também fomos deixados de lado, cabe uma herança e uma tarefa de construir um doce amanhecer, quando tudo é estranho e novo. "Sua alma desmaiava lentamente, enquanto ele ouvia a neve cair suave através do universo, cair brandamente, como se lhes descesse a hora final, sobre todos os vivos e todos os mortos" (JOYCE, 2003, p. 222). Há coisas mais importantes do que a felicidade.

---

[97] A relação íntima entre pai e filha é quase consensual (BOYD, 2007, p. 277). Diferente da questão do assédio sexual – que assolou tanto a mídia norte-americana, nos anos 1980 e 1990, presente em belos filmes como *Oleanna* (1994), de David Mamet –, focaliza as relações de poder no espaço da sexualidade, bem como de uma encenação a partir do tabu do incesto. A relação entre Nicole e o pai também aponta para um outro caminho que não parece ser da relação marcada pela ausência completa de intimidade, pelo suporte financeiro e só se faz presente nos momentos de maior necessidade. "Algo estranho e novo."

REFERÊNCIAS

ANTELO, Raul. "La communità che viene: Ontologia da potência." In: SEDLMAYER, Sabrina; GUIMARÃES, César; OTTE, Georg (orgs.). *O comum e a experiência da linguagem*. Belo Horizonte: Ed. UFMG, 2007.

BAECQUE, Antoine de. *Andrei Tarkovski*. Paris: Cahiers du Cinéma, 1989.

BAKHTIN, Mikhail. Introdução. In: *A cultura popular na Idade Média*. São Paulo: Hucitec; Brasília: EdUnB, 1987, pp. 1-51.

BENSMAÏA, Redá. "L'Espace quelconque comme personnage conceptuel." In: FAHLE, OLIVER; ENGELL, Lorenz (orgs.). *Le Cinéma selon Deleuze*. Paris: Presses de la Sorbonne Nouvelle; Weimar: Universität Weimar, 1997.

BIRD, Robert. *Andrei Rublev*. Londres: British Film Institute, 2004.

BORNSTEIN, Thorsten Blotz. *Films and Dreams*: Tarkovsky, Bergman, Sokurov, Kubrick, and Wong Kar-Wai. Plymouth: Lexington, 2007.

BOYD, Melanie. "To Blame Her Sadness: Representing Incest in Atom Egoyan's *The Sweet Hereafter*." In: TSCHOFEN, Monique; BURWELL, Jennifer (orgs.). *Image and Territory*: Essays on Atom Egoyan. Ontario: Wilfried Laurier, 2007, pp. 275-294.

BULLOT, Erik. *Sayat Nova de Serguei Paradjanov*. Crisnée: Yellow Now, 2007.

BURTYNSKY, Edward. *Manufactured Landscapes*. 4ª ed. Ottawa: National Gallery of Canada; New Haven: Yale University Press, 2005.

CALDERÓN DE LA BARCA. *A vida é sonho*. Lisboa: Estampa, 1973.

CAPANNA, Pablo. *Andrei Tarkovski*: El Ícono y la Pantalla. Buenos Aires: Ediciones de la Flor, 2003.

CAZALS, Patrick. *Serguei Paradjanov*. Paris: Ed. de Etoile/Cahiers du Cinéma, 1993.

DELEUZE, Gilles. "Carta a Serge Daney: otimismo, pessimismo e viagem." In: *Conversações*. Rio de Janeiro: Editora 34, 1992.

DERRIDA, Jacques. "Fé e saber." In: DERRIDA, Jacques; VATTIMO, Ganni (orgs.). *A religião*: O seminário de Capri. São Paulo: Estação Liberdade, 2000.

DESBARATS, Carole et al. *Atom Egoyan*. Paris: Dis Voir, 1993.

DUBY, Georges. *O tempo das catedrais*. Lisboa: Estampa, 1978.

ECO, Umberto. "A nova Idade Média." In: *Viagem na irrealidade cotidiana*. Rio de Janeiro: Nova Fronteira, 1984, pp. 73-100.

FARAGO, France. "La Realité Plénière du Spirituel: Andrei Roublev." *Etudes Cinemaographiques*, s/d, pp. 135/138.

GOVERNATORI, Luca. *Andrei Tarkovski*: l'art et la pensée. Paris: L'Harmattan, 2002.

GRUBEN, Patrícia. "Look but Don't Touch: Visual and Tactile Desire in *Exótica, The Sweet Hereafter,* and *Felicia's Journey*." In: TSCHOFEN, Monique; BURWELL, Jennifer (orgs.). *Image and Territory*: Essays on Atom Egoyan. Ontario: Wilfried Laurier, 2007, pp. 249-274.

HARCOURT, Peter. "Imaginary Images. An Examination of Atom Egoyan's Films." *Film Quarterly*, v. 48, nº 3, pp. 2-15, primavera de 1995.

JALLAGEAS, Neide. *Estratégias de construção no cinema de Andruiêi Tarkovski.* Tese (Doutorado). São Paulo: PUC-SP, 2007.

JOHNSON, Vita; PETRIE, Graham. *The Films of Andrei Tarkovsky*. A Visual Fugue. Bloomington: Indiana University Press, 2004.

JOYCE, James. "Os mortos." In: *Dublinenses.* Rio de Janeiro: Globo; São Paulo: *Folha de S. Paulo*, 2003.

KEGEL, Kathrin. "The Thirteenth Church: Musical Structures in Atom Egoyan's *Calendar.*" In: TSCHOFEN, Monique; BURWELL, Jennifer (orgs.). *Image and Territory*: Essays on Atom Egoyan. Ontario: Wilfried Laurier, 2007, pp. 79-100.

LE GOFF, Jacques. *O Deus da Idade Média.* Rio de Janeiro: Civilização Brasileira, 2007, pp. 15-40.

LOPES, Denilson. "A salvação pelas imagens." In: *A delicadeza.* Brasília: EdUnB, 2007a.

______. "Poética do cotidiano." In: *A delicadeza.* Brasília: EdUnB, 2007b.

MACHADO, Álvaro (org.). *Aleksandr Sokúrov.* São Paulo: Cosac & Naify, 2002.

MENDES, Murilo. "O Discípulo de Emaús" e "Poliedro". In: *Poesia completa e prosa.* Rio de Janeiro: Aguilar, 1994.

MIGNOLO, Walter. *Histórias locais/projetos globais.* Belo Horizonte: Editora UFMG, 2003.

MINOIS, Georges. "A diabolização do riso na Alta Idade Média." In: *História do riso e do escárnio.* São Paulo: Ed. Unesp, 2003, pp. 111-154.

PAIVA, Raquel. *O espírito comum.* Comunidade, mídia e globalismo. Rio de Janeiro: Mauad, 2003.

PARADJNAVOV, Serguei. *Paradjanov, Le Magnifique.* Catálogo de exposição. Paris: Ecole Nacionale Supérieure des Beaux-Arts, 2007.

PELBART, Peter Pál. "A comunidade dos sem comunidade." In: *Vida capital.* Ensaios de biopolítica. São Paulo: Iluminuras, 2003.

SEDLMAYER, Sabrina. "Recados de vida, cartas sem destinatário: Bartleby e Companhia." In: SEDLMAYER, Sabrina; GUIMARÃES, César; OTTE, Georg (orgs.). *O comum e a experiência da linguagem.* Belo Horizonte: Editora UFMG, 2007.

TARIZZO, Davide. "Filósofos em comunidade. Nancy, Esposito, Agamben." In: PAIVA, Raquel (org.) *O retorno da comunidade.* Rio de Janeiro: Mauad, 2007.

TARKOVSKI, Andrei. *Esculpir o tempo.* São Paulo: Martins Fontes, 1990.

______. *Interviews.* Jackson: University of Mississippi, 2006.

TSCHOFEN, Monique; BURWELL, Jennifer (orgs.). *Image and Territory*: Essays on Atom Egoyan. Ontario: Wilfried Laurier, 2007.

VADICO, Luiz Antonio. *A imagem do ícone – cristologia através do cinema*: um estudo sobre a adaptação cinematográfica da vida de Jesus Cristo. Tese (Doutorado), Campinas: Universidade de Campinas, 2005.

WEIL, Simone. *Gravity and Grace.* Nova York: Routledge, 2007.

ZIZEK, Slavoj. "The Thing from Inner Space." In: SALECL, Renata (org.). *Sexuation.* Durham: Duke University Press, 2000.

______. *The Fright of Real Tears.* Between Theory and Post-Theory. Londres: British Film Institute, 2001.

Desaparição e fantasmas[98]

Atravessado por tantas imagens, sons, informações, pessoas, o que resta desse constante processo de desaparição? Do risco de se perder a qualquer momento? Perder-se no mundo, perder-se de si, daqueles que amamos e nos amaram, daqueles que se importam. Perdido na procura, imerso no desejo.

> Música da indiferença
> Coração tempo ar fogo areia
> Silêncio avalanche de amores
> Cobre suas vozes e que
> Eu não me escute mais
> Me calar
>
> Samuel Beckett[99]

Me calar, mas antes e por alguns momentos muito breves, ainda falar mais um pouco. Falar do morto, do que morre constantemente. Afetos. Fantasmas. Afinal, não seria a morte apenas e tão só a última desaparição?

---

[98] Uma versão anterior deste texto foi publicada em GARRAMUÑO, Florencia; AGUILAR, Gonzalo e DI LEONE (orgs.). *Experiencia, Cuerpo y Subjetividades*. Rosario: Beatriz Viterbo, 2007.

[99] "Musique de l'indifference/coeur temps air feu sable/du silence éboulement d'amours/couvre leurs voix et que/je ne m'entende plus/me taire" (Samuel Beckett).

Nossa busca começa por *Stella Manhattan*, romance de Silviano Santiago (1985) que se passa em 1969, enquanto a ditadura militar tornava-se mais e mais selvagem no Brasil, entre um grupo de brasileiros em Nova York. Uma ilha brasileira na ilha de Manhattan. "É aí, na margem colonial, que a cultura do Ocidente revela sua 'diferença', seu texto-limite, assim como sua prática de autoridade" (H. BHABHA apud HOLLANDA, 1991, p. 177). Tais margens não se restringem mais a uma divisão Norte/Sul, centro/periferia, elas podem estar no fim do bairro, nos limites do corpo. Nesse espaço, onde o olhar impera, os personagens são também verdadeiras ilhas em movimento, talvez fosse melhor dizer, fluxos em constante (des)encontro.

Estes personagens-dobradiças se constituem em verdadeiras metáforas da realidade midiática, cotidiana, onde cada pessoa quer brilhar ainda que por um breve momento, como uma *star*. "Personagens sem fundo, sem privacidade, quase imagens de vídeo num texto espelhado onde se cruzam, fragmentárias, velozes, outras imagens, outros pedaços de prosa igualmente anônimos, igualmente pela metade" (SÜSSEKIND, 1993, p. 240). Nova York se constitui em labirinto multicultural para personagens não mais individualizados, mas fantasmas periclitantes. História e imaginário se fundem indissoluvelmente, questionando mesmo a dimensão do referencial.

O jogo de máscaras atinge seu cume de complexidade no protagonista. Três máscaras: Stella Manhattan, o funcionário do consulado brasileiro em Nova York, Eduardo Costa e Silva, e a empregada Bastiana. Não se trata de heterônimos ou duplos resultantes de uma fratura interior do personagem, mas máscaras móveis, em diálogo, representadas pela fala, mais do que por uma caracterização psicológica. Sexos diferentes, comportamentos diferentes num só, fluxos em curto-circuito.

O drama do protagonista se explicita à medida que seu sentimental apego se contrapõe à lógica dura de Marcelo (SANTIAGO, 1985, pp. 184-185), que, por sua vez, representa diferentes papéis, sem que um interfira no outro. Já Eduardo é um sentimental numa época em que os sentimentos são racionalizados, mortos com uma velocidade estonteante. O confronto entre memória e olhar, central para a obra de Silviano Santiago e para repensar as possibilidades da narrativa contemporânea, é encenado uma vez mais: o personagem que se lembra do mundo que o esquece. Stella é um personagem entre a melancolia e um jogo de máscaras. A consciência se torna olhar em crise em face de um mundo simulacral.

O drama do efêmero se completa com o da experiência sexual, na voz de Marcelo: "a principal característica da bicha hoje [entendamos, 1969] é a de uma constante busca de estilo próprio" (ibidem, p. 212). A falta de identidade leva à procura de uma subjetividade via espetacularização de si mesmo, sempre, no entanto, precária, posto que mutante. Acentua-se a fragilidade do protagonista pelo desafio do deslocamento entre as malhas da repressão cotidiana. Não devemos esquecer que ele foi "exilado" em Nova York pela família, nem dos ecos vindos da ditadura militar no Brasil. Stella/Eduardo, memoriosa, sentimental, confirma sua diferença frente à maioria silenciosa e à minoria inserida numa prática política de esquerda tradicional. Jogado no cotidiano, cada dia é cada dia, "passado e história são coisas que só interessam aos heterossexuais" (ibidem, p. 231). Não há mais tempo para lembrar.

Stella Manhattan representa o predomínio da fantasia, da ficcionalização do real em contraste com escleroses políticas e sexuais que assumem posições rígidas, imobilizadoras. Stella está livre da prisão de outros olhares, mas sofre num mundo de fugacidades. Seu corpo se quer anti-histórico, só deseja o agora concreto. O imagético contra o discursivo.

No decorrer da narrativa, Eduardo desaparece gradualmente. Corpo de neon. Os vínculos com outros personagens se rompem pouco a pouco. A perda completa das referências vem simbolicamente com o telefonema do coronel Vianna, adido militar no consulado brasileiro, mais conhecido como Viúva-Negra, que revela o fato de Sérgio não ser pai de Eduardo. Aí se dá a ruptura definitiva da comunicação entre Eduardo e o mundo. No desenraizamento, na última perda do vínculo com a família, a leveza da solidão mais plena.

> Eduardo não tem mais. Eduardo nunca teve. Pensou que tivesse, o bobo. Pensou errado. Ninguém tem Eduardo. Ninguém teve Eduardo algum dia. Sente-se tão solto, tão solto que todo o ambiente concreto e pesado ao seu redor parece reduzido a puro ar. Uma pedra no ar. Um avião. Um meteorito. Um acrobata liberado da gravidade. Nada o puxa mais para a terra. Um corpo que não atrai e que não é atraído. Solto. (...) O doce prazer de deixar o nada existir. A pluma ao vento não quer saber dos quatro pontos cardeais, e se quisesse, de nada adiantaria (ibidem, p. 231).

O fim de Eduardo é o vazio, a rarefação. No entanto, o mistério de Stella não é o de seu simples desaparecimento, em suas várias versões, mas de como o visível se torna opaco, uma máscara na frente do nada. O desaparecimento de Stella revela a dificuldade da encenação social e do simulacro na sociedade de massas, em que a intimidade se vê invadida e o espaço público, desvalorizado.

As possibilidades que vivificam a subjetividade pelo uso de máscaras residem na compreensão da natureza imagética da sociedade contemporânea. A máscara não é disfarce de um vazio existencial, mas uma tática de coexistência na qual o primado é o da velocidade. Há um confronto permanente entre o desejo de pertencimento e a deriva, entre narcisismo e tribalismo. Seu centramento na vida pessoal é difícil de ser mantido frente às mudanças do mundo exterior. Stella Manhattan é uma Mme. Bovary contemporânea. Em Nova York, deseja a praia, o sol do Rio de Janeiro, e Ricky, em quem ela vê um James Dean reencarnado, a possibilidade de uma grande paixão, e não um mero michê. *Stella Manhattan* é um romance de ilusões perdidas, de uma formação (*Bildung)* frustrada, ou talvez de uma impossibilidade contemporânea em articular satisfatoriamente o efêmero e o durável nas relações pessoais. Stella, no fim, pode dizer "agora sou uma estrela", ainda que ela tivesse morrido numa prisão norte-americana, violentada pelos presos (uma das versões do fim). Stella, de fato, não morre, ela desaparece nas palavras dos outros personagens. Seu corpo se dispersa. "Viado não morre, vira purpurina" (Laura de Vison).

Seu desaparecimento pode nos oferecer, se não um caminho, pelo menos uma pista para reavaliar a invisibilidade. Se esta geralmente tem um sentido negativo num primeiro momento de uma política de identidades, talvez agora possa significar algo diferente. Ser invisível numa sociedade consumista pode ser uma maneira de fazer uma diferença pela pausa e pela sutileza. Numa sociedade em que tudo e todos devem ser visíveis a qualquer custo, incluindo mais e mais diversos grupos minoritários, mesmo a transgressão e a diferença são apenas estratégias de marketing. Por certo, invisibilidade não significa se esconder, fugir da realidade, mas simplesmente uma forma de enfrentar o poder corrosivo do simulacro, o excesso de imagens e signos, cada vez mais desprovidos de sentido.

A desaparição em *Stella Manhattan* pode ser melhor compreendida não tanto por razões políticas relacionadas aos regimes autoritários latino-americanos. É algo mais comum. As pessoas desaparecem todo dia, se perdem, não voltam pra casa. Basta ler os jornais.

A desaparição seria, então, uma outra maneira de viver, de se reinventar. A desaparição está sempre em constante tensão com a visibilidade, nos seus vários sentidos, seja político, cultural, comercial ou existencial. De que forma, então, desaparecer? Não é só uma questão de saber como lidar com a imagem pública, como no caso de pop stars e políticos. É algo mais amplo. A invisibilidade tem menos a ver com o fascínio romântico por *outsiders* do que por apontar para uma subjetividade-paisagem formada pelos fluxos do mundo, sem, contudo, aderir rapidamente às superteorizações dos sujeitos nômades e pós-humanos. É só uma questão de deixar o mundo exterior ser o interior, a superficialidade ser a profundidade. Desaparecer para reaparecer. Aparecer para desaparecer. Uma brincadeira de esconde-esconde.

Esta busca, iniciada com Stella Manhattan, é uma busca por fantasmas, por invisibilidade. Agora o silêncio não significa mais morte. Clamar por uma nova invisibilidade não significa autorrepressão, voltar a um momento anterior, a uma política de identidades necessária e eficiente na conquista de direitos, mas pensar para além, para o futuro. Trata-se de buscar menos confronto e mais sutileza diante do crescente uso conservador das políticas de representação por movimentos religiosos e étnicos fundamentalistas, numa estratégia que privilegie e amplie o necessário diálogo com outros sujeitos na esfera pública. Onde é esperado um confronto, uma luta, uma mudança de posição. Onde é esperado o grito, baixar a voz.

Desaparecer é o que vai perseguir a ficção de Caio Fernando Abreu, nos seus últimos anos, à sombra da Aids, até sua morte, em 1996. Sobrevivente dos anos 1970, ele se reinventa. Em vez da mitificação da margem, celebração da diferença, armadilha da confissão – algo mais sutil e delicado. A invisibilidade seria um sinal de modéstia, como o protagonista de *Onde andará Dulce Veiga?* (1990) descobre. No início do romance, ele vive sua invisibilidade social como mediocridade e fracasso. Quando consegue um emprego num jornal de quinta categoria, sua primeira grande matéria é procurar por Dulce Veiga, cantora que desaparecera muito tempo atrás, talvez nos anos 1970. Ela some quando iria se apresentar no show que a consagraria como um dos grandes nomes da música popular brasileira. Depois desse dia, nunca mais se teve notícia dela. Subitamente, Dulce Veiga, que tinha sido entrevistada pelo jornalista ainda jovem, numa de suas primeiras reportagens, começa a aparecer em vários lugares na cidade de São Paulo. Estas aparições não só o fizeram compreender melhor a si mesmo e ao passado, mas conquistar uma outra invisibilidade, um outro desaparecimento. Quando finalmente ele, que sempre fora apenas o fã, o que falava de outros, encontra Dulce Veiga numa pequena cidade no centro do Brasil, ele canta pela primeira vez, encontra sua voz apenas para que possa desaparecer melhor, sem mágoas nem ressentimento. Desaparecer, para o protagonista, que até o fim do livro não tem um nome, é encontrar-se diferentemente num outro tempo e lugar.

Não se trata mais de fracasso nem de ser devorado pelo mundo da velocidade e da fugacidade. Coisas que pareciam tão importantes ficam sem sentido. Por ora, talvez seja razoável falar menos, já que os vencedores não param de falar. É difícil competir com eles no mesmo campo. Não precisamos discutir, mas mudar de jogo. Aprender novamente coisas básicas, como ouvir e prestar atenção antes de falar. Não ter medo do nada, nem do vazio, e não procurar tão desesperadamente por uma identidade. Talvez o outro e também nós mesmos só apareçamos, por estranho que possa parecer, pelo desaparecimento.[100] Desaparecer cada dia o melhor possível talvez ecoe como um desafio ético quando todos querem ser visíveis, presentes, cada vez e a todo momento mais intensos para provarmos que existimos, para conquistarmos algo, alguém, um lugar.

Desaparecer é se tornar fantasma. Fantasmas não são apenas traumas, podem ser apenas memórias persistentes que assombram a própria condição precária do presente, a fragilidade do real e da imagem. Também são, na sua discrição – que não é confundida como recusa do mundo, seja pela solidão ou pela morte –, uma encarnação do homem comum na sua difícil busca de singularidade e sobrevivência em meio ao mundo de hoje, na sua fragilidade subjetiva e afetiva. "O eu nunca foi o sujeito da experiência, o eu

---

[100] A rarefação da subjetividade e do espaço aparecem encenados em *Otro* (2010) pelo Coletivo Improviso e dirigido por Enrique Diaz e Cristina Moura, a partir de constantes jogos de máscaras em que não há personagens construídos psicologicamente. Eles são aparições, presenças, como nas performances, mas também são vozes à procura de corpos e narrativas num delicado e sensível caleidoscópio de sensações e situações que encena materialmente nossos afetos sem cair em raciocínios fáceis dos encantos ou desencantos do individualismo.

jamais o consegue, nem o indivíduo que sou, essa partícula de pó" (BLANCHOT, 2007, p. 193), como traduz a jovem Yumiko (Makiko Esumi), que perdeu seu marido em *Maborosi* (1995), de Hirokazu Kore-eda, e aparentemente leva uma vida normal, casando-se novamente, indo para uma outra cidade. De repente, uma explosão, plano geral, ela perdida em meio à paisagem, sua dor se desfazendo. Uma gota de sangue no oceano. Ela não é o centro do mundo.

Em *Eureka* (2000), de Shinji Aoyama, dois jovens e um motorista, únicos sobreviventes ao sequestro de um ônibus, aos poucos e penosamente encontram sua forma de sobreviver. Os jovens restam silenciosos e veem sua mãe partir e seu pai morrer, recusam sua família, isolados em casa, de onde não saem nem para ir à escola, e acabam por serem cuidados pelo motorista do ônibus durante o sequestro. Este também se afasta de sua família, ao ser considerado suspeito de ser o assassino que mata jovens na pequena cidade. Por fim, como forma de purgação, eles fazem de um pequeno ônibus uma casa, passam pelo lugar do sequestro e caminham um pouco ao acaso, em voltas, até atingir o mar. Mar que os ameaçava dissolver, na primeira frase da menina no filme ("A tidal wave is coming. It will sweep us away"), como num prenúncio apocalíptico. E, depois disso, seguir além, até uma montanha, onde ela fala pela primeira vez e a imagem deixa de ter o tom cinzento, parecendo dissolver a paisagem e ganhando cores novamente. Só então o motorista e a menina voltam para casa.

Para além da experiência de sobreviver a uma perda, a uma dor, os fantasmas nos dizem que "tudo está na arte de desaparecer. Mesmo assim, essa desaparição deixa vestígios, seja ela o lugar de aparição do Outro, do mundo, ou do objeto." O outro, paradoxalmente, só aparece pelo seu desaparecimento (BAUDRILLARD, 1997, p. 34). Mesmo o mundo também aparece como fantasmagoria, como já prenunciava John Ruskin: "A sensação é tudo. O fantasma tornou-se realidade e a realidade, um fantasma" (apud ECKSTEIN, 1991, p. 21). Longe de estarem apenas presentes nos filmes de terror, os fantasmas constituem-se em metáforas da subjetividade contemporânea (ver FELINTO, 2008); são personagens que, deslocados nos planos por espaços e objetos, fogem, caminham, transitam e desaparecem, aproximando-se por vezes de figuras do inumano, do pós-humano, que requerem outras formas de atuação distintas do naturalismo e do melodrama para os atores desde pelo menos o paradigmático *Eclipse* (1962), de Antonioni.

Os personagens de Antonioni são passageiros. E por passarem incessantemente se perdem e perdem a consistência, entregues aos fluxos da cidade e do tempo. Como se fossem deixando pedaços na condição de animais lentamente feridos, pedaços abocanhados por uma fera invisível e sem rosto. A fera é o tempo, a vida. E, a cada retirada de pedaço, parece que não se vai sobreviver a mais uma desilusão, a mais uma dor, mas se vai, e até mesmo com um sorriso. Se vai. Os personagens parecem sempre à beira do suicídio, da extinção, mas persistem até com certa dignidade, em meio a um grande cansaço, que torna seus gestos lentos. São como autômatos prestes a parar a qualquer momento. Se o desaparecimento, em Antonioni, ainda pôde ser lido numa chave existencialista em diálogo com Pavese ou mesmo com Camus (ver MOURE, 2001, p. 6), mais recentemente o desaparecimento é cada vez mais uma encenação do vazio como experiência concreta, material. Assim como o silêncio para Cage era cheio de sons que não percebíamos como música, também o vazio é cheio de objetos que não consideramos importantes.

Talvez não se trate de um efeito Antonioni, mas por onde nossos corações seguem nas paisagens desumanas, nos desertos que podem ser lugares de encontros, onde o dia a dia, como o espaço, pode ser um peso às vezes insustentável. Dos clássicos filmes de Antonioni, dos anos 1960 até hoje, os fluxos de informação e velocidade se acentuaram. Se a cidade de Antonioni enfatiza os vastos espaços vazios, em *Vive l'amour* (1996), de Tsai Ming Liang, a cidade aparece no seu cotidiano, definida pelo constante fluxo de carros que cede lugar ao vazio noturno. Vazios estão inclusive os apartamentos por onde os três protagonistas transitam. A casa, também pouco habitável em Antonioni, transforma-se de um não lugar num lugar de encontros, onde os personagens masculinos parecem *fantasmas*, para não serem percebidos, sobretudo o personagen de Hsiao Kang, interpretado pelo ator-fetiche de Tsai Ming Liang, Kang Sheng Lee. Mas todos os três, jovens e celibatários, pouco falam, anônimos na cidade e na casa que habitam. Podem desaparecer, sair de cena e talvez ninguém note.

Já em *Goodbye, Dragon Inn* (2003), que se passa num velho e outrora suntuoso e grande cinema em vias de ser fechado, o fantasma, para Tsai Ming Liang, parece ser a condição do espectador. Dos poucos personagens que transitam pelo cinema, talvez a maioria esteja menos interessada no cinema e mais em encontrar parceiros, realizar encontros naquele espaço. Como não vemos o projecionista e quase nenhum público, o filme parece ser predestinado a uma indiferença, não fosse por dois velhos espectadores. Depois sabemos que eles são atores do antigo filme de artes marciais que está sendo exibido. Se o que vimos foi uma única sessão, como entender a sala cheia no início do filme? Se isso aconteceu num tempo em que as grandes salas de cinema tinham público, então toda a narrativa se dá como num salto temporal, conjugando o apogeu e fechamento da sala?

Por fim, a sala de cinema, como um mundo habitável, tanto por espectadores, *voyeurs*, como pela bilheteira manca, faz de todos, em certa medida, figuras do passado destinadas a desaparecer. Quando a bilheteira (Chen Shiang-chyi) sai da sala, é quase como uma despedida do cinema, numa cena que lembra um musical. Só que ninguém dança nem canta, apenas o velho cinema é visto de fora como uma ruína que muito lembra a abertura de *O fim de um longo dia* (1992), de Terence Davies, quando ouvimos uma música de cinema em meio à rua tomada pela chuva e sem ninguém (iniciando-se, nesse caso, uma viagem de memória e nostalgia rumo aos anos 1960). Em *Goodbye, Dragon Inn*, menos que a infância, o que temos são os vestígios do passado no presente, como o personagem japonês (Mitamura Kiyonobu), que parece ser o único fantasma real, o único que fala sobre a existência de fantasmas no lugar, mas em nada diferente dos personagens que estão no cinema, que desaparecem da sala.

Também o personagem mais visivelmente gay poderia ecoar, como um fantasma, apenas uma encenação de invisibilidade muito típica antes dos anos 1960: uma figura invisível, próxima ao mundo da monstruosidade, destinada a habitar as sombras, em grande parte só ou em encontros fortuitos, por não ter lugar entre os vivos ou nos modelos da heteronormatividade compulsória. Este despertencimento e aproximação entre fantasmagoria e homossexualidade também é encenado em *Fantasma* (2000), de João Pedro Rodrigues, em que o protagonista, lixeiro, transita pela noite enquanto faz seu trabalho, bem como entre parceiros que encontra até achar uma roupa de couro preto que usa, escondendo seu rosto, numa fantasia que o mistura à noite e o afasta do cotidiano comum. A falta de amor, a falta do amor, o amor possível, aquele que pode salvar. A salvação, a destruição, o ser outro, não ser nada, a morte, a vida, ausência plena. Não, nenhuma escrita, nenhum filme, ninguém pode nos dar isso. O que resta neste momento de quase desespero, que sobe e cresce numa onda gigantesca, é apenas colocar letra após letra, palavra após palavra, na ilusão de que esse instante passe, de que alguém nos salve, de que eu me salve, de que o tempo salve. Só preciso de mais um momento. É o que me digo. Na esperança.

Também começo a me perder, a desaparecer em meio a tantas imagens. E "escrever agora [ou era então para Caio Fernando Abreu e ainda é para este ensaísta soterrado e seduzido pelas imagens] é recolher [estes] vestígios do impossível" (1996, p. 39). Me despeço. "Preciso ficar sempre atento. Ainda não anoiteceu e alguns dizem que há castelos pelo caminho" (ibidem, p. 42).

O desejo de desaparecer é menos uma fuga da dor e mais uma ânsia por leveza, por ser outro. Por mais belo que tenha sido o vivido, sua lembrança, é preciso esquecer. Por mais difícil e desejado, é preciso esquecer. Buscar outras companhias, a fim de poder lembrar um dia (quem sabe?) de outra forma, totalmente inusitada, inesperada. A Stella Manhattan, Dulce Veiga, Caio F., aos personagens de Shinji Aoyama, Hirokazu Kore-eda e Tsai Ming Liang se junta um outro fantasma, o de Paulo Leminski, que resmunga pelas ruas de Curitiba ou no romance *Fantasma* (2001), de José Castello. Talvez não seja de todo um mal. "Um dia sobre nós também/vai cair o esquecimento/como a chuva no telhado/e sermos esquecidos/será quase a felicidade" (LEMINSKI, 1991, p. 91). Quase.

Todo um mundo se dissolve. Ou quase. Busco as "paisagens efêmeras" marcadas por "motivos irregulares e leves: ar, nuvem, gás, bruma" (GLUCKSMANN, 2003, p. 64), ou a chuva, o rio, que traduzem toda uma sutileza de afetos. Por mais que tudo tenha passado rápido demais, foi este o momento, e não outro. Há uma salvação pelas fragilidades e precariedades, não por verdades acabadas, sistemas fechados, pesados.

Haveria uma leveza no efêmero (GLUCKSMANN, 2003, p. 16). Se há um "efêmero melancólico, constitutivo do barroco histórico ou do moderno (Baudelaire, Benjamin, Pessoa etc.)" (GLUCKSMANN, 2003, p. 27), "que revive e reatualiza sem fim o passado e seus traços" (ibidem, p. 61), há, "de outra parte, um efêmero positivo, mais explicitamente cósmico, que atravessa já a história do olhar na França do século XIX (cf. MONET) e que parece servir de 'ponto' teórico e estético entre a Ásia e o Ocidente" inserido em paisagens transculturais (ibidem, p. 27), "que integra, aceita e transforma a 'fluidez' dos fluxos eletrônicos, mudando seus efeitos e criando imagens-fluxo que tentam ignorar a 'urgência-simulacro' do mercado" (ibidem, p. 61). "Um efêmero sem melancolia, que retrabalharia, no precário e no frágil, os extratos do tempo, suas paisagens, suas feições e seus imaginários" (ibidem, p. 73).

Esta leveza no efêmero é o antídoto que procurávamos para a melancolia, para a nostalgia, para os fantasmas que não nos deixam, para os mitos do passado que nos pesam. Frente à dor suave, do passado que não passa, uma "modesta alegria" (ABREU, 1988, p. 157). Não resistir ao apequenamento das coisas e pessoas. O retrato embaçado. A água saindo pelo ralo. A poça onde antes era um mar. Um momento onde antes era toda a vida, o que importava. A leveza da deriva, a libertação do peso da orfandade, dos que desapareceram. Vestígios de desejos tardiamente percebidos. Encanto ao conseguir lembrar, feliz, as perdas. Suave delicadeza de um ocaso.

O vento nas árvores, visto pela vidraça, não faz barulho. Os galhos, as folhas suaves se movem. Uma onda verde cruza o ar. Não me pertencem. Estou do outro lado, em outra margem.

REFERÊNCIAS

ABBAS, Ackbar. *Hong Kong.* Culture and Politcs of Disappearance. 3ª ed. Minneapolis: Minnesotta University Press, 2002.

ABREU, Caio Fernando. *Os dragões não conhecem o paraíso.* São Paulo: Companhia das Letras, 1988.

______. *Estranhos estrangeiros.* São Paulo: Companhia das Letras, 1996.

______. *Onde andará Dulce Veiga?* 2ª reimpr. São Paulo: Companhia das Letras, 1997.

______. *Cartas.* (org.) Ítalo Moriconi. Rio de Janeiro: Aeroplano, 2002.

BAUDRILLARD, Jean. *A arte da desaparição.* Rio de Janeiro: Ed. UFRJ, 1997.

BHABHA, Homi. "A questão do 'outro': diferença, discriminação e o discurso do colonialismo." In: BUARQUE DE HOLLANDA, Heloísa (org.). *Pós-modernismo e política.* Rio de Janeiro: Rocco, 1991.

BLANCHOT, Maurice. *Conversa infinita.* São Paulo: Escuta, 2007, v. 2.

CASTELLO, José. *Fantasma.* Rio de Janeiro: Record, 2001.

ECKSTEIN, Modris. *A sagração da primavera.* Rio de Janeiro: Rocco, 1991.

FELINTO, Erick. *A imagem espectral.* São Paulo: Ateliê Editorial, 2008.

GARRAMUÑO, Florencia. *La experiencia opaca.* Literatura y desencanto. Buenos Aires: Fondo de Cultura Económica, 2008.

GLUCKSMANN, Christine Buci. *Esthétique de l'Ephémère*. Paris: Galilée, 2003.
LACERDA, Rodrigo. *Vista do Rio*. São Paulo: Cosac & Naify, 2004.
LEMINSKI, Paulo. *La vie en close*. São Paulo: Brasiliense, 1991.
MOURE, José. *Michelangelo Antonioni. Cinéaste de l'Évidement.* Paris: L'Harmattan, 2001.
SAFATLE, Vladimir. *A paixão do negativo.* Lacan e a dialética. São Paulo: Fapesp/Ed. Unesp, 2006.
SANTIAGO, Silviano. *Stella Manhattan*. Rio de Janeiro: Nova Fronteira, 1985.
SOARES, Bernardo. *Livro do Desassossego.* Lisboa: Ática, 1982, v. 1.
SÜSSEKIND, Flora. "Ficção 80: Dobradiças e vitrines." In: *Papéis colados*. Rio de Janeiro: Ed. da UFRJ, 1993.
VERNET, Marc. *Figures de l'Absence.* Paris: L'Etoile, 1988.
VIRILIO, Paul. *Esthétique de la Disparition*. Paris: Balland, 1980.

Só vou voltar quando eu me encontrar

What Fassbinder film is it?
The one-armed man walks into a flower shop
And says: What flower expresses
Days go by
And they just keep going by endlessly
Pulling you Into the future
Days go by
Endlessly
Endlessly pulling you
Into the future?
And the florist says: White Lily.

"White Lily", LAURIE ANDERSON

No mundo marcado por fluxos de informações e trânsito de pessoas, também os afetos[101] são redimensionados ao longo de novas possibilidades de encontro e desencontro. Os que viajam, física ou virtualmente, constantemente ou não, também levam consigo seus corpos e desejos. Se, com o surgimento da cidade moderna, o *flâneur* que transitava pela multidão poderia se apaixonar num momento, como em "A uma passsante", de Baudelaire, essas possibilidades se ampliam com os deslocamentos entre cidades, países e pela internet – cada vez mais factíveis, frequentes e rápidos. Encontrar quem se deseja pode acontecer num momento da viagem. Mesmo a própria viagem pode ter como objetivo o encontro, mais difícil de acon-

[101] Há uma crescente valorização do afeto (ver NEGRI, 2001 e SODRÉ, 2006). E, mesmo os que falam em uma virada afetiva nos últimos anos (ver GREGG; SEIGWORTH, 2010), após a virada linguística nos anos 1960 e 1970 (que coincide com a emergência dos pensamentos estruturalistas e da diferença bem como da semiologia e semiótica a partir do centramento na questão da linguagem e do texto) e da virada cultural nos anos 1980 e 1990 (marcada pelos estudos culturais, pós-coloniais, étnicos e de gênero no seu empenho de repolitização do textos e práticas).

tecer em seu lugar de origem ou tido como mais viável em período de férias ou em culturas consideradas mais abertas.[102] Isso inclui desde o turismo sexual até a transformação dos espaços visitados, sobretudo pelo desejo do encontro sexual rápido ou até pela ânsia de encontrar alguém para amar – nem que seja por alguns momentos, dias. E se o desejo de tocar, ver, ainda permanece, quando se volta de onde veio, o que nos resta?

Para o protagonista (Xavier Lafitte) de *En la Ciudad de Sylvia* (2007), de José Guerín, a lembrança de Sylvia, uma mulher conhecida há seis anos em Strasburg, o acompanha quando ele retorna à cidade. A procura de Sylvia, por quem se apaixonou em um breve momento do passado, parece ser o principal motivo da viagem. O protagonista se encanta por mulheres vistas num café, as desenha. Mulheres que se mesclam e se fundem pelo olhar e pela câmara. Parece não se tratar de amor por uma mulher, mas do desejo de desejar, de amar. Quando o protagonista estrangeiro julga vislumbrar de costas a mulher que conhecera seis anos antes (Pilar López de Ayala), o ato de percorrer a cidade parece ser a procura de um fantasma. Ele está no presente, mas a única coisa que deseja é voltar a ver a mulher que vira antes e, assim, a mulher que persegue pouco a pouco se torna a outra. Mesmo quando fala com ela, que diz não ser Sylvia, sua necessidade de olhar o passado concretizado ainda faz com que ele busque identidades entre a Sylvia de outrora e a mulher do presente. Nesse filme, parece que a nostalgia, o desejo por aquilo que já ocorreu, faz com que ele só consiga ver o presente como uma sombra do passado, só consiga se interessar por quem lhe parece com alguém que foi uma vez contemplado e desejado. O protagonista olha e vê o passado, e toda a cidade se torna um lugar espectral – como as mulheres parecem ser sombras diante de Sylvia.

---

[102] "Travel is sex", dizia Hubert Fichte (1996). Frase que cristaliza na experiência gay a constituição de paisagens transculturais *queer* (*queerscapes*) como forma de associar a construção da sexualidade, de afetos e comunidades em espaços transnacionais.

Também Vicky (Shu Qi), de *Millenium Mambo* (2001), de Hou Hsiao-Hsien, quando sai de seu relacionamento conturbado, vê nos irmãos Takeuchi, por serem quietos e tímidos, traços que a fazem se lembrar de Hao-hao (Tuan Chun-hao), seu ex-namorado. Apesar disso, todo o caminho aqui é o inverso do filme de Guerín, rumo ao esquecimento, ao desaparecimento. Quando Vicky vai para o Japão à procura de Jack (Jack Kao), que aparece um pouco como figura de proteção e amparo, ele desaparece sem deixar notícias. Também no fim vemos uma viagem em meio à neve que termina num pórtico de Yubari, Japão, cidade dos irmãos Takeuchi, DJs que Vicky conhecera numa noite em Taipei. Ela também não está mais lá. Desapareceu sem grandes dramas. Há os rostos de Vicky e dos irmãos marcados na neve, num momento de leveza depois da relação com Hao-hao, da qual só vemos, talvez, o seu declínio, marcado por tédio, brigas e inércia. Como no início, o rosto luminoso de Vicky avança no tempo, no espaço, sem medo, com problemas, mas mesmo assim seguindo para uma direção que não sabemos. Será o que acontece quando pensamos que a pior dor foi o melhor momento? Nada a fazer a não ser viver, esperar o próximo momento. Esperar. Levantar da cama. Colocar a roupa. Sair. Foi o que Vicky fez. No fim, ficam algumas lembranças. Imagens. Palavras. Menos. Talvez um gesto. Um nome. Não fica nada.

Já em *Encontros e desencontros* (2003), de Sofia Coppola, num hotel, dois estrangeiros, Bob Harris, estrela de Hollywood (Bill Murray) longe da família, e Charlotte (Scarlet Johansson), uma jovem que fica no hotel enquanto o marido trabalha, realizam um encontro que talvez nunca fosse possível onde moram, não só por viverem em lugares diferentes, mas talvez por estarem imersos na rotina – da casa, da família, de trabalhos, de círculos sociais que nos sustentam e que também nos aprisionam. O hotel, de não lugar, passa a ser espaço de encontros que possibilitam um olhar diferente para a cidade. O encontro, mesmo sem futuro (e isso fica em aberto), quando a viagem de volta se inicia, faz com que fiquemos, talvez, não obcecados pelo passado, mas fragilizados por uma perda, desde o princípio, destinada a ser perda. A ideia romântica de que um encontro fugaz possa construir uma relação viável, estável, pode não ser possível ou simplesmente não desejada. Como se o que importasse não fosse o ideal das relações feitas para durar, para virar cotidiano e casamento, mas para se suceder no tempo, nos muitos ou poucos dias que nossas vidas terão.

Assim, aposto aqui mais nas possibilidade do encontro fugaz, sem que ele vire uma relação estável, como em *Vendredi soir* (2002), de Claire Denis, em que uma mulher (Valérie Lemercier), na véspera de mudar para a casa do noivo, dá carona a um estranho (Vincent Lindon) e passa a noite com ele, em meio a uma greve de transporte público em Paris, numa sexta-feira. Floresta de carros, motoristas e passageiros insones, presos no engarrafamento. Animais lentos, todos estão prontos a se encontrar e a desaparecer na noite, nos hotéis, nas ruas. O encontro não tem nem o desespero dilacerado que aparece em tantos filmes de encontros sexuais (de *Último tango em Paris*, 1972, de Bertolucci, a *Impérios dos sentidos*, 1976, de Oshima), nem a indiferença do sexo banal de *Vive l'amour* (1996), de Tsai Ming Liang. Um encontro pode ser só um encontro. E nisso pode haver uma beleza, um preenchimento sem a possibilidade de se constituir uma relação estável. A mulher amanhece no hotel. Pega suas roupas. Parece voar pelas ruas de Paris, ao som de Tindersticks. Livre e leve, para seu noivo ou não, pouco importa. A relação instável não constitui o sujeito em trânsito como alguém apenas solitário. Os encontros também são uma possibilidade de viver a vida que está além de uma experiência do sexo anônimo marcada pela indiferença. Parece haver uma delicada sombra do passado, sem que ela impeça o continuar, a disponibilidade para a vida, a modesta alegria feita de tantas perdas quanto são feitos os dias de nossas vidas. Momento de um sublime menor, de uma suspensão breve.

Estou falando de amor, amizade, e não só de sexo. O sexo pode ser só uma possibilidade, como em *Encontros e desencontros*, pode ser central na experiência, mas não se trata da intensidade do erotismo que funde e consome corpos. Erótica da decepção (ABBAS, 1997, p. 39) talvez seja um termo mais conveniente para falar quando a simples lembrança do outro, entre a amizade e o amor, em *Felizes juntos* (1997), de Wong Kar-Wai, pode ser uma possibilidade de alegria, de estar presente, quando Fai (Tony Leung) se vê num trem que vai para onde ele e nós não sabemos.

Podemos nos deter mais nas sensibilidades à flor da pele presentes nos filmes de Wong Kar-Wai, em que amar e ser amado parecem ser experiências decisivas. Seria apenas um retorno aos males do amor romântico, a expectativa, o desejo de uma relação estável quando tudo parece naufragar, se perder a cada minuto ou algo mais? Em Wong Kar-Wai reside uma sensibilidade masculina marcada pela suavidade, como por exemplo em *Amores expressos* (1994), seja por equacionar os relacionamentos aos objetos de consumo e da casa, seja quando o policial 233 (Takeshi Kaneshiro) associa a validade de uma lata de abacaxi ao fim do seu relacionamento. Mesmo quando ele assume a perda, basta receber uma mensagem de parabéns de uma mulher (Brigitte Lin) com quem passou uma noite e lá está, de volta, o desejo de guardar aquela lembrança para sempre. Os personagens parecem aceitar a perda, mas o desejo se intensifica pela possibilidade de algo que dure, mesmo que seja apenas na lembrança. Nesse contexto, a casa deixa de ser um espaço povoado por objetos, bonecos a quem o segundo policial 633 (Tony Leung) se confessa, e passa a ser o lugar indefinido aonde Faye (Faye Wong), a segunda aeromoça por quem se apaixona, pode levá-lo. A relação acaba sintetizada numa passagem com o destino borrado e na frase dita pelo policial 633 a Faye: "Leve-me para onde você for." É ela que tem que dizer o destino, se ela quiser levá-lo, se ela quiser tê-lo como acompanhante. Acompanhante, e não parceiro, parece ser uma melhor tradução da fugacidade nos afetos, não só pela duração do afeto, mas pela possibilidade ou não de estar juntos. Acompanhar por pouco ou muito tempo, próximo ou distante. Os personagens de Wong Kar-Wai, em especial de seus filmes da década de 1990, são jovens solteiros, em grandes cidades, sobretudo Hong Kong, sem grandes vínculos com uma família ou com o trabalho, desejosos do encontro. Nesse contexto, a casa é a possibilidade de estar com o outro como potência, possibilidade e instabilidade, ou uma imagem a ser carregada, sem precisão geográfica, física.

Voltando a *Felizes juntos*, Fai se sente próximo e feliz por saber que Chang (Chang Chen) está no mundo. A simples e talvez improvável oportunidade de encontro já o deixa feliz. Felicidade marcada, no final, pelo movimento do metrô, acompanhado pela exuberante canção "Happy Together", dos Turtles. Também me lembro, uma vez mais, de Vicky, a protagonista do filme mais pop de Hou Hsiao-Hsien, *Millenium Mambo*, andando por uma espécie de passarela ou túnel, em meio à música eletrônica de Lim Giong. Em câmera lenta, ela sorri, caminhando decidida, alegre, com os braços livres, aberta ao mundo, ao que há de vir, ao mesmo tempo que sua voz em off fala de um relacionamento que teve há dez anos, na virada do milênio, estando mais próximo a uma prisão, como veremos no decorrer da narrativa. A cena inicial sugere que tudo aquilo que vamos ver já passou, por pior (ou melhor) que tenha sido. Acabou, mas ainda há algo presente, como quando Chow Mo-wan, o protagonista de *Amor à flor de pele*, também interpretado por Tony Leung, tenta deixar suas mágoas, suas lágrimas, quando chora encostado nas paredes de Angkor Vat, semelhante à gravação dos soluços e do choro de Fai que Chang leva para o farol de Ushuaia, na Terra do Fogo, ou às lágrimas de Fai em meio às Cataratas do Iguaçu, que se transformam num verdadeiro rio de lágrimas. Nas três cenas dos filmes de Wong Kar-Wai, o choro contido só pode ser expurgado, ritualizado num lugar monumental, distante, para evitar talvez que o choro volte como um bumerangue e faça com que o personagem naufrague na dor passada. Talvez por isso os filmes transitem de lágrimas para chuvas, como se estas não fossem mais do que um choro do mundo que dissolve os personagens. A tela de cinema vira uma grande janela de bar na qual vemos rostos a princípio anônimos se desfazerem, se dissolverem. A presença da água – no "apartamento que chora", metáfora usada quando o apartamento do segundo policial é inundado em *Amores expressos* – surge como possibilidade de dissolução, de um naufrágio doce, por onde possamos navegar com os personagens um pouco mais, sobreviver um pouco mais até um próximo porto, lugar, pessoa, acontecimento. Ficamos também sob a chuva que embaça os personagens, dissolve-os em lágrimas, no espaço urbano povoado por vitrines e espelhos, acentuado pelo jogo de uma câmera rápida e de congelamentos parciais, aparições que em breve vão desaparecer, fugir, viajar.

Sim, um neorromantismo (SOLOMON apud COSTA, 1998, p. 218), em Wong Kar-Wai, comprometido com um real afetivo, expresso por homens viris de rostos delicados que escondem sua dor para si mesmos e não a expõem para outrem. Assim, as paisagens e as músicas aparecem em momentos de suspensão, de enlevo em que mesmo a dor, por mais dilacerante que seja, fica doce, talvez porque nos passe a ideia de que ela pode até ser eterna, enquanto existirmos, embora não com a mesma intensidade. E os personagens, perdendo a juventude, conforme os filmes de Wong Kar-Wai se sucedem, parecem trazer uma marca indelével das perdas reais ou de fantasias. Não importa a diferença, a dor é a mesma. Mas não se trata de um cultivo da dor, de fascínio pelo amor impossível, mesmo que isso seja o que parece em *Amor à flor da pele* – a história de vizinhos, ambos casados com cônjuges que viajam muito, e que sempre se encontram no corredor, nas escadarias do prédio. A curiosidade que o filme despertou não seria tanto devido a um fascínio moralista e anacrônico por uma estória pudica, sem sexo, mas certamente devido à encenação do desejo, do encontro interessar mais do que o sexo. Fica também, é claro, alguma beleza, nestes sentimentos tão em trânsito quanto as imagens e as músicas, em vidas de profissões precárias, para quem o trabalho é um ganha-pão, mas não algo a que se prende.

Now you say you love me
Well, just to prove you do
Cry me a river
Cry me a river
I cried a river over you
"Cry me a river", ARTHUR HAMILTON

Se podemos pensar ainda hoje em nostalgia, não se trata tanto do processo descrito por Jameson (1996) no horizonte pós-moderno associado ao pastiche, ao ecletismo histórico, nem a uma nostalgia restauradora ou reflexiva sobre o passado, para usar os termos de Svetlana Boym (2001), mas um processo de fantasmagorização, rarefação. A nostalgia existe como uma figura da desaparição. Mas seria ainda nostalgia? Ou seria uma frágil sombra do passado que nem podemos nomear?

Esta doçura, estes sentimentos delicados seriam uma nostalgia libertadora que nos preenche de afeto, que traz beleza ao presente, nos faz viver e até mesmo lidar com a rotina do trabalho e da casa, que nos faz seres amorosos e estéticos, em trânsito pelo mundo, pela vida – apenas uma breve passagem que, quando percebemos, se percebemos, está indo, se foi. Nesse momento, pode até haver a construção romântica de que toda uma vida se concretiza num último minuto, de que tudo aquilo de mais relevante é lembrado num momento de redenção da mágoa e do ressentimento, como acontece com o protagonista de *Beleza americana* (2002), de Sam Mendes. Mas, sobretudo, o que estes e outros filmes estão nos dizendo é que nossas vidas é que estão tocadas, cada vez mais povoadas por encontros e sentimentos frágeis. A todo tempo, nós, melancólicos ou nostálgicos, na contracorrente dos que apenas vivem no presente, somos movidos pelos estilhaços e icebergs que em breve pertencerão ao passado – como este momento, este aqui e agora em que estamos. Aqui e agora que a todo momento se perde como um saco de papel ao vento, espumas no mar, plumas lançadas no ar que não sabemos quem irá pegar ou onde irão pousar.

Penso em duas cenas. No fim de *O céu de Suely* (2006), de Karim Aïnouz, há a partida de Hermila (Hermila Guedes) de Iguatu, sua cidade natal, sem o filho, sem companheiro, num ônibus rumo ao sul do Brasil, o lugar mais longe para onde conseguiu uma passagem de ônibus. Também no fim de *Os famosos e os duendes da morte* (2010), de Esmir Filho, vemos o protagonista (Henrique Larré) passando por uma ponte, o lugar onde diversas pessoas se suicidaram e que separa sua pequena cidade de uma outra possibilidade de vida. Cenas de liberdade, de fuga, de personagens em trânsito no tempo e no espaço e que não ficaram em suas casas. É também o que faz Vicky, em *Millenium Mambo*. O que perderam, o que ganham?

Às protagonistas de *Millenium Mambo* e de *O céu de Suely* só restam o espaço livre, aberto, o horizonte, o caminho, a estrada, perspectivas que podem trazer coisas prosaicas como um emprego, mas que são também uma forma de pertencer, de desaparecer. Assim é possível reinventar formas de viver, já que ficar parece ser a morte e é necessário quebrar vínculos, enfrentar riscos. Tanto o final de *Millenium Mambo* como o de *O céu de Suely* são espécies de portas, portais ao ar livre, na chamada rua do cinema no Japão ou na placa de fim do município, onde apenas quem está partindo lê: aqui começa a saudade de Iguatu. Mas saudade, nostalgia, nunca é o desejo pela volta ao passado, aos antigos amores. Também a Iguatu encenada é uma cidade marcada pelos fluxos de caminhões na estrada, pelos trens que passam, pelas músicas tocadas que vão de um forró que incorpora versões de pop estadunidense a uma discreta música ambiente eletrônica. Esta, em especial, compõe uma paisagem sonora que ajuda a compor uma atmosfera cotidiana cheia de pequenos gestos. Os lugares que chamam a atenção são espaços de passagem, como o posto de gasolina e o motel. Fora da casa de mulheres em que Hermila mora com a avó (Zezita Matos) e a tia (Maria Menezes), tudo parece em trânsito permanente na pequena cidade. Ela não parece ter deixado amigas e não há a presença de uma família maior. Mesmo a casa será perdida na última viagem. Talvez surjam outras no caminho.

> Deixe-me ir
> Preciso andar
> Vou por aí a procurar
> Rir pra não chorar...(2x)
>
> Quero assistir ao sol nascer
> Ver as águas dos rios correr
> Ouvir os pássaros cantar
> Eu quero nascer, quero viver...
>
> Se alguém por mim perguntar
> Diga que eu só vou voltar
> Quando eu me encontrar...
> "Preciso me encontrar", CANDEIA

Em *O céu de Suely*, Mateus tem um filho com Hermila, combina com ela de voltar para a cidade natal e talvez abrir uma banca de gravar CD e DVD, mas não volta, não dá explicações, fica em São Paulo, muda, não deixa endereço, não atende mais aos telefonemas dela, não liga, não manda dinheiro, deixando-a só com o filho deles.

O que procuramos esquecer é o que mais desejamos? Seriam os fantasmas os únicos que importam? Sem eles, não saberíamos conhecer, desejar o presente? Nem repetição alucinatória, nem nostalgia, apenas o encontro com o real sem temor. Se, como nos lembra Lacan, "não há outra entrada para o sujeito no real a não ser o fantasma" (apud SAFATLE, 2006, p. 206), isso se dá porque "o objeto de poder [fornece] ao sujeito uma experiência da ordem da não identidade e do descentramento próprio ao Real" (SAFATLE, 2006,

p. 206). No entanto, "mais difícil do que denunciar a realidade como ficção é reconhecer a parte da ficção na realidade real" (ZIZEK, 2003, p. 34). Seria isso, então? Hermila diz à mãe de Mateus (Marcélia Cartaxo) que ele é um filho da puta e fala para João (João Miguel), um antigo namorado reencontrado, que gostaria que uma carreta passasse por cima de Mateus. No fim, o rosto serenamente intranquilo que vemos no ônibus seria não de quem alimenta o fantasma à medida que quer matá-lo, mas de quem reconhece o fantasma como parte do desejo e vive a liberdade na ausência do amor. Talvez seja ir muito longe na interpretação.

De todo modo, o que fica mais claro em *O céu de Suely* é que a experiência amorosa da perda pode nos levar também à rarefação. Mesmo com as feridas mais profundas cicatrizadas ou ocultas, a sensação de falta e vazio nos toma e nos constitui, ainda que seja por um breve momento. Hermila poderia ser como o balão vermelho solto em *A viagem do balão vermelho* (2007), de Hou Hsiao-Hsien, ou o protagonista do conto "Sem Ana, Blues", de Caio Fernando Abreu (1988, pp. 46-7):

> Como se quando Ana me deixou não houvesse depois, e eu permanecesse até hoje aqui parado no meio da sala do apartamento que era o nosso, com o último bilhete dela nas mãos. A gravata levemente afrouxada no pescoço, fazia e faz tanto calor que sinto o suor escorrer pelo corpo todo, descer pelo peito, pelos braços, até chegar aos pulsos e escorregar pela palma das mãos que seguram o último bilhete de Ana, dissolvendo a tinta das letras com que ela compôs palavras que se apagam aos poucos, lavadas pelo suor, mas que não consigo esquecer, por mais que o tempo passe e eu, de qualquer jeito e sem Ana, vá em frente. Palavras que dizem coisas duras, secas, simples, irrevogáveis. Que Ana me deixou, que não vai voltar nunca, que é inútil tentar encontrá-la, e finalmente, por mais que eu me debata, que isso é para sempre. Para sempre então, agora, me sinto uma bolha opaca de sabão, suspensa ali no centro da sala do apartamento,

à espera de que entre um vento súbito pela janela aberta para levá-la dali, essa bolha estúpida, ou que alguém espete nela um alfinete, para que de repente estoure nesse ar azulado que mais parece o interior de um aquário, e desapareça sem deixar marcas.

Depois que Mateus a deixou, Hermila, que nada tem, rifa "uma noite de amor", reinventa-se como Suely para poder conseguir dinheiro, para partir do lugar onde nasceu e a que retornou para recomeçar a vida com Mateus. Como este recomeço não acontece, há uma suspensão na estória. Ela sai com a amiga Georgina (Georgina Castro), dança, mas talvez em algum lugar oculto ainda tudo lembre Mateus, que só aparece no início da narrativa, junto com a própria Hermila, em cenas de um filme caseiro em super-8 com textura digitalizada e ao som da música romântica de Diana. No entanto, Mateus está presente por quase todo o filme, ainda que isso nem sempre seja falado, na vida da personagem. A canção "Tudo que eu tenho", versão de "Everything I own", de Bread, regravada pelo Culture Club, anuncia inclusive que o filme trata não do grande encontro, da grande paixão vivida que a fez ir para São Paulo sem se despedir da tia e da avó. A música já diz que se trata da distância, da separação, da perda. Diana canta no início, e também no final, depois de uma versão apenas instrumental e quando os créditos já aparecem na tela: "Tudo o que eu tenho no mundo é você/sem seu calor/não sei viver/volte logo meu amor." A música, aliás, é mais dramática que as falas, a atuação e a narrativa – que nada têm das estórias tragicamente pesadas de amores perdidos. E seu uso no início e no final nos lembra de algo que insiste, persiste apesar de tudo, da passagem do tempo. Mas, quando o amor acaba ou não volta, ou simplesmente desaparece, o que fazer? Também a volta do caso com João não a segura. A paixão está no passado. O que fazer depois de uma grande paixão, o que fazer com um dia depois do outro, com os momentos do cotidiano? Um desafio é não deixar o passado ficar maior do que aquilo que se viveu. Talvez por ser passado, ausência, a paixão assuma proporções desmesuradas por sua própria falta. Talvez por isso, e por outras razões não ditas, não sabidas, ela parta. Um vento para o mundo (nas palavras do ator João Miguel); não mais migrante,[103] retirante nordestina fugindo da seca e da fome, ela vai porque tem que ir, porque nada mais a prende – nem o amor, nem o marido, nem o amante, nem o filho e a família, nem o lugar onde nasceu. Vai porque está à procura não de grandes verdades, mas apenas do próprio movimento – que podemos chamar simplesmente de vida.

Vida marcada por constrições sociais que aparecem de forma bem sutil. Vemos Hermila, também nome da atriz, lavando carro, fazendo rifa de uísque para sobreviver, já que vive na casa da avó. Quando quer ir embora, rifa a si mesma. A pobreza material existe, mas também não unidimensionaliza os personagens em tipos sociais e nem se converte no problema central de suas experiências. Assim como a condição lésbica da tia Maria aparece de forma discreta, pouco problemática, também o nome Hermila não a contém, ela se inventa como Suely, a que rifa uma noite de sexo. Ela diz: "Não quero ser puta, não quero ser porra nenhuma." Ela não se vê como puta, já que vai transar com um homem uma vez só por causa da rifa e as prostitutas, como a amiga Georgina/Jéssica,[104] transam com qualquer um. Mas os outros são como a vendedora de uma loja que a chama num canto para cobrar satisfações pelo fato de o cunhado dela ter comprado a rifa, ou como o rapaz da lanchonete que a expulsa quando tenta vender a rifa a ele, ou ainda a avó, que se vê olhada de forma diferente pelos vizinhos e acaba expulsando Hermila da casa. Nome como identidade não é só um gesto de von-

[103] Para uma análise do deslocamento no filme, ver BRANDÃO, 2008.

[104] Jéssica é o nome de trabalho como prostituta, compondo com Georgina, como no caso de Hermila/Suely, um nome duplo.

tade, como um dia ser um e amanhã ser outro: sempre depende do outro que também nos nomeia, nos identifica. A protagonista parece ter consciência disso quando pergunta a João se ele continuaria a gostar dela se ela fosse puta. Talvez parta por não querer ser mais nem Suely nem Hermila.

Ela termina com João para se afastar da cidade, da família, dos vínculos. Perambulando, "três da madrugada/Quase nada/A cidade abandonada/E essa rua que não tem mais fim/Três da madrugada/Tudo e nada/A cidade abandonada/E essa rua não tem mais nada de mim" (Torquato Neto, "Três da madrugada"). Fala vagamente de uma amiga que está em Porto Alegre e parte porque nada é certo, e onde tudo é incerto, sendo a incerteza uma forma de pertencimento. Ela não é tanto nômade mas sim intrusa, como no filme de Claire Denis (com o qual começamos este livro). Ela está no sertão[105] como o personagem de Michel Subor em alto-mar no filme *L'Intrus*, de Claire Denis, ou *Mrs. Dalloway*, de Virginia Woolf (2010), nas ruas de Londres: "She had a perpetual sense, as she watched the taxi cabs, of being out, out, far out to sea and alone; she always had the feeling that it was very, very dangerous to live even one day." E de fato é o perigo que move, mas o perigo está lá como uma excitaçao de algo novo, "uma fera na selva" (Henry James), que bem pode ser algo não percebido, nada de grandioso, nada que se encontre fora, em alto-mar, longe de casa, no desconhecido. Ela apenas vai, e eu beijo o chão que ela pisa. A terra deixa de ser terra e torna-se simples solo ou suporte (DELEUZE; GUATTARI, 1997, p. 53). Água e terra se encontram não porque o sertão virou mar, mas porque suas superfícies lisas se continuam, se equivalem. Deserto de terra, deserto de água sobre os quais, ai de todos nós, ainda vamos caminhar por mais um pouco. Se, para os homens que compram a rifa, o que Suely oferece é uma noite no paraíso, o céu sempre

[105] Para uma discussão do filme, do espaço do sertão na tradição da cultura e cinema brasileiros, ver BRANDÃO, 2009; VELASCO, 2010.

azul e claro[106] que paira em Iguatu e na estrada, quando parte, não é tão simples e definido, mistura de liberdade e opressão, espaço vasto de encontro e desencontro, de reinvenção, de simples sobrevivência ou, na sua própria fala, de "decidir o que fazer da vida". Cada momento vive da tensão entre a banalidade e esta decisão do que fazer com nossas vidas.

Se em *O céu de Suely* temos uma protagonista que volta para sua pequena cidade em busca do recomeçar, o protagonista de *Os famosos e os duendes da morte* (2010), de Esmir Filho, nunca saiu do "cu do mundo".

A primeira vez que a palavra (nunca a parte do corpo) cu aparece é quando os dois adolescentes – o protagonista sem nome, a não ser por Mr. Tambourine Man, seu *nickname* na internet, e Diogo (Samuel Reginatto) – ouvem o relógio da pequena cidade de colonização alemã tocar, parecendo ecoar seu som de forma provocativa. O som vara a madrugada solitária enquanto Mr. Tambourine Man e Diogo ficam deitados nos trilhos de um trem que parece não mais passar. A terna amizade com Diogo parece ser o elo mais forte que liga o protagonista à cidade.

A palavra (novamente, não a parte do corpo) cu reaparece na despedida entre os dois amigos, quando o protagonista parece ter decidido deixar a cidade, após Diogo tirar uma última fotografia dele pelo seu celular. Quando Diogo já começava a pedalar a bicicleta, os dois se unem em uníssono quando ouvem o som do relógio e riem, como se se abraçassem, como se a frase revelasse algo que seria só do dois, algo que parecesse ao mesmo tempo dito e oculto.

A terceira vez que a palavra cu aparece é na expressão cu do mundo, dita pelo protagonista para expressar seu deslocamento, incômodo e raiva sobre o lugar onde mora, possivelmente Forquetinha, já que guarda semelhança com Forqueta, nome que aparece na faixa da festa junina, cidade do vale do Taquari onde o filme foi

[106] Para uma análise do céu no filme, ver FISCHER, 2010.

também realizado. No entanto, como em *O céu de Suely*, *Os famosos e os duendes da morte* está longe de qualquer tipo de localismo ou regionalismo marcado por uma procura de um passado histórico a ser preservado. A cidade parece ecoar o espaço de lentidão e tédio presente já no poema de Carlos Drummond de Andrade, publicado em *Alguma poesia*, de 1930:

> Cidadezinha qualquer
>
> Casas entre bananeiras
> mulheres entre laranjeiras
> pomar amor cantar.
>
> Um homem vai devagar.
> Um cachorro vai devagar.
> Um burro vai devagar.
> Devagar... as janelas olham.
>
> Eta vida besta, meu Deus.

O filme privilegia, como no poema, aqueles a quem a cidade parece excluir, seja pelo desejo de fuga, no caso do protagonista e de Julian (Ismael Caneppele), que acaba de retornar apenas para ser ainda mais marcado pela solidão; seja no contexto do personagem que tem o nome do rio, Taquari, espécie de louco da cidade; seja pela morte dos que se jogam pela ponte, como a mãe de Paulinho, um dos meninos da escola, inconsolada pela morte do marido nas falas dos vizinhos e por talvez outras dores e mágoas não ditas. Fuga e morte foram os caminhos de Jingle Jangle (Tuane Eggers), irmã de Diogo (ela também só aparece pelo *nick* que usa na internet) que, nas palavras deste, destruiu a família. Ela se jogou da ponte da cidade junto com Julian, que sobreviveu e depois saiu da cidade. Contudo, na internet, através das imagens filmadas, ela parece viva ("duende da morte"?). Ela volta pela tela como espectro, ao mesmo tempo presença mantida, não deletada, mesmo depois da sua morte, nem apagada da lembrança do protagonista que com ela parece se confundir aos olhos de Marlene, mãe de Diogo e professora dos dois. Também aos olhos de Julian, num beijo, Diogo parece se misturar com Jingle Jangle. Ela ecoa talvez a clássica aparição de uma figura feminina quando a amizade masculina[107] se desdobra no campo do erotismo, num quadro tradicional de homofobia que aparece em ambientes marcadamente monossexuais.

Julian e Jingle Jangle ocupam um lugar em trânsito no desejo fluido do protagonista. Mr. Tambourine Man parece pensar nos dois quando se masturba ou quando seu desejo de tocar Julian é expresso possivelmente pela mãe da Jingle Jangle ao se aproximar do corpo dele num dos filmes na internet, mediadora do desejo e espécie de espelho. Também, em outra cena, ao filmar seu próprio corpo, o protagonista mostra-o para si e para um eventual outro que não está próximo fisicamente, mas pode ficar próximo afetivamente.

Quando Julian aparece na noite, aparentemente vindo do nada, ao contrário de Diogo, que o recusa raivosamente, ele não deixa de atrair a atenção do protagonista, que chega a passar pela casa do amigo, vendo-o distante, à janela. Julian já era muito presente nos vídeos de Jingle Jangle, numa mistura de sonhos psicodélicos e performances de adolescentes sensíveis em busca de alguma emoção, mesmo que só pela imagem, certamente sempre com imagem e com som. O mesmo se dá na fixação do protagonista por Bob Dylan (o famoso do título?), presente no *nickname* tirado de uma das músicas mais conhecidas de Dylan, hino da contracultura. Dylan também está no cartaz do quarto do protagonista, cartaz que parece ganhar vida num de seus sonhos ou devaneios, e onde Dylan parece se assemelhar, de perfil, a Julian. Um show de Dylan no Brasil (São Paulo?) é anunciado por uma mensagem enviada pelo próprio diretor

[107] Aqui o trabalho clássico é *Between Men*, de Eve Kosofsky Sedgwick. No Brasil, ver as leituras de *Dom Casmurro*, de Machado de Assis, por Ítalo Moriconi (2008) e Richard Miskolci (2009).

do filme, presente em imagem e pelas suas iniciais, real e também outro fantasma. Mensagem que o chama para voar, ao contrário da atração pra baixo que sente ao querer se jogar da ponte, se lançar no rio que acumula suicidas. Ver o mundo em imagens pela internet, longe de mero voyeurismo, é também partir um pouco desde já. Voar é partir de vez, sair do lugar onde nada parece acontecer (cu do mundo) ou onde o que acontece é a difícil rotina familiar, percebida pelo protagonista, sob a marca do isolamento e da solidão, seja pela morte do pai, seja pelo distanciamento em relação à mãe (Áurea Baptista). O peso da rotina está também na festa junina, onde sempre parece tocar a mesma música. Deixar a cidade pode até ser uma decepção – o próprio protagonista se pergunta sobre o que haveria depois de assistir ao show de Dylan. Que sonho, que vida restariam? Talvez só um gesto de liberdade ao não se jogar da ponte, mas passar por cima dela e caminhar até desaparecer da lembrança dos que ficaram, até que o desaparecer, o ato de ser invisível, espectro, se transforme em uma outra vida ou simplesmente confirme que o mundo não acaba na curva do rio, como vislumbrava um outro menino mineiro, que queria ir além do próximo morro, mero adiamento do último desaparecimento.

"Estar perto não é físico" é a frase de efeito dita em um dos textos que o protagonista posta em seu blog. Estar perto afetivamente pode ser, cada vez mais, estar distante geográfica, mesmo fisicamente? O que ainda de local e físico insiste e persiste mesmo que confrontado com o distante? A partida final implica talvez dizer que a viagem virtual nem tudo satisfaz, embora se possa vislumbrar muita coisa a partir dela. Pela internet, o protagonista já não pertencia mais tanto à sua cidade. Ele foge do jogo de futebol na escola. Durante a festa junina, prefere a companhia de Julian. Dessa forma, o uso de imagens desfocadas e embaçadas, antes de ser um cacoete estilístico, é algo que se articula com o potencial risco de desaparecimento dos personagens num mundo mediatizado e em fluxo. Nessas imagens explicita-se uma sensação de não estar de todo, de não pertencer, mas, ao mesmo tempo, de ter um outro lugar, um outro ritmo. O desfocamento é uma forma de tornar o protagonista um fantasma, perto da morte ou de uma outra vida. O quarto vira janela para o mundo e caverna que protege e possibilita um encontro, espaço de devaneio onde caem estrelas e em que Bob Dylan, outra estrela, pode ser quase tocado.

Mas, se o ato de partir é estimulado pelo diretor ao tentar seduzir o protagonista pela presença de Dylan, é o encontro final com Julian que marca esta passagem. A despedida com Diogo se faz rápida e sem grandes dramas, mas não sem afeto, mesmo quando ele se recusa a também viajar e parece se contentar em tentar transar com a irmã de Paulinho na festa junina. Já o encontro com Julian parece empurrar o protagonista para fora de lá, a atravessar a ponte que o leva a outro corpo, talvez também ao cu, este tabu, que parece ecoar uma maneira propositadamente antiga de falar sobre a homossexualidade. No mundo da internet, dos celulares, em que o local mais distante parece conectado, as emoções parecem ecoar curiosamente os anos 1950 nos EUA, quando se dizia que não havia garotos gays, só garotos tímidos; ou ainda os anos 1960, antes da contracultura, conforme encenado por um outro gaúcho, Caio Fernando Abreu, em seu romance *Limite branco*, também passado numa pequena cidade do Rio Grande do Sul e tendo como protagonista um adolescente sem nome, um tanto frágil e deslocado. A ambiguidade não seria simplesmente uma experiência adolescente, nem mesmo, para usar uma expressão ainda mais antiga, quando se sente "o amor que não ousa dizer o seu nome" (Oscar Wilde), mas uma experiência falsa, o medo da homossexualidade, do sexo, da vida.

Para além da lembrança do pai morto e da mãe, mais interessada na cachorra de estimação, tratada como um bebê, surgem outras possibilidades de afetos em que se misturam seres reais e virtuais, famosos e anônimos, numa rede que redimensiona o que antes se chamava simulacro, que pensa o que nos vem pelos meios de comunicação como memória, afeto e forma de pertencimento.

No entanto, essa timidez e essa fragilidade não são meramente anacronismos antiquados, como poderia parecer a um menino, em 2009, gostar de Bob Dylan. Ao mesmo tempo, essa preferência é tão possível quanto gostar de música medieval, disponível no grande "museu imaginário" (Malraux) da internet, ou na aparição do fusca de Julian, do disco de Dylan numa vitrola, ou ainda nos pastiches psicodélicos que compõem a trilha sonora assinada por Nelo Johann. Há algo que persiste no drama delicado e ingênuo do protagonista, como os textos que coloca em seu blog, que só um adolescente (talvez de outrora) pudesse dizer, tivesse a coragem de dizer. A anacronia se faz atual. O tabu parece ser o cu, mas talvez seja o coração exposto. Cu do mundo. Coração do mundo. O coração no cu. Atravessar uma ponte dentro de nós.

Há um momento. Não só na adolescência. Mas para quem duvida. Quem quer algo mais, mesmo que não saiba o que é este algo mais. Para quem desaparecer pode ser a saída. Ainda mais quando quase todos querem aparecer. Brilhar como celebridade. A morte. Pode ser um desaparecimento. A vida também. Uma outra vida. Ao cruzar a ponte. Mesmo que no fim do show. Mesmo que não haja mais nada. Nunca mais. Toco o teu rosto. Já se foi.

Cada vez que me vejo confrontado com o mundo, tudo parece ficar mais fantasmagórico. "Nada é mais fantasmagórico do que a imagem eletrônica de alta definição" (ABBAS, 2002, p. 41). As coisas se mineralizam, mas se rarefazem, viram manchas de cores como em *Millenium Mambo*, e eu também viro uma imagem desfocada, um ser sem foco, com corpo impreciso, que mal reconheço, que mal reconhece o mundo, que se eclipsa em movimento, ao dobrar cada esquina, cada momento. Cada vez mais, os objetos, os fantasmas se acumulam. Eu, entre eles, sendo cada vez mais eles, nada espero, desejo a não ser a mais completa desaparição, o mais completo pertencimento ao que não é meu, ao que não sou eu.

Imagens evanescentes num mundo em desaparecimento, pessoas que escapam, se escapam, se evadem de si, do outro, da tela. Talvez um momento de fulguração. Brilho nos olhos (para citar o filme de Allan Ribeiro). Uma fogueira acesa (cena de *A fuga da Mulher Gorila*, 2009, de Felipe Bragança e Marina Meliande). As nuvens presentes em *Estrada para Ythaca* (2010), de Guto Parente, Luiz Preti, Ricardo Pretti e Pedro Diógenes. Um encontro. Às vezes nem isso. Tudo se eclipsa como numa chuva ou rio de lágrimas (em *Felizes juntos* ou *Amores expressos*, de Wong Kar-Wai) que nos molha e não só leva a dor, mas nos engolfa nela. Dor que é também o tempo. Até que não possamos mais nos distinguir do tempo, no tempo. Figuras em fluxo, rarefeitas, manchas na tela, corpos que se desmaterializam. Nem alegorias nem símbolos, só experiências que em breve não serão. Fugazes.

Volto aos gestos que mencionei. Talvez esses gestos sejam formas de voltar para casa, para se sentir inteiro, pertencente por um momento que seja. Talvez sejam uma outra coisa que mal podemos intuir, mas compartilhamos. Lágrimas escorrem silentes por esta página.

O cinema, se ele existir, é um oásis.

REFERÊNCIAS

ABBAS, Ackbar. "Eroticism of Disappearance." In: LALANNE, Jean-Marc et al. *Wong Kar-Wai.* Paris: Dis Voir, 1997.

______. *Hong Kong. Culture and Politcs of Disappearance.* 3ª ed. Minneapolis: Minnesotta University Press, 2002.

ABREU, Caio Fernando. *Limite Branco.* 2ª ed. São Paulo: Siciliano, 1994.

______. *Os dragões não conhecem o paraíso.* São Paulo: Companhia das Letras, 1988.

ANDRADE, Carlos Drummond de. *Poesia completa – 2 vols.* Rio de Janeiro: Nova Aguilar, 2001.

BOYM, Svetlana. *The Future of Nostalgia.* Nova York: Basic, 2001.

BRAGANÇA, Felipe. "Carta de Iguatu." Disponível em: <http://www.cinemaemcena.com.br/ceudesuely/blog.asp>.

BRANDÃO, Alessandra. "O chão de asfalto de Suely (ou a Anticabíria do Sertão de Aïnouz)." In: *Estudos de Cinema 9.* São Paulo. Ester Hambúrguer, Gustavo Souza, Leandro Mendonça, Tunico Amâncio (orgs.). São Paulo: Anablume; Fapesp; Socine, 2008, pp. 91-98. Disponível em: <http://books.google.com.br/books?id= mELlP4mqfdgC&pg=PA92&lpg=PA91&ots=uS062YkwfV&dq=BRAND%C3 %83 O,+Alessandra.+O+Ch%C3%A3o+de+Asfalto+de+Suely# >. Acessado em: 19 nov. 2009.

______. "Re-Imagining Migration: (Im)Mobility and the Sertão in Céu de Suely (Suely in the Sky)." 2009. Fotocopiado.

CANEPPELE, Ismael. *Os famosos e os duendes da morte.* São Paulo: Iluminuras, 2010.

COSTA, Jurandir Freire. *Sem fraude nem favor (estudos sobre o amor romântico).* Rio de Janeiro: Rocco, 1998.

DEL RIO, Elena. *Deleuze and the Cinemas of Performance: Powers of Affection*, Edinburgh: Edinburgh University Press, 2008.

DELEUZE, Gilles; GUATTARI, Félix (org.). *Mil platôs.* São Paulo: Editora 34, 1997, v. 5.

DURAFOUR, Jean-Michel. *Millenium Mambo.* Paris: Les Editions de la Transparence, 2006.

FICHTE, Hubert. *The Gay Critic.* Ann Arbour: University of Michigan Press, 1996.

FISCHER, Sandra. "Azuis de Ozu e Aïnouz." In: FABRIS, Mariarosaria et al. (org). *Estudos de Cinema.* São Paulo, Socine, v. 10, pp. 318-325, 2010. Disponível em: <http://www.socine.org.br/livro/X_ESTUDOS_SOCINE_b.pdf>.

GREGG, Melissa e SEIGWORTH, Gregory (org.). *The Affect Theory Reader.* Durham, Duke University Press, 2010.

JAMESON, Fredric. *Pós-modernismo.* São Paulo: Ática, 1996.

MISKOLSCI, Richard. "O vértice do triângulo: Dom Casmurro e as relações de gênero e sexualidade no fin-de-siècle brasileiro." *Revista Estudos Feministas,* v. 17, pp. 547-567, 2009.

MORICONI, Ítalo. "Dom Casmurro: o claro enigma", *Matraga,* v. 15, pp. 74-93, 2008.

NEGRI, Toni. *Exilio seguido de valor e afeto.* São Paulo, Iluminuras, 2001.

NETO, Torquato. *Os últimos dias de Paupéria.* São Paulo, Max Limonad, 1982.

OLIVEIRA, Luiz Carlos. <http://www.contracampo.com.br/82/festoceudesuely.htm>. Acessado em 18 de julho de 2011.

SAFATLE, Vladimir. *A paixão do negativo.* Lacan e a dialética. São Paulo: Fapesp/Ed. Unesp, 2006.

SEDGWICK, Eve Kosofsky. *Between Men: English Literature and Male Homosocial Desire.* Nova York, Columbia University Press, 1985.

Quanto mais ele anda, mais sente que um percurso desajeitado se faz e que nem tudo é esquecimento. Vestígios, ruínas e traços fazem um outro rosto, difícil às vezes de suportar, feito de enormes faltas e limitações. É assim que ele se sentia ao terminar mais este livro. Que sempre pensa ser o último. Que nada mais terá a dizer. Nunca mais. Ou viverá repetindo meia dúzia de obsessões. Que está cansado de tudo, sobretudo de si mesmo. Que a escrita é uma prisão. Mas isso também já aconteceu em outros momentos. Uma palavra surge inesperada e pouco a pouco parece que a caminhada se reinicia. Sem muita convicção a princípio. Sem ninguém pedir, ela vai ocupando espaço, tempo, chamando atenção. Esta pode ser uma outra estória a ser contada em outro momento. Ou não será. Mas hoje ao menos ele se levanta. Abre a janela. Liga o computador. Vai à cozinha. O café da manhã. Senta. Olha para fora. Vê no morro ao lado uma árvore antiga com as raízes imprensadas por um paredão de tijolos sob o cimento de uma laje. A qualquer momento ela pode cair. Na próxima chuva forte. Na próxima ventania. Ou por motivos ainda bem mais corriqueiros. Cupim. Os homens da prefeitura.

Impressão e Acabamento:
GRÁFICA STAMPPA LTDA.
Rua João Santana, 44 - Ramos - RJ